"十四五"高等职业教育专业核心课程新形态教材·汽车类

汽车基础电气系统检修

主编 王志杰

西安交通大学出版社
XI'AN JIAOTONG UNIVERSITY PRESS

图书在版编目(CIP)数据

汽车基础电气系统检修/王志杰主编.—西安：
西安交通大学出版社,2021.2
ISBN 978-7-5693-1748-0

Ⅰ.①汽… Ⅱ.①王… Ⅲ.①汽车-电气系统-检修
Ⅳ.①U472.41

中国版本图书馆 CIP 数据核字(2020)第 095122 号

书　　名	汽车基础电气系统检修
主　　编	王志杰
责任编辑	李　佳
责任校对	魏　萍
出版发行	西安交通大学出版社 (西安市兴庆南路 1 号　邮政编码 710048)
网　　址	http://www.xjtupress.com
电　　话	(029)82668357　82667874(发行中心) (029)82668315(总编办)
传　　真	(029)82668280
印　　刷	西安日报社印务中心
开　　本	787mm×1092mm　1/16　　印张 15　　字数　362 千字
版次印次	2021 年 2 月第 1 版　2021 年 2 月第 1 次印刷
书　　号	ISBN 978-7-5693-1748-0
定　　价	43.80 元

读者购书、书店添货如发现印装质量问题,请与本社发行中心联系、调换。
订购热线:(029)82665248　(029)82665249
投稿热线:(029)82668818　QQ:19773706
电子信箱:19773706@qq.com

版权所有　侵权必究

前言

现如今,汽车行业竞争越来越激烈,汽车电子智能化已成为全球汽车产业技术领域的发展重点和产业战略的增长点。汽车电子技术在不断发展,同时技术内涵也变得越来越丰富。因此,要求维修技术人员必须掌握现代汽车电气设备的维修技术。

本书以培养学生基本技能为目标,结合汽车电气技术的发展,系统介绍了汽车电气系统检修安全规范、汽车电气系统检修常用工具、汽车电气系统的组成和特点、汽车电路基本知识、电源系统检修、启动系统检修、灯光系统检修、辅助电气系统检修等方面,理论与实践相结合,内容全面精炼,思路清晰,方法实用,通俗易懂。

本书在编写过程中,得到了宁波城市职业技术学院汽车专业教师的大力支持,在此表示诚挚的谢意。

由于理论和实践水平有限,书中难免存在疏忽和不妥之处,恳请广大读者批评指正。

编者

2020 年 6 月

目 录

项目一 汽车电气系统检修安全规范 …………………………………………… (1)
  一、任务描述 ………………………………………………………………… (1)
  二、相关知识 ………………………………………………………………… (1)
  三、项目实施 ………………………………………………………………… (7)
  四、思考与练习 ……………………………………………………………… (9)

项目二 汽车电气系统检修常用工具 …………………………………………… (11)
  一、任务描述 ………………………………………………………………… (11)
  二、相关知识 ………………………………………………………………… (11)
  三、项目实施 ………………………………………………………………… (20)
  四、思考与练习 ……………………………………………………………… (22)

项目三 汽车电气系统认知 ……………………………………………………… (25)
  一、任务描述 ………………………………………………………………… (25)
  二、相关知识 ………………………………………………………………… (25)
  三、项目实施 ………………………………………………………………… (35)
  四、思考与练习 ……………………………………………………………… (37)

项目四 汽车电路基本知识 ……………………………………………………… (40)
  一、任务描述 ………………………………………………………………… (40)
  二、相关知识 ………………………………………………………………… (40)
  三、项目实施 ………………………………………………………………… (52)
  四、思考与练习 ……………………………………………………………… (56)

项目五 蓄电池结构原理与性能检测 …………………………………………… (59)
  一、任务描述 ………………………………………………………………… (59)
  二、相关知识 ………………………………………………………………… (59)
  三、项目实施 ………………………………………………………………… (76)
  四、思考与练习 ……………………………………………………………… (77)

项目六 蓄电池维护 ……………………………………………………………… (80)
  一、任务描述 ………………………………………………………………… (80)

二、相关知识 ………………………………………………………………… (80)
三、项目实施 ………………………………………………………………… (89)
四、思考与练习 ……………………………………………………………… (91)

项目七 交流发电机结构原理 ………………………………………………… (94)
一、任务描述 ………………………………………………………………… (94)
二、相关知识 ………………………………………………………………… (94)
三、项目实施 ………………………………………………………………… (103)
四、思考与练习 ……………………………………………………………… (106)

项目八 检修交流发电机 …………………………………………………… (109)
一、任务描述 ………………………………………………………………… (109)
二、相关知识 ………………………………………………………………… (109)
三、项目实施 ………………………………………………………………… (115)
四、思考与练习 ……………………………………………………………… (119)

项目九 起动机结构原理 …………………………………………………… (122)
一、任务描述 ………………………………………………………………… (122)
二、相关知识 ………………………………………………………………… (122)
三、项目实施 ………………………………………………………………… (135)
四、思考与练习 ……………………………………………………………… (138)

项目十 检修起动机 ………………………………………………………… (140)
一、任务描述 ………………………………………………………………… (140)
二、相关知识 ………………………………………………………………… (140)
三、项目实施 ………………………………………………………………… (147)
四、思考与练习 ……………………………………………………………… (150)

项目十一 认知灯光系统 …………………………………………………… (153)
一、任务描述 ………………………………………………………………… (153)
二、相关知识 ………………………………………………………………… (153)
三、项目实施 ………………………………………………………………… (170)
四、思考与练习 ……………………………………………………………… (172)

项目十二 检修灯光系统 …………………………………………………… (175)
一、任务描述 ………………………………………………………………… (175)
二、相关知识 ………………………………………………………………… (175)
三、项目实施 ………………………………………………………………… (186)
四、思考与练习 ……………………………………………………………… (195)

项目十三　检修电动车窗 (197)
　　一、任务描述 (197)
　　二、相关知识 (197)
　　三、项目实施 (206)
　　四、思考与练习 (208)

项目十四　检修电动雨刮及洗涤装置 (211)
　　一、任务描述 (211)
　　二、相关知识 (211)
　　三、项目实施 (227)
　　四、思考与练习 (229)

参考文献 (231)

项目一　汽车电气系统检修安全规范

一、任务描述

小明是一名汽修专业学生,毕业后来到某汽车4S店车间上班,看到一台故障车,准备开始维修,车间主任询问小明汽车电气系统检修时需要注意哪些问题。这些你都知道吗?

二、相关知识

(一) 安全电压

行业规定人体安全电压不高于36 V(见图1-1),持续接触安全电压为24 V,安全电流为10 mA,电击对人体的危害程度主要取决于通过人体的电流大小和通电时间长短。电流强度越大,致命危险越大;持续时间越长,死亡的可能性越大。人能感觉到的最小电流称为感知电流,交流为1 mA,直流为5 mA;人触电后能自己摆脱的最大电流称为摆脱电流,交流为10 mA,直流为50 mA;在较短的时间内危及生命的电流称为致命电流,致命电流为50 mA。在有防止触电保护装置的情况下,人体允许通过的电流一般为30 mA。

图1-1　人体安全电压

根据欧姆定律($I=U/R$)可以得知,流经人体电流的大小与外加电压和人体电阻有关。

人体电阻除人的自身电阻外,还应附加上人体以外的衣服、鞋、裤等的电阻。人体电阻一般可达5000 Ω,影响人体电阻的因素很多,如皮肤潮湿出汗、带有导电性粉尘、加大与带电体的接触面积和压力以及衣服、鞋、袜的潮湿油污等情况,均能使人体电阻降低,所以通常流经人体的电流大小是无法事先计算出来的。

因此,在确定安全条件时,往往不采用安全电流,而是采用安全电压来进行估算:一般情况下,也就是干燥且触电危险性较小的环境下,安全电压规定为 24 V;而潮湿且触电危险性较大的环境(如金属容器、管道内施焊检修)下,安全电压规定为 12 V。这样,触电时通过人体的电流就可被限制在较小范围内,在一定的程度上保障人身安全。

当人体电阻一定时,人体接触的电压越高,通过人体的电流就越大,对人体的损害也就越严重,但并不是一旦接触电源就会对人体产生伤害。在日常生活中我们用手触摸普通干电池的两极,人体并没有任何感觉,这是因为普通干电池的电压较低(直流 1.5 V)。作用于人体的电压低于一定数值时,在短时间内,电压对人体不会造成严重的伤害事故,我们称这种电压为安全电压。

对人体产生伤害的关键是电流的大小。脱毛衣时发出的火花电压高达几万伏,但因为没有形成持续电流,所以不会产生伤害。一般而言,人在正常情况下(干燥)的安全电压为低于 24 V,环境越潮湿电阻越小,相对电压越大,通过电流越大。

(二)触电形式及因素

1. 直接触电

触电是指电流通过人体而引起的病理、生理效应,触电可产生电伤和电击两种伤害形式。电伤是指电流对人体表面的伤害,它往往不致危及生命安全;而电击是指电流通过人体内部直接造成对内部组织的伤害,往往会导致严重的后果,电击又可分为直接接触电击和间接接触电击。

直接接触电击是指人身直接接触电气设备或电气线路的带电部分而遭受的电击,它的关键是人体接触电压,也就是人所触及带电体的电压;人体所触及的带电体所形成的接地故障电流就是人体的触电电流。直接接触电击带来的危害是最严重的,所形成的人体触电电流总是远大于可能引起心室颤动的极限电流。

2. 间接触电

间接接触电击是指电气设备或者电气线路绝缘损坏发生单相接地故障时,其外露部分存在对地故障电压,人体因接触此外露部分而遭受的电击。它主要是由于接触电压过大而导致人身伤害的。

3. 因素

发生触电后,电流对人体的影响程度,主要取决于流经人体的电流大小、电流通过人体的持续时间、人体阻抗、电流路径、电流种类、电流频率以及触电者的体重、性别、年龄、健康情况和精神状态等多种因素。

电流通过人体所产生的生理效应和影响程度,是由通过人体的电流(I)与电流流经人体的持续时间(t)所决定的。

(三)触电急救措施

1. 触电对人体的伤害

触电对人体的伤害主要表现为电灼伤和电击伤。

1)电灼伤

电灼伤主要表现为局部的热、光效应,轻者只见皮肤表面灼伤,严重者灼伤面积大并可深达肌肉、骨骼，灼伤在电流入口处较出口处严重，组织出现黑色碳化。

2）电击伤

电击伤是触电、雷击最常见也最易致死的伤害。电击时，电流会造成心脏的心室纤维性颤动，很快导致心跳停止，同时，电流也会对神经中枢产生危害，导致呼吸停止。现实生活中见到的触电猝死，主要就是由心室纤颤造成循环骤停，从而迅速引起心跳呼吸停止而死亡的。

2. 触电时的表现

触电时，轻者表现为精神紧张、面色苍白、触电处麻痛、呼吸心跳加速、头晕、惊吓，敏感的人可发生休克，但很快会恢复，心电图可能出现期外收缩。

对大多数的触电者而言，情况则十分危急严重。触电后即出现心跳呼吸的变化，呼吸初时浅快、心跳快、心律不齐、肌肉抽搐、昏迷、血压下降。如不及时脱离电源，很快会出现心室纤维性颤动，数分钟后心脏停跳而死亡。

雷击的危害类似触电，只是过程更快后果更严重。当雷电直接击中人体时，会立即引起死亡。如果人在雷击点方圆 10 m 以内，有时也会受到跨步电压的伤害。

3. 急救措施

触电的急救措施主要包括立即切断电源和紧急救护。

1）立即切断电源

切断电源的方法：一是关闭电源开关、拉闸或拔去插销；二是用干燥的木棒、竹竿、扁担等不导电的物体挑开电线，使触电者尽快脱离电源。急救者切勿直接接触伤员，防止自身触电。

2）紧急救护

当伤员脱离电源后，应立即检查全身情况，特别是呼吸和心跳。发现呼吸、心跳停止时，应立即就地抢救，同时拨打120求救。

(1) 轻症患者，即神志清醒，呼吸心跳均存在者。让伤员就地平卧，暂时不要站立或走动，防止发生继发休克或心衰，同时给予严密观察。

(2) 呼吸心跳停止者，立即对其进行心肺复苏，有条件的应尽早在现场使用 AED 进行心脏电除颤。

(3) 处理电击伤时，应注意有无其他损伤。如触电后弹离电源或自高空跌下时，常并发颅脑外伤、血气胸、内脏破裂、四肢和骨盆骨折等，如有外伤、灼伤均需同时处理。

(4) 现场抢救中，不要随意移动伤员。

4. 急救时注意的问题

不要轻易放弃抢救。触电者呼吸心跳停止后恢复较慢，有的长达 4 小时以上，因此抢救时要有耐心。

施行心肺复苏术不得中途停止，一直等到急救医务人员到达，由他们接替并采取进一步的急救措施。

错误的做法：不切断电源就盲目救人（受害人未脱离电源，为带电的导体，救人者也会遭电击）；对无呼吸、无心跳的伤员，不在现场进行心肺复苏而跑很长的路去医院或徒等医生到来（失去了最好的抢救时机）；面对无心跳的伤员以为抢救无望，轻易停止抢救（耐心坚持，长时间地抢救可能出现奇迹）。

5. 心肺复苏

心肺复苏是一系列提高心脏骤停后生存机会的救命措施,包含胸外按压、开放气道、人工呼吸 3 种基本的急救技巧,如图 1-2 所示。

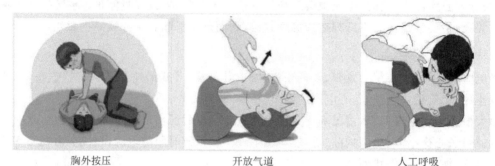

胸外按压　　　　　　　开放气道　　　　　　　人工呼吸

图 1-2　心肺复苏急救技巧

胸外按压的基本要点:
(1)按压时肘应伸直,依靠肩和背部力量,按压和放松时间大致相等。
(2)按压位置在胸骨下 1/2 中部。
(3)按压频率至少为 100 次/分。
(4)保证每次按压后胸部回弹,尽可能减少按压的中断。
(5)成人胸骨按压下至少 5 cm,儿童和婴儿的按压幅度至少为胸部前后径的 1/3。

(四)汽车维修安全用电常识

在车辆的拆装过程中,常常会用一些电气设备来代替繁重的体力劳动,减轻劳动强度,提高工作效率。若使用不当或缺乏安全防护措施,可能会发生一些触电、电击事故。在维修时应注意以下几方面:

(1)如果发现电气设备有任何异常应立即关闭开关,并联系管理员等有关人员。
(2)如果电路中发生短路或意外火灾,在进行灭火之前应首先关闭开关。
(3)不要靠近断裂或摇晃的电线,不要触摸标有"发生故障"的开关,不要用湿手接触任何电气设备。
(4)拔下插头时,不要拉电线,而应当拉插头本身。
(5)不要让电缆通过潮湿或有油的地方,也不要通过灼热的表面或者尖角部位。
(6)在开关、配电盘或电动机等附近不要使用易燃物,因为它们容易产生火花。
(7)维修竣工后,切断设备电源,关闭总电源。
(8)移动电气设备时,避免将其电源软线拖得过长,沾染地面油污或水。
(9)电源线插头应完全无损地插入电源插座,接地线应完好无损,以免设备外壳带电而引起触电。
(10)使用各种电气设备,应采取相应的安全措施。例如,使用手提式电钻时,必须戴上橡胶手套或站在绝缘垫上。
(11)电热设备应远离易燃物,用毕即断开电源。
(12)判断电线或用电设备是否带电,必须用验电器,如测电笔(一般在 250 V 以下使用)等检查判断,不允许用手摸试。

(13)电线或电气设备失火时,应迅速切断电源。在带电状态下,不能用水和泡沫灭火器灭火,否则会使人触电。这种情况可用黄沙、二氧化碳灭火器和1211灭火器进行灭火。

(14)发现有人触电时,首先应使触电者脱离电源,然后进行现场抢救。

(五) 汽车维修个人安全

1. 眼睛的防护

在汽车维修企业中,眼睛经常会受到各种伤害,如飞来的物体、腐蚀性的化学飞溅、有毒的气体或烟雾等,这些伤害几乎都是可以防护的。

常见的保护眼睛的装备是护目镜和面罩。护目镜可以防护各种对眼睛的伤害,如飞来物体或飞溅的液体。在下列情况下,应考虑佩戴护目镜:进行金属切削加工、用錾子或冲子铲剔、使用压缩空气、使用清洗剂等。面罩不仅能够保护眼睛,还能保护整个面部。如果进行电弧焊或气焊,要使用带有色镜片的护目镜或有深色镜片的特殊面罩,以防止有害光线或过强的光线伤害眼睛。普通眼镜此时起不到多大的保护作用,因为普通眼镜规定的抗冲击标准远低于工作场合的要求,而且普通眼镜对侧面飞溅物也起不到防护作用。

注意:在摘下护目镜时,要闭上眼睛,防止粘在护目镜外的金属颗粒掉进眼睛里。

2. 听觉的保护

汽车修理厂是个噪声很大的场所,各种设备如冲击扳手、空气压缩机、砂轮机、发动机等使用时都会发出很大噪声。短时的高噪声会造成暂时性听力丧失,而常被忽视的持续的较低噪声则伤害更大。常见的听力保护装备有耳罩和耳塞,噪声极高时可同时佩戴,一般在钣金车间必须佩戴耳罩或耳塞。

3. 手的保护

手是身体经常受伤的部位之一,保护手要从两方面着手:一是不要把手伸到危险区域,如发动机前部转动的皮带区域、发动机排气管道附近等。二是必要时戴上防护手套。不同的场合需要不同的防护手套,做金属加工有劳保安全手套,接触化学品有橡胶手套等。

4. 衣服、头发及饰物

宽松的衣服、长袖子、领带都容易卷进旋转的机器中,所以在修理厂中,首先一定要穿合体的工作服,最好是连体工作服,外套、工装裤也可以,工作时不要戴手表或其他饰物,特别是金属饰物,因为金属制作的饰物是良好的导体,人的身体也是导体,电流流过导体会生热,一旦饰物引起电路短路,所产生的热会使人体严重灼伤。此外,饰物一旦卡到运转的零部件或设备中,取出时也会导致严重伤害,甚至死亡。在工厂内要穿劳保鞋,可以保护脚面不被落下的重物砸伤,且劳保鞋的鞋底是防油、防滑的。另外,长发容易被卷入运转的机器中,所以长发一定要扎起来,并戴上帽子。

5. 工作过程中的防护

掌握正确的方法避免因弯腰搬重物而损伤腰部十分重要。

一般情况下,我们都是通过降低上半身的重心来搬重物,如图1-3所示,其实这种搬重物的方法是错误的,因为这种情况很容易导致腰部受伤。

图 1-3 弯腰搬重物错误动作

通过降低上半身重心搬重物会将人体的腰部肌肉作为主要发力肌群,而腰部肌肉相对比较弱,在重物较重的情况下,就会因为腰部肌肉力量不够,从而使腰部受伤。

正确的弯腰搬重物方式应该是不仅降低上半身的重心,还要降低下半身的中心,如图 1-4 所示,具体步骤如下:

(1)双腿下蹲降低重心,保持后背直立,同时收紧腰腹部。
(2)抓住重物,并将重物尽量贴近身体侧放置。
(3)集中腿部肌肉的力量,将重物举起,同时腰腹也收紧。

图 1-4 弯腰搬重物正确动作

6. 工具和设备安全

1)手动工具应注意的安全事项

手动工具看起来是安全的,但使用不当也会导致事故,如用一字旋具代替撬棍时,易导致旋具崩裂、损坏,飞溅物打伤自己或他人;扳手从油腻的手中滑落,掉到旋转的元件上时,会再飞出来伤人,等等。另外,要注意使用带锐边的工具时,锐边不要对着自己和同事;传递工具时,要将手柄朝向对方。

2)动力工具应注意的安全事项

所有的电气设备都要使用三相插座,地线要安全接地,电缆或装配松动应及时维护;所有旋转的设备都应有安全罩,以减少发生部件飞出伤人的可能性。在进行电子系统维修时,应断开电路的电源,方法是断开蓄电池的负极搭铁线,这不仅能保护人身安全,还能防止对电器的损坏。许多维修工序需要将车升离地面,在升起车辆前应确保汽车已被正确支撑,并应使用安全锁以免汽车落下。用千斤顶支起汽车时,应当确保千斤顶支撑在汽车底盘大梁部分或较结实的部分。

注意:升起汽车时要先看维修手册,找到正确的支撑点,错误的支撑点不仅危险,而且会破坏汽车的结构。工具和设备都要定期检查和保养。

3)压缩空气应注意的安全事项

使用压缩空气时,应非常小心,不要将压缩空气对着自己或别人,不要对着地面或设备、车辆乱吹。因为压缩空气使用不当会撕裂鼓膜,造成失聪,损伤肺部或伤及皮肤,同时,被压缩空气吹起的尘土或金属颗粒会造成皮肤、眼睛损伤。

三、项目实施

(一) 安全防护注意事项

1. 个人安全防护

(1)维修操作人员必须穿工作服、戴工作帽、穿工作鞋,工作服纽扣与拉链及皮带扣不应暴露在衣服外侧、袖口不应挽起、领口扣紧、裤脚扣紧、佩戴手套,女生长头发要盘起在工作帽内。

(2)维修操作人员在进入车间时不应佩戴手表、戒指、项链等金属首饰,女生不应佩戴耳环。

(3)维修人员在进行车辆维修操作时,应防止车轮轧伤脚部、车门夹伤手部,手部不能靠近热的发动机及旋转的发动机皮带。

(4)在搬运重物及尖锐器物时应注意动作姿势,防止扭伤腰部、砸伤脚部、划伤手部。

2. 车辆/台架等设备安全

(1)车辆进入车间内,不应随意摆放,熄灭发动机后,将变速器置于空挡位置,并拉紧驻车制动;台架应将滑轮锁死或用木块固定。

(2)维修操作前,应铺设三件套及翼子板布,发动机启动前应连接尾排,且其他实训人员不应围绕在车辆周围。

(3)任何时间操作电气设备时,都应注意用电安全。作业结束之后,应及时切断一切用电设备的电源。

(4)维修操作前应熟读维修手册中的操作标准和台架、仪器、设备使用标准,并做好日常维护工作。

3. 车间场地安全防护

(1)车间应配有干粉灭火器及相应消防措施,易燃油品不能暴露于空气中。

(2)工作时车间内的任何工具、零部件、设备、车辆都不能随意摆放,工作结束后摆放于指定地点保管。

(3)车间内设备或车辆周围的人行道或工作区域不能过于拥挤。

(4)操作过程中应做到油品、工具、配件三不落地,作业完毕后应及时清理车间工作场地,做到现场 5S 管理。

(二)汽车电气检修安全规范

进行汽车电气检修时要严格遵守汽车电气检修安全规范,见表 1-1。

表 1-1 汽车电气检修安全规范

步骤	项目	顺序	工作内容
1	准备工作检查	1	清理工具检查
		2	整理场地检查
		3	车辆防护检查
2	个人安全防护检查	1	着装检查
		2	眼睛的防护检查
3	工作过程中的防护检查	1	检查实训场地及车辆是否安全
		2	搬运重物方法是否正确
4	工具和设备的使用安全检查	1	手动工具的使用安全检查
		2	动力工具的使用安全检查
5	整理	1	整理工具及现场卫生

(三)实施记录

填写汽车电气检修实施记录表,见表 1-2。

表 1-2 汽车电气检修实施记录

序号	检查项目	故障检查	备注
1	准备工作检查	清理工具检查: 充足 □ 缺少 □ 整理场地: 符合要求 □ 不符合要求 □ 车辆防护: 符合要求 □ 不符合要求 □	
2	个人安全防护检查	着装检查: 符合要求 □ 不符合要求 □ 眼睛的防护: 符合要求 □ 不符合要求 □	
3	工作过程中的防护检查	检查实训场地及车辆是否安全: 安全 □ 不安全 □ 搬运重物方法: 正确 □ 错误 □	
4	工具和设备的使用安全检查	手动工具的使用: 正确 □ 错误 □ 动力工具的使用: 正确 □ 错误 □	

四、思考与练习

(一) 判断题

1. 对车辆进行维修,首先要有足够的知识和技能。( )
2. 维修人员的工作服要统一。( )
3. 维修人员不准染发。( )
4. 气动工具使用时要注意接头连接牢固。( )
5. 用千斤顶举升车辆时,车轮要固定好。( )
6. 防火是安全员的责任。( )
7. 安全驾驶就是慢速驾驶。( )
8. 维修人员要随时整理、整顿场地,保持清洁。( )
9. 维修人员在二人一起工作的情况下,务必相互提醒,确认对方的反应。( )
10. 汽车维修作业结束后必须实施检查。( )
11. 实施作业时,不能继续模棱两可的工作。( )
12. 维修人员要在确认安全的情况下,实施操作。( )
13. 在确认安全的情况下,可以不用防护用具。( )
14. 维修人员工作时必须可靠使用安全装置。( )
15. 安全驾驶就是始终保持规范操作的驾驶。( )
16. 职业素质是劳动者对社会职业了解与适应能力的一种综合体现。( )
17. 维修人员必须按接受指示操作。( )
18. 过度疲劳会使注意力分散,引发事故。( )
19. 防冻液不是有害液体。( )
20. 先冷却,然后才能拆除高温部件。( )

(二) 选择题

1. 有了足够的知识和技能,才能对车辆进行( )。
   A. 整理   B. 清洁   C. 驾驶   D. 维修
2. 工作服不能( )。
   A. 整洁   B. 无破损   C. 无绽线   D. 有硬物裸露
3. 维修人员的工作服要( )。
   A. 有个性   B. 统一   C. 有随意性   D. 注意颜色搭配
4. 维修人员穿着( )。
   A. 安全鞋   B. 旅游鞋   C. 皮鞋   D. 布鞋
5. 维修人员头发不得( )。
   A. 染发   B. 剃光头   C. 修剪整齐   D. 脏乱
6. 维修人员的手指甲( )。
   A. 可以涂指甲油   B. 可以美甲   C. 可以留长指甲   D. 要修剪短
7. 维修人员的胡须要求( )。

A. 每日剃净　　　B. 留八字胡　　　C. 留长胡　　　D. 依个人习惯处理

8. 工具使用后应放在(　　)。
   A. 地上　　　B. 口袋里　　　C. 维修车辆里　　　D. 规定的位置

9. 对在总成修理室换下的配件,应(　　)。
   A. 堆在一起　　　B. 装给别的客户　　　C. 卖给别的修理厂　　　D. 及时报废并销毁

10. 发现场地出现脏乱现象,正确的措施是(　　)
    A. 及时处理　　　B. 假装没看见　　　C. 不处理　　　D. 汇报领导,派人来处理

11. 安全服装是为了(　　)。
    A. 防止灾害　　　B. 提高工作效率　　　C. 方便工作　　　D. 以上各项都是

12. 二人在一起工作,可能涉及安全方面的工作有(　　)。
    A. 启动发动机
    C. 在举升机上驱动车轮
    B. 使用举升机举升或下降车辆
    D. 以上各项都是

13. 穿戴防护用具是为了(　　)。
    A. 保护自己的身体
    C. 保护配件
    B. 保护车辆
    D. 保护设备

14. 需要戴防护眼镜的工作是(　　)。
    A. 使用砂轮机　　　B. 喷涂　　　C. 更换制动盘　　　D. 更换离合器

15. 维修现场容易起火的物品是(　　)。
    A. 汽油　　　B. 润滑油　　　C. 油漆　　　D. 以上各项都是

16. 需要戴防护面罩的工作是(　　)。
    A. 喷涂　　　B. 使用砂轮机　　　C. 使用钻床　　　D. 清洗作业

17. 在维修操作前要确认(　　)。
    A. 场地、设备安全
    C. 人员安全
    B. 车辆安全
    D. 以上各项都是

18. 下列说法错误的是:为保持工作场地的清洁,维修人员要随时(　　)。
    A. 整理工作服　　　B. 整理场地　　　C. 整理通道　　　D. 保持地面清洁

19. 安全驾驶就是(　　)。
    A. 慢速驾驶
    C. 快速驾驶
    B. 中速驾驶
    D. 始终保持规范操作的驾驶

20. 二人在一起工作,对涉及安全方面的工作,要(　　)。
    A. 听领导指示　　　B. 相互提醒　　　C. 派安全员监督　　　D. 请第三方同事检查

(三) 问答题

1. 有人认为自己有近视眼镜防护,就不需要佩戴防护眼镜,这对吗?

2. 为什么在汽车检修车间从事电气系统检修时不准佩戴珠宝饰物?

项目二 汽车电气系统检修常用工具

一、任务描述

在汽车电气系统检修过程中,需要借助一些检测工具和仪器仪表,对汽车的技术状况参数进行测量。在使用这些工具和仪表前,必须熟悉它们的工作原理、结构性能、使用方法及注意事项等。这样,在汽车故障检测和排除时才能有的放矢地进行选择和使用,找出导致故障的原因,及时进行排除。

二、相关知识

(一) 测试灯及跨接线的使用

1. 测试灯

测试灯由一个 12 W 的灯泡和引线组成,用于电路短路、断路的检测。测试灯的类型按结构原理不同分为无源试灯和有源试灯。

无源试灯主要由试灯、导线、搭铁夹和带手柄的探针或各种型号端头组成。它主要用来检查系统电源电路是否给电气部件提供电源。试灯中一般安装一个与车辆电压级别一致的小灯泡或采用发光二级管作为光源。

无源试灯手柄透明,里面装有一只灯泡。手柄的一端伸出带尖的探头,另一端引出一根带夹子的搭铁线。将测试灯一端搭铁,另一端接电气部件电源接头,如图 2-1 所示,如灯亮,说明电气部件的电源电路无故障,如灯不亮,再去接电源方向的第二个接线点,如灯亮,则故障在第一接点与第二接点之间,电路出现的是断路故障,如灯仍不亮,则再去接第三个接点……,直到灯亮为止,说明故障在最后被测接点与上一个被测接点间的电路上,大多为断路故障。

测试灯也可自行制作,例如,可以将汽车示宽灯的灯泡的两端子一端连接探针,另一端连接搭铁线夹即可。

试灯的局限性在于它不能显示出被检电路点的电压值是多少。

注意:不提倡用无源试灯检测计算机控制的电路,除非电路说明书中有特殊要求。

有源试灯也称导通检测器,用来检查电路是否导通。有源试灯同无源试灯类似,如图 2-2 所示,只是在手柄内自带一个电池电源(一般为两节 1.5 V 干电池),连接到一条导线的两端上,测试线路的断路和短路故障。

(1)断路检查:首先断开与被检测电气部件相连接的电源电路,将测试灯一端搭铁,另一端接电路各接点(从电路首端开始)。如果灯不亮,则断路出现在被测点与搭铁之间;如灯亮,则断路出现在此时被测点与上一个被测点之间。

(2)短路检查:首先断开电气部件电路的电源线和搭铁线,测试灯一端搭铁,一端与余下电气部件电路相连接,如灯亮,表示有短路故障(搭铁)存在,然后逐步将电路中的插接器脱开,开关打开,拆除部件等,直到灯灭为止,则短路出现在最后开路部件与上一个开路部件之间。

注意：① 不能用有源试灯测试带电电路,否则会损坏试灯。② 不可用测试灯检查汽车电子控制系统,除非维修手册中有特殊说明,方可进行。③ 在使用试灯测试时不能测试安全气囊线路与部件,否则会引起安全气囊误爆。

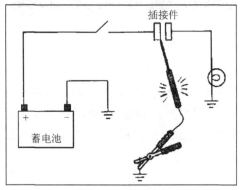

图2-1 无源试灯

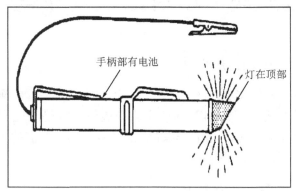

图2-2 有源试灯

2. 跨接线

使用跨接线诊断电路故障的方法实际上就是短路法,它是汽车电路故障检测诊断的一种常见方法,如图2-3所示。跨接线可以用废弃的导线自行制作,找一段导线,将两端分别接上不同形式的插头即可。常用的跨接线长度一般都在2m左右,过长携带不方便,过短有时可能会不够用。在汽车电路维修中,跨接线是非常实用的必备工具,在某些电气设备功能失效时,用跨接线将其短路,可以检查启动发动机的工作情况。在使用跨接线时应特别注意,不可将被测试电器的正极导线与搭铁线直接跨接,以免造成短路,烧坏易熔线或熔断器。跨接线是一根测试导线,可用已知良好的导线来代替可能有故障的电路部分,其作用相当于导通测试。

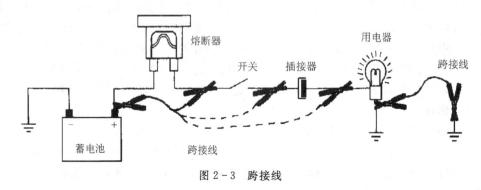

图2-3 跨接线

（二）万用表的使用

1. 功能介绍

万用表是我们日常修理过程中最常用到的一种测量工具,它能够对电路中的电流、电压及用电器的电阻进行测量,方便我们通过测量数据来判断故障原因和故障点。

万用表分为两种：一种是指针式万用表；另一种是数字式万用表。指针式万用表的特点是能够直观反映出所测数值的大小方便进行对比,但其测量结果不够精确。数字式万用表的测量结果比指针式更精确和直观,因此广泛应用于电器、电子维修行业。数字式万用表由液晶显示屏、转换开关、电源开关、表笔插孔等几部分组成。数字式万用表部分挡位及功能如图2-4所示。

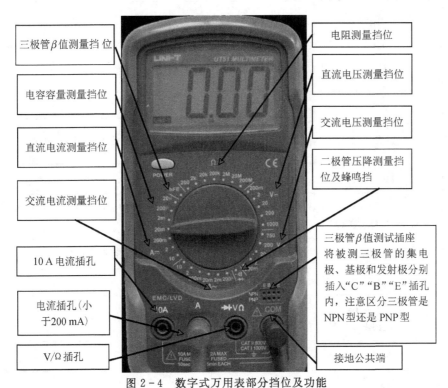

图2-4 数字式万用表部分挡位及功能

2. 万用表的使用方法

下面以福禄克e117C型万用表为例,介绍万用表的使用方法。

1) 万用表介绍

福禄克e117C型万用表显示屏如图2-5所示,显示屏上各个符号的含义见表2-1。

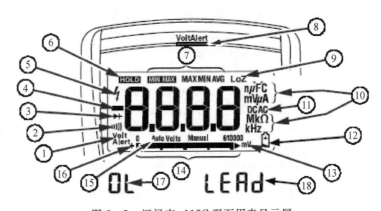

图2-5 福禄克e117C型万用表显示屏

表 2-1　福禄克 e117C 型万用表显示屏符号含义

序号	符号	含义
1	Volt Alert	仪表处于 Volt Alert™ 非接触电压检测模式
2	⫶)))）	把仪表设置到通断性测试功能
3	▶︎⊢	把仪表设置到二极管测试功能
4	—	输入为负值
5	⚡	危险电压。测得的输入电压≥30 V 或电压过载（OL）
6	HOLD	显示保持功能已启用。显示屏冻结当前读数
7	MIN MAX MAX MIN AVG	最小、最大、平均（MIN MAX AVG）功能已启用。显示最大值、最小值、平均值或当前读数
8	Volt Alert（红色 LED 灯）	通过非接触 Volt Alert 传感器检测是否存在电压
9	LoZ	仪表在低输入阻抗条件下测量电压或电容
10	nμFC mVμA MkΩ kHz	测量单位
11	DC AC	直流或交流电
12	🔋	电池电量不足告警
13	610000 mV	指示仪表的量程选择
14	（模拟指针显示）	模拟显示
15	Auto Volts（自动电压）、Manual（手动）	仪表处于自动电压（Auto Volts）功能。自动量程，仪表能自动选择可获得最高分辨率的量程。手动量程，用户自行设置的量程
16	+	模拟指针显示极性
17	OL	⚠ 输入值太大，超出所选量程
18	LEAd	⚠ 测试导线警示。当仪表的功能开关转到或转离 A 挡位时，该符号会短暂显示

万用表接线端接口及说明见表 2-2，开关挡位功能介绍见表 2-3，开机选项说明见表 2-4。

表 2-2 万用表接线端接口及说明

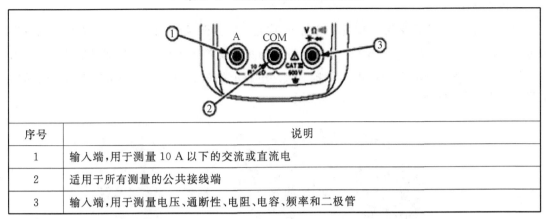

序号	说明
1	输入端,用于测量 10 A 以下的交流或直流电
2	适用于所有测量的公共接线端
3	输入端,用于测量电压、通断性、电阻、电容、频率和二极管

表 2-3 万用表开关挡位及测量功能介绍

开关挡位	测量功能
AUTO-V LOZ	根据所感测到的低阻抗输入情况自动选择交流或直流电压
$\tilde{V}$ Hz(按键)	交流电压量程:0.06~600 V。频率量程:5 Hz~50 kHz
$\overline{V}$	直流电压量程:0.001~600 V
$m\tilde{\overline{V}}$	交流电压量程:6.0~600 mV,直流耦合。直流电压量程:0.1~600 mV
Ω	电阻量程:0.1 Ω~40 MΩ
·)))	电阻小于 20 Ω 时,蜂鸣器打开;电阻大于 250 Ω 时,蜂鸣器关闭
⊷⊶	二极管测试。电压超过 2.0 V 时,显示过载(OL)符号
⊣⊢	电容量程:1 nF~9999 μF
$\tilde{A}$ Hz(按钮)	交流电流量程:0.1~10 A。>10~20 A,30 s 开,10 min 关;>10 A,显示屏闪烁;>20 A,显示 OL(过载);直流耦合。频率量程:45 Hz~5 kHz
$\overline{A}$	直流电流量程:0.001~10 A。>10~20 A,30 s 开,10 min 关;>10 A 显示屏闪烁;>20 A,显示 OL(过载)
Volt Alert	非接触式感测交流电压

表 2-4 万用表开机选项说明

按钮	开机选项
HOLD	打开显示屏的所有显示段
MIN MAX	禁用蜂鸣器。当启用时,显示 bEEP
RANGE	启用低阻抗电容测量。当启用时,显示 LCAP
	禁用自动关机("睡眠模式")。当启用时,显示 PoFF
	禁用背照灯自动关闭功能。当启用时,显示 LoFF

2)操作说明

(1)电压测量。测量交流电和直流电电压:首先将旋转开关转至电压挡,选择交流电或直流电。按 ▭ 可以在 mV_{ac} 和 mV_{dc} 电压测量之间进行切换。再将红色测试导线连接至 $V\Omega$ 孔,黑色测试导线连接至 COM 端子,用探头接触电路上的正确测试点以测量其电压。最后读取显示屏上测出的电压数值。如图 2-6 所示。

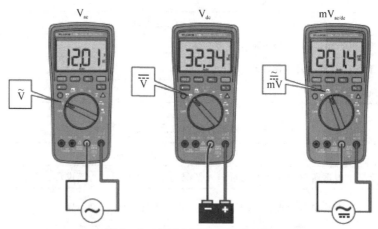

图 2-6 万用表测量电压示意图

(2)电阻测量。测量电阻:首先将旋转开关转至电阻挡,并确保已切断待测电路的电源。再将红色测试导线连接至 $V\Omega$ 端子,黑色测试导线连接至 COM 端子,用探针接触想要测试的电路点,测量电阻。最后读取显示屏上测出的电阻值。如图 2-7 所示。

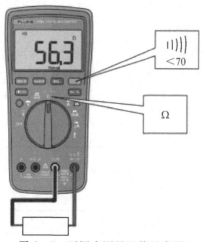

图 2-7 万用表测量阻值示意图

注意:① 不能在电路中对电器元件的电阻进行检测,检测时必须将被检测电器元件从电路中分离。② 量程的选择和转换。量程选小了,显示屏上会显示"1.",此时应换用较大的量程。反之,如果量程选大了,显示屏上会显示一个接近"0"的数,此时应换用较小的量程。显示屏上显示的数字加上挡位选择的单位就是所测电阻的阻值。③ 禁止使用万用表电阻挡测量安全气囊电阻值。④ 测量线路电阻时,必须断开蓄电池负极。

(3)电流测量。测量交流和直流电流:首先将旋转开关转至电流挡,按 ▭ 可以在交流和直流电流测量之间进行切换。再根据要测量的电流将红色测试导线连接至 A 或 mA 或 μA 端子,并将黑色测试导线连接至 COM 端子。然后断开待测的电路路径,将测试导线衔接断口并施用电源。最后读取显示屏上测出的电流值。如图 2-8 所示。

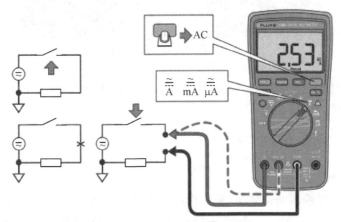

图 2-8　万用表测量电流示意图

注意:为防止因线路电流过大损坏万用表,测量线路电流时,应从最大量程开始依次向最小量程选择;测量寄生电流时,需配合专用工具进行,不可直接将万用表接入电路。

(4)通断性测试。测试通断性:选择电阻模式后,按一次 ▭ 以激活通断性蜂鸣器。如果电阻低于 70 Ω,蜂鸣器将持续响起,表明出现短路。

3. 万用表使用技巧与注意事项

(1)黑表笔可以用香蕉线配合鳄鱼钳代替,以提高检测效率,如图 2-9 所示,为香蕉线及鳄鱼钳。

图 2-9　香蕉线及鳄鱼钳

(2)使用万用表时,手禁止接触到表笔,正确握法见图 2-10。

图 2-10　使用万用表的正确握法

（3）在测量线束端子时,需用专用适配器或者其他适配器代替,禁止将万用表表笔直接或者暴力插入线束端子护套里。

（三）汽车故障诊断仪的使用

1. 汽车故障诊断仪的功能

现代汽车的电控系统越来越复杂,集中自动化控制程度越来越高,而且采用了各种数据总线,将各电控模块连接在一起进行通信,采用传统的诊断方法和诊断工具诊断现代汽车的系统故障显然越来越吃力。

汽车的各个电控系统一般具有一个或几个控制单元,控制单元检测各传感器的输入信号,并对执行器发出控制指令。当系统存在故障时,控制单元将故障码存储在记忆芯片上。使用汽车故障诊断检测仪能快速地读取故障码和数据流,并且还可以对执行元件进行动作测试。汽车故障诊断仪强大的功能对现代汽车维修诊断技术具有很大的帮助,弥补了人工诊断的不足。汽车故障诊断仪如图 2-11 所示。

图 2-11　汽车故障诊断仪

汽车故障诊断仪是汽车维修中非常重要的工具,一般具有以下几项或全部的功能：

（1）读取故障码:读取存储在引擎系统中的故障码和故障码详细信息,并针对读出的故障码给出故障产生的原因及维修指导信息。

（2）清除故障码:清除系统中的所有故障码。

（3）读取数据流:读取所有和 ECU 系统相关的运行参数。

（4）读取车辆信息:读取车辆的信息,如车辆识别号码（VIN）、校准标识（CALID）和校准验证号(CVN)。

(5)动作测试:用于检测汽车当前的准备测试状态,在诊断软件界面点击"动作测试"选项,屏幕显示车辆支持测试的状态。

(6)匹配、设定和编码等其他功能。

更详细的操作指南,可以查看随机附带的使用手册,按照说明进行操作。一般来说有以下几步:在车上找到诊断座;选用相应的诊断接口;根据车型,进入相应诊断系统;读取故障码;查看数据流;诊断维修之后清除故障码。

2. 汽车故障诊断仪使用技巧

尽管汽车故障诊断仪的使用方法比较简单,但是要充分发挥仪器的各项功能,快速找准故障,维修人员在使用中还应该掌握一些技巧。

(1)自诊断系统只能监视电控系统电路。如果故障不属于电路,诊断仪不能检测。因此检修发动机时,要分清是机械故障还是电路故障,尤其在检修自动变速箱时,更要分清是机械、油路还是电路的故障。另外,不属于电控系统的电路故障,诊断仪也不能检测,比如启动系统、充电系统、点火系统的高压电路,一般不属于电控系统,因而不能用故障诊断仪检测。

(2)自诊断系统一般只能监视信号的范围,不能监视传感器特性的变化。因而,如果只是信号的特性发生了变化,则不能产生故障码。例如,发动机冷却液传感器的阻值有一个正常的工作范围,一旦阻值超出此范围,自诊断系统马上会产生故障码,但是假如该传感器的特性(指温度和阻值的对应关系)发生变化,但阻值依然在正常范围内,则发动机会工作不良,故障指示灯却并不会亮,仪器也读不出故障。维修人员不应因为无故障码,就认为肯定无故障,以免走弯路。一般地,自诊断系统所诊断的故障为电路短路、开路、接触不良、串线等。

(3)自诊断系统监视的往往是某一电路,而非某一元件,如某传感器相应线路故障、某电磁阀相应线路故障。所以如果诊断仪显示的是"进气温度传感器故障",实际上指的是该传感器相应电路故障,包括进气温度传感器、进气温度传感器与微电脑ECU间的连线(含插头和插座)、进气温度传感器的接地以及微电脑ECU和其供电、接地情况。一些维修人员对故障码所揭示的故障范围不甚清楚,以致只按故障码所提示的字面含义来检修,必然会走弯路。

(4)有故障码并不一定有相应电路故障。这可以分为下面几种情况:

①历史性故障。指故障已经消失,但尚未清除掉的故障码。例如,维修人员虽然排除了故障,但并未进行消码,这样故障码就依然在汽车ECU的随机存储器(RAM)中。或者,在发动机运行或点火开关打开的情况下,维修人员拔插相关电路的器件和插头,自诊断系统就会记下这时的故障码。如果故障码显示几个缸的喷油器都有故障,可能就是这种情况。所以,一般不急于按故障码来检修,而是先进行消码、运行、再测试,第二次读出的码才能真正说明有无故障。当然,第一次消码前别忘了记下故障码,因为这些故障码的产生情况难以再现,所以第二次读出的故障码或许会漏掉一些故障迹象。

②故障码反映了系统存在故障,但实际上并非相应电路的故障。例如,故障码显示"氧传感器故障",可能并非氧传感器的电路有故障,而是油气供给系统有故障,使混合气太浓(稀),导致氧传感器信号超出了正常的电压范围,使自诊断系统记下了故障码;又如"进气压力传感器故障"可能反映的是进气气路的故障,而非其电路的故障。所以,从这点上看,根据故障码检查,也不可局限于电路,必要时还要考虑机械、气路等部分。

(5)要善于运用仪器的动态测试(KOER)功能。有些情况故障码不一定能反映出来,但有经验的维修人员可以通过动态数据流发现。例如,动态测试中可以用曲线反映节气门的开度情况,缓缓匀速地踩下节气门时,应该有近似直线的图形显示,否则与节气门相关的方面可能有问题;另外,动态测试中往往有点火提前角的显示,点火提前角应该随着节气门的开度或发动机转速的变化而增大或减少等。

(6)如果故障灯亮,却读不出故障码,则可检查故障灯电路有无搭铁。一般地,自诊断系统发现故障时,通常是 ECU 内部搭铁有问题。当然诊断座与 ECU 之间的通信也可能出现问题,也不排除仪器本身存在问题。

总之,使用故障诊断仪,维修人员可以快速、方便、准确地定位故障,从而顺利地排除故障。但是仪器的功能再强大,使用的效果如何还是要靠维修人员的能动性。有些维修人员在碰到读出很多故障码、故障灯亮却无故障码、有故障却没有产生相应故障码、有故障码却查不出相应故障等情况时,往往会感到困惑和无从下手,进而开始抱怨仪器质量或性能有问题。实际上,维修人员只有在对电控的原理、自诊断系统的原理、解码器的原理有透彻的理解后,才能有效地使用仪器。

三、项目实施

(一)安全防护注意事项

1. 个人安全防护

(1)维修操作人员必须穿工作服、戴工作帽、穿工作鞋、工作服纽扣与拉链及皮带扣不应暴露在衣服外侧、袖口不应挽起、领口扣紧、裤脚扣紧、佩戴手套,女生长头发要盘起在工作帽内。

(2)维修操作人员在进入车间时不应佩戴手表、戒指、项链等金属首饰,女生不应佩戴耳环。

(3)维修人员在进行车辆维修操作时,应防止车轮轧伤脚部、车门夹伤手部,手部不能靠近热的发动机及旋转的发动机皮带。

(4)在搬运重物及尖锐器物时应注意动作姿势,防止扭伤腰部、砸伤脚部、划伤手部。

2. 车辆/台架等设备安全

(1)车辆进入车间内,不应随意摆放,熄灭发动机后,将变速器置于空挡位置,并拉紧驻车制动;台架应将滑轮锁死或用木块固定。

(2)维修操作前,应铺设三件套及翼子板布,发动机启动前应连接尾排,且其他实训人员不应围绕在车辆周围。

(3)任何时间操作电气设备时,都应注意用电安全。作业结束之后,应及时切断一切用电设备的电源。

(4)维修操作前应熟读维修手册中的操作标准和台架、仪器、设备使用标准,并做好日常维护工作。

3. 车间场地安全防护

(1)车间应配有干粉灭火器及相应消防措施,易燃油品不能暴露于空气中。

(2)工作时车间内的任何工具、零部件、设备、车辆都不能随意摆放,工作结束后摆放于指定地点保管。

(3)车间内设备或车辆周围的人行道或工作区域不能过于拥挤。

(4)操作过程中应做到油品、工具、配件三不落地,作业完毕后应及时清理车间工作场地,做到现场5S管理。

(二)正确使用诊断仪

1. 用 VAS5054 专用诊断仪消除车辆故障码

用 VAS5054 专用诊断仪消除车辆故障码的具体步骤及工作内容见表2-5。

表2-5 VAS5054 专用诊断仪消除车辆故障码工作步骤及工作内容

工作步骤	工作内容
1	在未通电的情况下连接诊断接口
2	打开点火开关(不用启动车辆,否则读取不了故障码)
3	接通诊断仪电源,诊断仪工作电压为220 V,要小心插接电源
4	进入诊断仪默认操作界面,如果没有显示界面,检查蓄电池电压及诊断仪插孔电压
5	接通诊断仪后,诊断仪进入初始界面,选择"车辆自诊断"功能
6	选择"自诊断"进入"VIN码和牌照"输入界面
7	点击"正常"进入发动机控制单元
8	选择"02-变速箱电控系统"
9	选择"变速箱电控系统诊断"
10	选择"004-故障代码存储器内容"进入"查询故障存储器"与"清除故障代码存储器"界面
11	选择"004.08-查询故障存储器",查询故障码,并记录
12	在排除故障后应该清除故障码,选择"004.10-清除故障代码存储器",执行清除故障码操作
13	点击"正常"进入清除完毕界面
14	清除故障码后重新查询"故障码存储器",并再次读取故障码

2. 利用 VAS5054 专用诊断仪读取车辆数据流

利用 VAS5054 专用诊断仪读取车辆数据流的具体操作步骤见表2-6。

表2-6 VAS5054 专用诊断仪读取车辆数据流工作步骤及工作内容

工作步骤	工作内容
1	择"车辆自诊断"功能
2	选择"自诊断"进入"VIN码和牌照"输入界面
3	点击"正常"进入发动机控制单元
4	选择"制动电控系统"
5	选择"010-测量值"进入"读取测量值"与"读取测量值块"界面
6	选择"010-02读取测量值块"

续表

工作步骤	工作内容
7	进入"读取测量值块"界面,选择"1",点击"确定(Q)"键
8	读取"显示组 1"测量值块,并记录
9	读取"显示组 2"测量值块,并记录
10	读取"显示组 3"测量值块,并记录
11	读取"显示组 4"测量值块,并记录
12	读取"显示组 5"测量值块,并记录
13	读取"显示组 6"测量值块,并记录
14	读取"显示组 7"测量值块,并记录
15	读取"显示组 8"测量值块,并记录
16	读取"显示组 9"测量值块,并记录
17	读取"显示组 10"测量值块,并记录
18	整理工具、设备

(三)实施记录

使用 VAS5054 专用诊断仪读取车辆故障码及数据流,并填写实施记录表 2-7。

表 2-7 VAS5054 专用诊断仪读取车辆故障码及数据流实施记录

使用仪器名称		VAS5054
车型品牌		帕萨特
序号	任务	填写故障码/数据流
1	读取帕萨特(建议车型)变速箱的故障码	
2	读取帕萨特(建议车型)空调/加热器电子设备的故障码	
3	读取帕萨特(建议车型)发动机转速"显示组 5"测量值块	
4	读取帕萨特(建议车型)节气门开度"显示组 6"测量值块	

四、思考与练习

(一)判断题

1. 万用表可以测量感抗。( )
2. 万用表测量电流值的强度范围是 0~100 A。( )
3. 数字式万用表的精度比模拟式万用表高。( )
4. 在测量模拟信号时,数字式万用表通常比模拟万用表测量精确度低。( )
5. 数字式万用表只能测量直流电压。( )
6. 用万用表测量电流时,将万用表并联连接到测量部位。( )
7. 用万用表测量电阻时,将万用表串联在测量回路中。( )

8. 导通测量是电阻测量的一种形式。（　　）
9. 可以用有源试灯测试带电电路。（　　）
10. 无源试灯自带电源。（　　）

（二）选择题

1. 通常万用表可测量（　　）电路。
    A. 仅直流　　　　B. 仅交流　　　　C. 交、直流　　　　D. 磁场
2. 通常万用表无法测量（　　）。
    A. 感抗　　　　B. 电压　　　　C. 电阻　　　　D. 电流
3. 汽车专用万用表可以测量（　　）。
    A. 感抗　　　　B. 温度　　　　C. 频率　　　　D. 周期
4. 万用表测量电流值的强度范围是（　　）A。
    A. 0～1　　　　B. 0～3　　　　C. 0～5　　　　D. 0～20
5. 万用表测量电压值的范围是（　　）V。
    A. 0～20　　　　B. 0～50　　　　C. 0～100　　　　D. 0～1000
6. 万用表测量电阻值的范围是（　　）Ω。
    A. 0～100　　　　B. 0～1000　　　　C. 0～10000　　　　D. 0～10 M
7. 数字式万用表（　　）。
    A. 可直接读取数值　　　　B. 可间接读取数值
    C. 读取数值时间较长　　　　D. 数据值存在个人差异
8. 数字式万用表在测量（　　）时需要调零。
    A. 电阻　　　　B. 电压　　　　C. 电流　　　　D. 无须调零
9. 数字式万用表在测量直流电压时若反向连接，出现的情况是：（　　）。
    A. 不显示数值　　B. 报警　　C. 数值显示负值　　D. 损坏
10. 为了降低电池消耗，数字式万用表采用（　　）。
    A. 外接 220 V 电源　　　　B. 外接车用电源
    C. 外接备用电源　　　　D. 待机自动关闭功能
11. 对于变化的数值，数字式万用表（　　）。
    A. 读取最大值　　B. 读取最小值　　C. 读取平均值　　D. 难以读取
12. 数字式万用表无法读取（　　）。
    A. 电阻值　　B. 变化值　　C. 电压值　　D. 电流强度值
13. 数字式万用表测量电压时，以下正确的是（　　）。
    A. 内部电阻越大，测量误差越小　　B. 内部电阻越小，测量误差越大
    C. 内部电阻越小，测量误差越小　　D. 内部电阻越大，测量误差不变
14. 数字式万用表测量电压时，将万用表（　　）。
    A. 并联到测量部件　　　　B. 并联到电源
    C. 串联在测量部件前端　　　　D. 串联在测量部件后端
15. 如果在测量电压时将数字式万用表并联到线路中去，则（　　）。
    A. 万用表损坏　　　　B. 万用表保护性关闭

  C. 万用表报警   D. 万用表无法读取数值

16. 数字式万用表测量电流强度,测量范围一般是( )A。
  A. 0～10   B. 0～20   C. 0～50   D. 0～100

17. 如果测量线路的电流强度太大,数字式万用表( )。
  A. 会损坏   B. 测量表棒会烧毁   C. 会报警   D. 保险丝烧毁

18. 数字式万用表测量电流时,内部电阻越_____,测量误差越_____。( )
  A. 大……小   B. 大……不变   C. 小……小   D. 小……大

19. 测量电阻时,回路应该( )。
  A. 有电压   B. 有电流   C. 关闭点火开关   D. 拆除蓄电池

20. 在干燥情况下,人体电阻有( )Ω,手接触表棒会引起测量误差。
  A. 20   B. 200   C. 2000   D. 200000

21. 对电阻测量,说法正确的是( )。
  A. 万用表直接测量电阻   B. 万用表测量的是回路电流
  C. 万用表测量的是回路电压   D. 电阻测量要注意表棒的极性

22. 测量电阻( )Ω,说明线路导通。
  A. 小于1   B. 小于5   C. 小于10   D. 小于20

23. 万用表使用电池的电压为( )V。
  A. 1.5   B. 3   C. 6   D. 9

24. 万用表进行电阻、导通测量时,下列( )不需要考虑极性。
  A. 电阻   B. 二极管   C. 齐纳二极管   D. 晶体管

25. 数字万用表测量电阻无穷大时,显示器显示( )。
  A. 0   B. 无穷大   C. ∞   D. 1

(三) 问答题

1. 如何用测试灯检测电路断路、短路故障?

2. 简述万用表测量电阻时有哪些注意事项。

项目三　汽车电气系统认知

一、任务描述

汽车电气系统是汽车上的重要组成部分,其性能的好坏直接影响汽车的动力性、经济性、可靠性、安全性、舒适性以及排放等性能。随着汽车技术的不断发展与进步,汽车上的电气设备也越来越多,其科技含量已成为衡量现代汽车档次的重要指标之一。那么你了解汽车电气系统的组成及特点吗?

二、相关知识

(一) 汽车电气系统组成

现代汽车所装备的电气系统,按其用途可大致归纳并划分为4部分:电源系统、用电系统、检测系统和配电系统。

1. 电源系统

电源系统由蓄电池、发电机、调节器、充电状态指示装置、开关和导线等连接而成。前两者并联工作,发电机是主电源,蓄电池是辅助电源。蓄电池与交流发电机如图3-1所示。

在发动机正常工作时,由发电机向用电设备供电并向蓄电池充电;起动时,蓄电池向起动机供电。由于发电机是由发动机通过传动带驱动旋转的,当发动机转速变化时,发电机输出电压也会变化。为满足汽车用电设备及蓄电池充电电压恒定的要求,电源系统内均设置电压调节器,以保证发电机输出的电压稳定在一定范围内,防止因电压起伏过大而烧毁用电设备。充电状态指示装置指示蓄电池的充放电状况。

图3-1　蓄电池与交流发电机

2. 用电系统

汽车上的用电系统大致可分为以下5类：

1）启动系统

要使发动机由静止状态过渡到工作状态，必须先用外力转动发动机的曲轴，使活塞做往复运动，气缸内的可燃混合气燃烧膨胀做功，推动活塞向下运动使曲轴旋转。发动机才能自行运转，工作循环才能自动进行。因此，从曲轴在外力作用下开始转动到发动机开始自动地怠速运转的全过程，称为发动机的起动。完成起动过程所需的装置，称为发动机的启动系统。

启动系统的主要机件是起动机，起动机可以将蓄电池的电能转化为机械能，驱动发动机飞轮旋转实现发动机的起动。起动机如图3-2所示。

图3-2 起动机

2）点火系统

点火系统分为电子点火系统和机械点火系统，现代汽车多采用电子点火系统。

汽车电子点火系统有一个点火用电子控制装置，内部有发动机在各种工况下所需的点火控制曲线图（MAP图）。通过一系列传感器，如发动机转速传感器、进气管真空度传感器（发动机负荷传感器）、节气门位置传感器、曲轴位置传感器等，来判断发动机的工作状态，在MAP图上找出发动机在此工作状态下所需的点火提前角，按此要求进行点火。然后根据爆震传感器信号对上述点火要求进行修正，使发动机工作在最佳点火时刻。

点火系统所要用到的零部件主要有点火线圈和火花塞，如图3-3所示。

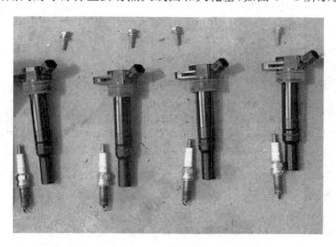

图3-3 点火线圈和火花塞

3) 照明与信号系统

汽车照明与信号系统是汽车安全行驶的必备系统之一,汽车照明与信号系统在晚上能够给司机提供方便,给司机一个很好的视野,也能够在路上给后方司机提供信号让其知道前方有车。

照明系统包括车内外各种照明灯以及保证夜间安全行车所必须的灯光,其中以前照明灯最为重要,军用车辆还增设了防空照明。汽车前部灯光构成如图3-4所示。

图3-4 汽车前部灯光

信号系统包括电喇叭、蜂鸣器、闪光器及各种信号灯等,主要用来保证安全行车所必要的信号。

4) 电子控制系统

电子控制系统主要指由微机控制的装置,包括:电子控制点火装置、电子控制燃油喷射装置、电子控制防抱死制动装置、电子控制自动变速装置等,分别用来提高汽车的动力性、经济性、安全性、排气净化和操纵自动化等性能。发动机电子控制系统外形如图3-5所示。

图3-5 发动机电子控制系统

5) 辅助电气系统

辅助电气设备包括电动刮水器、低温起动预热装置、空调器、收录机、点烟器、防盗装置、玻璃升降器、座椅调节器等。辅助电器有日益增多的趋势,主要向着舒适、娱乐、保障安全方面发展。

3. 检测系统

检测系统包括各种检测仪表,如电压表、电流表、水温表、油压表、燃油表、车速里程表、发动机转速表和各种报警灯,用来监测发动机和其他装置的工作情况。常见汽车仪表指示盘及其功能如图3-6所示。

图 3-6　汽车仪表指示盘

4. 配电系统

配电系统包括电路开关、中央配电盒、保险装置、插接器和导线等,以保证线路工作的可靠性和安全性。

1) 开关

汽车电路控制是通过各种开关接通或切断电源与用电设备之间的电路连接来实现的。

(1) 电源开关。以前在有的车辆上装有电源总开关,用于切断蓄电池与外电路的连接,防止车辆使用过程中蓄电池经外电路漏电。电源开关主要有闸刀式和电磁式两种。闸刀式电源开关直接由手动操作实现切断或接通电源,电磁式电源开关则由电磁力吸引控制触点的吸合或断开。现代汽车已经取消了电源开关。

(2) 点火开关。点火开关是一个多挡开关,需用相应的钥匙才能对其进行操纵。点火开关通常用于控制点火电路、仪表电路、发电机励磁电路、起动电路及一些辅助电路等。

点火开关有常规启动和一键启动。一键启动的按钮或旋钮必须在感应到智能钥匙的存在时才能启动,这种感应的距离一般在 50 cm 左右。一般情况下,智能钥匙中也有我们通常所说的带有锯齿或凹槽的钥匙,它的作用是在一键启动功能发生故障时,可以利用机械启动方式进行启动。具有一键启动功能的汽车一般不用插入钥匙,但都有插入钥匙的位置,如图 3-7 (右) 所示。

常规点火开关有 START、ON、ACC、LOCK 四个挡位,如图 3-7 (左) 所示。锁车后钥匙

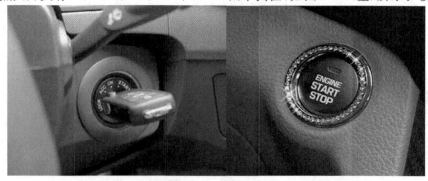

图 3-7　点火开关

会处于 LOCK 状态,此时钥匙不仅锁住了转向盘转轴,同时切断了全车电源。正常行车时,钥匙处于 ON 状态,这时全车所有电路都处于工作状态。ACC 状态是接通汽车部分电气设备的电源,如 CD、空调等。ST 或 START 挡是发动机启动挡位,启动后会自动恢复到 ON 挡。

(3) 组合开关。为了操作方便和保证行车安全,有些车辆将照明开关(前照灯开关、变光开关)、信号(转向、危险警告、超车)开关、刮水器/清洗器开关、喇叭开关等组合在一个组合体内,称为组合开关。

目前市场上的在售车型中,主要有两种样式的车灯开关:拨杆式和旋钮式,如图 3-8 所示。

(a) 拨杆式　　　　　　　　　(b) 旋扭式

图 3-8　车灯开关

2) 中央配电盒

中央配电盒是多功能电子化控制器件,它几乎将全车的熔断器、断路器、继电器集中为一体,是整车电器、电子线路的控制中心。使用中央配电盒,能实现集中供电、减少接线回路、简化线束、减少插接件、节省空间、减轻整车质量等。以桑塔纳 2000 为例,中央配电盒的正面及背面图如图 3-9、图 3-10 所示。

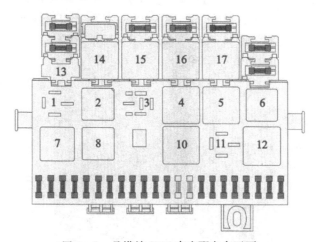

图 3-9　桑塔纳 2000 中央配电盒正面

29

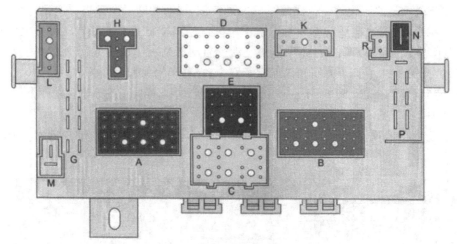

图 3-10 桑塔纳 2000 中央配电盒背面

3) 保险装置

汽车电路中都设有保护装置,当线路因负荷超载、短路故障而电流过大时,保护装置自动断开电源电路,以防止线路或用电设备烧坏。

(1)汽车保险丝的种类。缠绕式保险丝:缠绕式保险丝是插拔结构,熔断丝裸露在外,当熔断时保险片顶部一般都还留有备用丝,可以根据电器的功率选择缠绕的圈数,圈数越多熔断的电流越大。由于这种保险丝需要手工操作,熔断电流不好控制,早已经遭到了淘汰。

玻璃管式保险丝:除了缠绕式,还有一种家用电器里常见的玻璃管式保险丝。当年的跃进 131 车型就使用了此类保险丝,由于这种保险丝是由玻璃制成的,容易破碎,携带非常不方便,也已经被淘汰了。

插片式保险丝:现在最常用的是插片式保险丝,它采用插拔式结构,外壳为塑料材质,颜色比较丰富。其实它的奥秘就在颜色上,花花绿绿的颜色代表了不同的熔断电流。目前的国际通用标准为:2 A 灰色、3 A 紫色、4 A 粉色、5 A 橘黄色、7.5 A 咖啡色、10 A 红色、15 A 蓝色、20 A 黄色、25 A 透明无色、30 A 绿色和 40 A 深橘色,部分插片保险丝如图 3-11 所示。

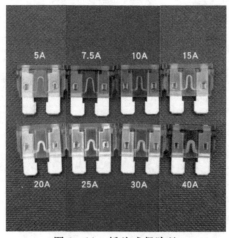

图 3-11 插片式保险丝

(2)保险丝的选用原则。当增加或更换保险丝时,必须用瓦特定理算出所需保险丝的额定电流($P/U=I$)并选用额定电流值正确的保险丝。选保险丝时要考虑浪涌电流(5%～20%)或80%原则,额定电流要稍大于实际负载电流。

(3)保险丝引起电路断路的原因。保险丝引起电路断路主要有两种原因:熔断和接触不良。正确判断保险丝通断好坏常用两种方法:通过视觉观察判断是否熔断;使用万用表检测通断情况,如图3-12所示。

保险丝熔断后,必须先查找故障原因,并彻底排除;更换保险丝时,一定要与原规格相同,特别不能使用比规定容量大的保险丝,否则将失去保护作用;保险丝支架与保险丝接触不良会产生电压降和发热现象,因此,特别要注意检查有无氧化现象和脏污,若有脏污和氧化物,须用细砂纸打磨光,使其接触良好。

图3-12 万用表检测保险丝通断

4)插接器

插接器又称为连接器,由插头和插座组成。插接器是汽车电路中线束的中继站。线束与线束(或导线与导线)、线束(导线)与电器部件之间的连接一般采用插接器,为了防止插接器在汽车行驶中脱开,所有的插接器均采用了闭锁装置,插接器的主要结构如图3-13所示。

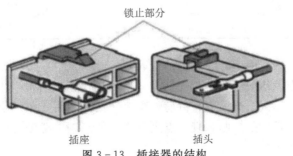

图3-13 插接器的结构

5)导线

汽车上的各种电气设备间由不同直径和颜色的导线,按一定的规律连接起来,构成一个完整的全车电气系统,即全车总线路。

(1)导线的种类、线径表示。汽车电气系统的导线有低压导线和高压导线两种,它们均采用铜质多芯软线。

低压导线按其用途分为普通低压导线和低压电缆线两种。汽车充电系统、仪表、照明、信号及辅助电气设备均使用普通低压导线;而起动机与蓄电池的连接线、蓄电池与车架的搭铁线等则采用低压电缆线。

导线的截面积主要应根据工作电流来选取。低压导线标称截面允许负载电流值如表3-1所示。

表3-1 低压导线标称截面允许负载电流值

导线标称截面/mm²	0.5	0.8	1.0	1.5	2.5	3.0	4.0	6.0	10	13
允许载流值/A	—	—	11	14	20	22	25	35	50	60

对于一些电流特别小的电器,如指示灯电路等,为了保证其应有的力学强度,导线截面积一般不得小于 0.5 mm²。

另外,在起动电路中,起动机工作电流很大,因此,连接蓄电池与起动机的导线不以工作电流大小来选定,而是以工作时的电压降来限制。为了保证起动机能正常工作,产生足够的功率和转矩,要求在线路上每 100 A 的电流所产生的电压降不超过 0.11~0.15 V,因此,该导线截面积要特别大。蓄电池的搭铁线一般采用铜丝编织成的扁形软导线,不带绝缘层。汽车 12 V 电系低压导线的推荐规格见表 3-2。

表3-2 汽车12 V电系低压导线的推荐规格

导线的使用部位	标称截面/mm²
顶灯、指示灯、仪表灯、牌照灯、燃油表、刮水器等电路	0.5
转向灯、制动灯、停车灯、分电器等电路	0.8
前照灯、电喇叭(3 A 以下)电路	1.0
前照灯、电喇叭(3 A 以上)电路	1.5
其他 5 A 以上的电路	1.5~4.0
电源电路	4~25
起动电路	16~95
柴油机汽车电热塞电路	4~6

高压导线是用来传送高电压的导线,传统汽车上一般用于汽车点火线圈至火花塞之间的电路。高压导线的工作电压一般在 15 kV 以上,但工作电流强度很小,因此高压导线的绝缘包层很厚,耐压性能好,线芯截面积很小。目前汽车上广泛使用高压阻尼点火线圈,其电阻值大约为 10~15 kΩ 左右。目的是抑制和衰减点火系产生的高频电磁波,降低对电控装置和无线设备的干扰。

(2) 导线的颜色。随着汽车用电设备的增加,导线数目也不断增多,为了便于识别,汽车低压导线用不同颜色标记。汽车用低压导线的颜色,应符合国家有关标准。

为了在电路图中标注方便,导线的各种颜色均用字母表示,见表3-3,汽车电气系统中导线分支很多,单色线的数目远远满足不了要求,为此采用了双色线,双色导线的第一色为主色,第二色为辅助色,如主色为红色,辅助色为白色,标注为"RW"。

表3-3 导线颜色与代码

颜色	黑	白	红	绿	黄	蓝	粉红	紫	橙	灰	棕
代码	B	W	R	G	Y	Bl	P	V	O	Gr	Br

(二) 汽车电气系统的特点

汽车电气系统具有以下4个特点:

1) 低压

汽车电气系统的额定电压有12 V、24 V两种,汽油车普遍采用12 V电系,而柴油车多采用24 V电系。电器产品额定运行的端电压,对发电装置12 V电系为14 V;对24 V电系为28 V;对用电设备电压在0.9~1.25倍额定电压范围内变动的电路应满足能正常工作。

2) 直流

汽车电气系统采用直流电是因为启动发动机的起动机为直流串激式电动机,其工作时必须由蓄电池供电,而蓄电池消耗电能后又必须用直流电来充电。

3) 单线制

单线制是指从电源到用电设备只用一根导线连接,而另一根导线则由金属部分如车体、发动机等代替作为电气回路的接线方式,因具有节省导线、简化线路、方便安装检修、电器元件不需与车体绝缘等优点而得到广泛应用。但在个别情况下,也会采用双线制。

4) 负极搭铁

采用单线制时,蓄电池的负极必须用导线接到车体上,称为负极搭铁,这是国家标准规定的,也是交流发电机正常工作的必要条件。常见负极接线及负极搭铁如图3-14、图3-15所示。

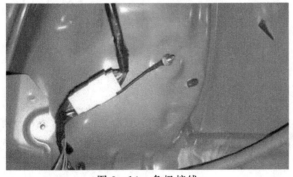

图3-14 负极接线

图3-15 负极搭铁

(三) 继电器

1. 继电器工作原理

继电器是一种当输入量(电、磁、声、光、热)达到一定值时,输出量将发生跳跃式变化的自动控制器件。在汽车电路中,继电器起开关作用,它通过利用电磁或其他方法(如热电或电子)控制某一回路的接通或断开,实现用小电流控制大电流,从而减小控制开关触点的电流负荷的目的。

汽车上广泛使用电磁式继电器,这种继电器一般由铁芯、线圈、衔铁、触点簧片等组成。下面用电路图来说明继电器的工作原理。如图 3-16 所示,若一个由电源、开关及灯泡组成的电路设备,要求用强电流直接接线,则开关及接线都要有能够承受此强电流的能力。但是,也可使用一个开关,利用弱电流去接通和断开一个继电器,然后由继电器通过的大电流去接通或断开灯泡来达到这个目的。

当开关闭合时,电流经过线圈,使线圈激磁,线圈的磁力吸引衔铁,使活动触点接通,并使电流流向灯泡。当开关断开时,线圈断电,线圈的磁力也随之消失,活动触点就会在弹簧的反作用力下返回原来的位置,灯泡熄灭。

现代汽车对继电器的应用比较多,如进气预热继电器、燃油泵继电器、空调继电器、喇叭继电器、雾灯继电器、中间继电器(卸荷继电器)、风窗刮水器/清洗器继电器、危险报警与转向闪光继电器和启动继电器等。

继电器通常分为:常开继电器,常闭继电器和常开、常闭混合型继电器,如图 3-17 所示。

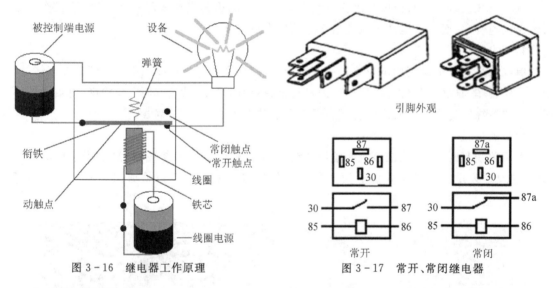

图 3-16 继电器工作原理　　图 3-17 常开、常闭继电器

2. 继电器检测方法

1) 开路检测

可用万用表测阻法检查判断继电器的好坏。用万用表 R×100 Ω 挡检查时,(85)脚与(86)脚、(87)脚与(87a)脚应导通,而(87)脚与(30)脚间电阻应为∞。如检得结果与上述规律不符,说明继电器有问题。

2) 加电检测

如果上述检查无问题,可在(85)脚与(86)脚间加 12 V 电压供电,此时用万用表检查(87)

脚与(30)脚应导通。如不符合上述规律,或通电后继电器发热,均说明其已损坏。

其他各种继电器均可按上述方法进行检测判断。继电器的检测方法如图 3-18 所示。

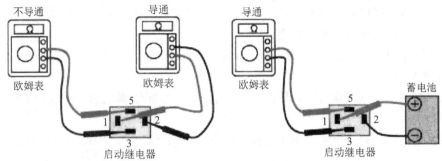

图 3-18　继电器检测方法

3. 汽车继电器好坏的判断方法

1)摸或听

接通点火开关,然后用耳朵或听诊器倾听控制继电器内有无"嗒"的吸合声,或者用手感受一下继电器有没有振动感。如有,说明继电器工作基本正常,用电器不工作是由其他原因引起的;否则,说明该继电器工作失常。

2)换

把要检测的继电器拔下来,换一个相同的工作正常的继电器插上并打开开关,如果该用电设备工作正常,即可判断要检测的继电器工作正常,否则继电器工作失常。

3)测

用万用表 R×100 Ω 挡测量电路各脚间的电阻,该导通的应导通,该断开的应断开,否则说明继电器有问题。

4)看

看触点。打开继电器外壳,看触点有无烧蚀、氧化。如果触点上有凹凸点或锈蚀,说明触点烧蚀或氧化,不能正常工作。

看线圈。看线圈有无烧蚀、变色。如果线圈烧蚀有胶状物,线圈发黑或有胶味,说明线圈烧蚀短路。

三、项目实施

(一) 安全防护注意事项

1. 个人安全防护

(1)维修操作人员必须穿工作服、戴工作帽、穿工作鞋、工作服纽扣与拉链及皮带扣不应暴露在衣服外侧、袖口不应挽起、领口扣紧、裤脚扣紧、佩戴手套,女生长头发要盘起在工作帽内。

(2)维修操作人员在进入车间时不应佩戴手表、戒指、项链等金属首饰,女生不应佩戴耳环。

(3)维修人员在进行车辆维修操作时,应防止车轮轧伤脚部、车门夹伤手部,手部不能靠近热的发动机及旋转的发动机皮带。

(4)在搬运重物及尖锐器物时应注意动作姿势,防止扭伤腰部、砸伤脚部、划伤手部。

2. 车辆/台架等设备安全

(1)车辆进入车间内,不应随意摆放,熄灭发动机后,将变速器置于空挡位置,并拉紧驻车制动;台架应将滑轮锁死或用木块固定。

(2)维修操作前,应铺设三件套及翼子板布,发动机启动前应连接尾排,且其他实训人员不应围绕在车辆周围。

(3)任何时间操作电气设备时,都应注意用电安全。作业结束之后,应及时切断一切用电设备的电源。

(4)维修操作前应熟读维修手册中的操作标准和台架、仪器、设备使用标准,并做好日常维护工作。

3. 车间场地安全防护

(1)车间应配有干粉灭火器及相应消防措施,易燃油品不能暴露于空气中。

(2)工作时车间内的任何工具、零部件、设备、车辆都不能随意摆放,工作结束后摆放于指定地点保管。

(3)车间内设备或车辆周围的人行道或工作区域不能过于拥挤。

(4)操作过程中应做到油品、工具、配件三不落地,作业完毕后应及时清理车间工作场地,做到现场5S管理。

(二)汽车电气设备认识

学习并认识汽车主要电气设备,工作步骤及内容见表3-4。

表3-4 汽车电气设备认识工作步骤及内容

步骤	项目	顺序	工作内容
1	汽车双电源系统的认识	1	蓄电池的认识
		2	发电机的认识
2	汽车外部照明的认识	1	近光灯、远光灯的认识
		2	制动灯的认识
		3	转向灯的认识
		4	灯光组合开关的认识

(三)实施记录

学习认识汽车主要电气设备,并填写实施记录表3-5。

表3-5 汽车电气设备认识实施记录

图片	名称	分类	是否找到	安装位置	作用
	蓄电池	普通铅酸蓄电池 □ 免维护蓄电池 □	是 □ 否 □		

续表

图片	名称	分类	是否找到	安装位置	作用
	发电机	普通交流发电机 □ 整体式交流发电机 □ 无刷交流发电机 □	是 □ 否 □		
	近光灯 远光灯	照明灯 □ 信号灯 □	是 □ 否 □		
	制动灯	照明灯 □ 信号灯 □	是 □ 否 □		
	转向灯	照明灯 □ 信号灯 □	是 □ 否 □		
	灯光组合开关		是 □ 否 □		

四、思考与练习

(一) 判断题

1. 汽车电气系统由电源系统、用电设备和开关3部分组成。（ ）
2. 汽车上有两个电源蓄电池和发电机。（ ）
3. 汽车采用的是单线制，主要是因为将汽车车身的金属机体作为一条公共的正极导线。（ ）
4. 电动后视镜、电动座椅和中控门锁都属于辅助电气系统。（ ）
5. 汽车电气系统的发展趋势是向着机电一体化、网络化、高性能、智能化方向发展。（ ）
6. 汽车电气系统大多采用负极搭铁。（ ）
7. 蓄电池是汽车主电源。（ ）
8. 转向灯属于照明灯。（ ）
9. 近光灯属于信号灯。（ ）
10. 继电器利用的原理是电磁感应原理。（ ）

(二) 选择题

1. 下列哪个不是电源系统的元件（　　）。
   A. 发电机　　　　B. 蓄电池　　　　C. 起动机　　　　D. 电压调节器

2. 汽车上的用电设备大多数（　　）。
   A. 串联　　　　　B. 并联　　　　　C. 都有　　　　　D. 都不是

3. 保险丝烧断后，可以选择大一号的保险（　　）。
   A. 正确　　　　　B. 错误　　　　　C. 都行　　　　　D. 都不是

4. 用小电流控制大电流的是（　　）。
   A. 继电器　　　　B. 熔断器　　　　C. 保险丝　　　　D. 导线

5. 汽车上用的电是（　　）电。
   A. 直流　　　　　B. 交流　　　　　C. 都有　　　　　D. 都不是

6. 在讨论汽车电气系统组成时，技师甲说：汽车上的蓄电池要向起动机供电，因此它是主电源；技师乙说：发动机正常后全车由发电机供电，因此发电机才是主电源。谁正确？（　　）
   A. 技师甲对　　　B. 技师乙对　　　C. 都对　　　　　D. 都错

7. 在讨论汽车电气系统特点时，技师甲说：负极搭铁能减少蓄电池电缆铜端子在车架车身连接处的电化学腐蚀，因此汽车多采用负极搭铁；技师乙说：汽车车架是钢铁产品，它的导电性比铜差，因此不能做导线使用。谁正确？（　　）
   A. 技师甲对　　　B. 技师乙对　　　C. 都对　　　　　D. 都错

8. 在讨论汽车用电电压时，技师甲说：汽油机的供电电压是 12 V，发电机又是主要电源，因此发电机的发电电压为 12 V；技师乙说：由于汽车上的各个用电设备的额定电压都为 12 V，一旦供电电压超过 12 V，就会导致用电设备的烧损。谁正确？（　　）
   A. 技师甲对　　　B. 技师乙对　　　C. 都对　　　　　D. 都错

9. 在讨论汽车电气设备特点时，技师甲说：汽车上的各个系统都是并联的，因此当某一系统故障时，其他系统仍可以正常工作；技师乙说：汽车上的各系统都是并联的，因此保险和开关也是并联在相关电路中的。谁正确？（　　）
   A. 技师甲对　　　B. 技师乙对　　　C. 都对　　　　　D. 都错

10. 在讨论汽车用电设备时，技师甲说：信号系统的信号包括了声像信号和灯光信号；技师乙说：辅助电气系统主要是为驾驶员或乘客提供舒适安全的驾乘环境的。谁正确？（　　）
    A. 技师甲对　　　B. 技师乙对　　　C. 都对　　　　　D. 都错

11. 在讨论汽车用电设备未来发展趋势时，技师甲说：车辆的电子化、网络化和智能化是未来的发展趋势；技师乙说：汽车的电气系统的价值比重会越来越大。谁正确？（　　）
    A. 技师甲对　　　B. 技师乙对　　　C. 都对　　　　　D. 都错

12. 在讨论各个系统的英文缩写时，技师甲说：防抱死制动系统的英文缩写是 ABS，驱动防滑控制系统的英文缩写是 ASR；技师乙说：怠速控制系统的英文缩写是 ISC，控制局域网的英文缩写是 CAN。谁正确？（　　）
    A. 技师甲对　　　B. 技师乙对　　　C. 都对　　　　　D. 都错

13. 汽油机汽车电气系统的标准电压为（　　）。
    A. 6 V　　　　　B. 12 V　　　　　C. 24 V　　　　　D. 36 V

14. 汽车电气系统采用低压电的主要原因是（　　）。
    A. 安全性好　　　B. 节能　　　C. 发电机只能产生低压电　　　D. 成本低
15. 下列关于继电器的说法哪个是错误的。（　　）
    A. 能够缩短流过大电流回路的电线,将开关设置远离需要接通和断开的回路的地方
    B. 能够实现各装置操作的自动化或远距离操作
    C. 能够使用触点容量小的开关
    D. 能够替代熔断器

(三) 问答题

1. 汽车电气系统有哪些特点？

2. 简述继电器的作用及检测方法。

3. 简述更换保险丝需要注意的问题。

项目四　汽车电路基本知识

一、任务描述

汽车上电器装置数量多,电路关系复杂,导线纵横交错。要修好汽车电气设备,必须首先读懂汽车电路图,理解电路原理,掌握控制关系,才能排查电路故障。那么你知道汽车电路图的基本知识吗?

二、相关知识

(一) 电路的定义及组成

电路是由各种元器件(或电工设备)按一定方式连接起来的总体,为电流的流通提供了路径。电路的组成如图4-1所示。

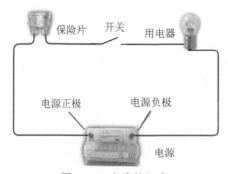

图4-1　电路的组成

1. 电路中电压、电流和电阻的关系

电压:形成电流的原因,电压用字母"U"表示,它的单位是伏特,简称伏,用字母"V"表示。

电流:表示电荷流量大小的物理量,用字母"I"表示,它的单位是安培,简称安,用字母"A"表示。1 A等于1 s流过导体(此处所说的导体指所有能够导电的物体,包括用电器)横截面积的电荷流量。

电阻:导体本身的一种性质,是表示导体对电流阻碍作用大小的物理量。用字母"R"表示,它的单位是欧姆,简称欧,用符号"Ω"表示。

电路中电压、电流和电阻之间的关系用欧姆定律表示,欧姆定律是用来表示闭合电路中电流、电压、电阻三者关系的公式,它的定义为:在一个闭合电路中,流过导体的电流与导体两端的电压成正比,与导体的电阻成反比。

在定义中,导体是指导线和用电器,即导体的电阻=导线的电阻+负载的电阻。

我们用一个形象点的例子来对欧姆定律进行说明,如图4-2所示。电池就好比两个蓄水池A和B,由于存在一定高度差,所以A与B之间形成了水压,这就好比电路中电池的电压一样。而连接A与B的水管则好比是导线,下方的涡轮则好比是负载。流过水管和涡轮的水流大小就像是电路中的电流,而阀门则相当于电路中的开关。

从图4-2中我们不难看出,当涡轮大小不变时(负载不变),蓄水池A和B的高度差越大,在1 s内流过水管和涡轮的水流量就越大,这就像电路中负载不变,电压越大,电流就越大一样。当储水池A和B的高度差不变时(压力不变),涡轮越大(沉重),水流速度就越慢,这就像在电路中电压不变时,电阻越大,电流就越小一样。

除此之外,水管的大小粗细,也决定了水流的大小,越细长的水管,水流速度就越慢,在电路中也是这个道理,导线的粗细会限制流过负载的电流的大小。

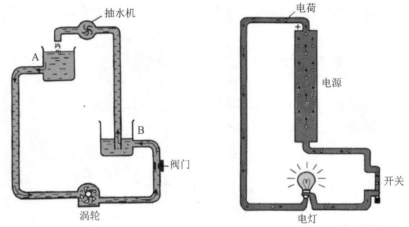

图4-2 电压、电流、电阻的关系

2. 电路图的定义

电路图是用图形符号代表电路中的元件并按连接顺序排列,详细表示电路中各个设备或设备装置的基本组成和连接关系,而不考虑其实际位置的一种简图,如图4-3所示。

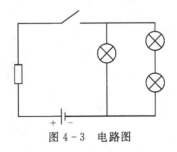

图4-3 电路图

3. 如何绘制电路图

绘制电路图首先应确定电路中的电器元件及类型,然后根据其连接关系,使用横平竖直的直线线条将代表这些电器元件的符号连接起来。

绘制电路图时,应遵循以下原则:

(1)完整准确地反映电路的组成;
(2)用统一规定的器件符号;
(3)电路图应画得简洁、工整,通常用横平竖直的线段代表连接导线,转弯处一般取直角,整个电路呈长方形;
(4)器件符号的位置安排合理,分布均匀,不要将器件画在拐弯处,画成的电路图应清楚美观;
(5)连线与器件符号连接处不能断开;
(6)交叉相连的导线上要画上实心圆点(主要体现在后面所学的并联或混联电路中)。

4. 串联电路

串联电路就是将电路中所有的负载用导线首尾相连,串接在一起并与蓄电池组成回路,如图4-4所示,串联电路的特点是电路中的用电器有一个损坏,电路就会断开。

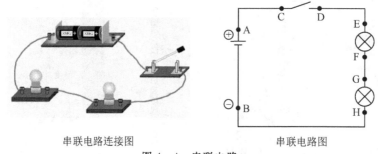

图4-4 串联电路

5. 电路的简化画法

在电路中涉及多个用电器时,为了方便理解电路之间的关系,我们常采用更为简略的电路画法。用电路图中最上边的一条直线代表电源正极,电路图中最下面一条直线代表电源负极,将电路中除电源以外的所有用电器符号画在这两条直线中间,以方便我们找出它们的连接关系,如图4-5所示。

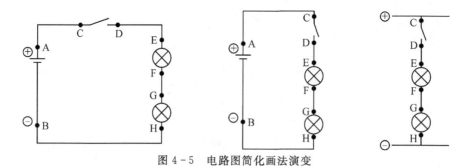

图4-5 电路图简化画法演变

6. 并联电路

并联电路是将电路中的所有用电器,并列连接在一起之后再连接到电源正极和负极之间的线路中,如图4-6所示。并联电路中,当其中一个负载损坏时,其他用电器仍能工作。因此汽车电路及日常生活用电电路采用的都是这种形式。

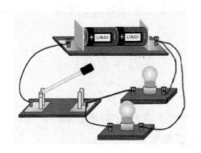 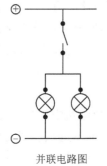

并联电路连接图　　　　　　　并联电路图

图 4-6　并联电路

为了方便我们对用电器的单独控制,我们还可以在电路的每一个用电器组成的支路里,安装一个开关,单独对此用电器进行控制,如图 4-7 所示。

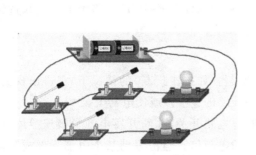 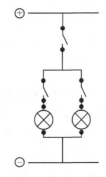

独立控制并联电路连接图　　　　独立控制并联电路图

图 4-7　带单独开关控制的并联电路

7. 混联电路

混联电路就是在电路连接中既有串联形式又有并联形式。

(二) 汽车电路的故障形式

1. 电路故障形式

电路的故障形式主要有 3 种:线路短路、线路断路、电器元件损坏。

1) 线路短路

线路短路指在电路中不经过电器元件直接与其他线路或电源负极相连。

当电路中出现短路故障时,若是开关被短路,则可能导致用电器始终处于工作状态;若用电器被短路,则会导致应流过用电器的电流直接通过短路导线,从而使用电器中没有电流经过,不能工作,严重情况下,则会导致电路中的电流直接从电源正极流向电源负极,烧毁导线甚至导致电源爆炸。

2)线路断路

线路断路指当电路没有闭合开关,或者导线没有连接好,或用电器烧坏或没安装好时,电路中没有电流通过,即整个电路在某处断开。

当电路中任何一处存在断路故障时,都将会使电路处于开路状态,导致电路中的用电器无法正常工作。

3)电器元件损坏

电器元件损坏指电路中的电器元件不能正常工作所导致的故障,例如:开关不能正常控制电路闭合和断开,灯泡不能点亮或者电机不能正常运转等。

电路中用电器短路损坏会导致电路中用电器工作不正常或不能工作,整条电路电阻减小,电流加大,导线过热,严重情况下会发生火灾。电路中用电器断路损坏则会导致电路处于开路状态,用电器无法工作。

为了避免因电流过大而产生的发热现象,流经电流越大的用电器,所需的电线直径就越大,这样才会减轻因电流过大而产生的发热现象。同时,为防止电路中因电流过大而导致导线发热,甚至发生火灾的情况,电路中应串联相应的保险丝,一旦电路中的电流超过保险丝的额定电流,保险丝便会熔断,防止导线因电流过大而起火。

2. 如何检查电路故障

在电路中,一般导线在没有受到机械损伤(如挤压折断)的情况下,很难出现断路的故障。因此,较容易出现故障的地方一般发生在线路的连接点或用电器上。

当电路中出现断路故障时,我们应断开电路开关,并断开蓄电池负极连接线,使用万用表的电阻挡,分别测量各个电器元件和导线的电阻值。当检测到某个电器元件或某段导线的电阻值为无穷大时,则说明该用电器或导线出现断路故障,应维修或更换。

当电路中出现短路故障时,我们应断开电源负极,并断开用电器开关,分别检测各个电器元件之间的电阻值,若电阻值为零或小于该电器元件额定电阻值,则说明该电器元件出现短路损坏。同时应断开所有电器元件插接器,使用万用表最大电阻挡,测量线路中各个导线是否存在短路现象。

(三) 汽车电路图分类

汽车电路图是一种将汽车电器和电子设备图形符号和代表导线的线条连接在一起的关系图,是对汽车电器的组成、工作原理、工作过程及安装要求所作的图解说明。电路图中表示的是不同电路相互之间的关系及彼此之间的连接,通过对电路图的识读,可以认识并确定电路图上所画电气元件的名称、型号和规格,清楚地掌握汽车电气系统的组成、相互关系、工作原理和安装位置,便于对汽车电路进行检查、维修、安装、配线等工作。

汽车电路图可以大致分为3类:汽车电气线路图、汽车线路定位图和汽车电路原理图。

1. 汽车电气线路图

汽车电气线路图能综合反映电气与机械部分之间的联系,如图4-8所示。

2. 汽车线路定位图

汽车线路定位图用于指示电器及导线的具体位置,一般采用绘制的立体图或实物照片的

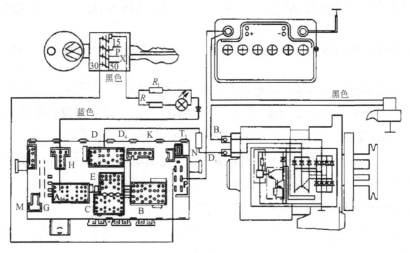

图 4-8 汽车电气线路图

形式,立体感强,能直观、清晰地反映电器在车上的实际位置,具有很高的实用价值,如图 4-9 所示。定位图还可以细分为汽车电器定位图、汽车线束图、汽车线路连接器插脚图和汽车接线盒(含熔丝盒、继电器盒)平面布置图。

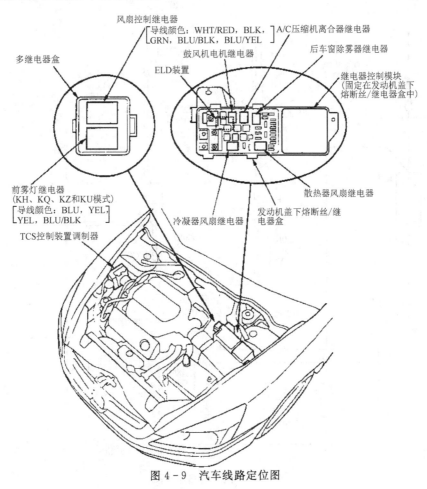

图 4-9 汽车线路定位图

汽车电器定位图确定各电器元件、连接器、接线盒、搭铁点、铰接点及诊断座等的分布位置。

汽车线束图确定电线束与各用电器的连接部位、接线柱的标记、线头、连接器的形状及位置。

汽车线路连接器插脚图确定连接器内各导线的连接位置。

汽车接线盒(含熔丝盒、继电器盒)平面布置图确定熔丝、继电器等的具体安装方位。

3. 汽车电路原理图

汽车电路原理图重点表达各电气系统电路的工作原理,既可以是全车电路图,也可以是各系统电路原理图,如图 4-10 所示。

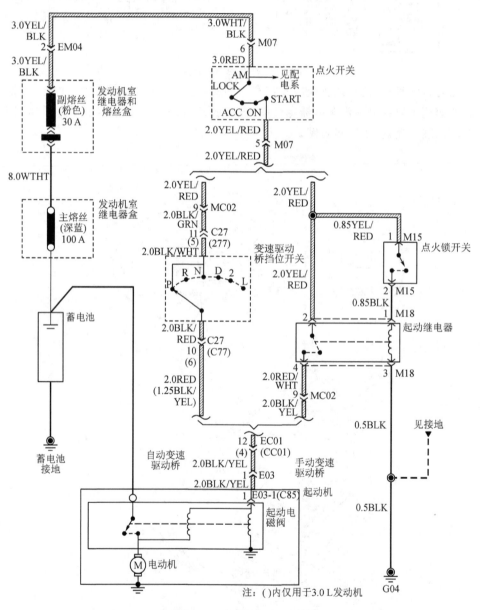

图 4-10　汽车电路原理图

电路原理图主要包括横坐标式电路图、横纵坐标式电路图、无坐标式电路图和米切尔式电路图。

横坐标式电路图：该模式的电路图在最下端通过编号坐标标注图中各线路的位置，各线路平行排列，每条线路对准下框线上的一个编号。图中一般不允许横向交叉跨度较大的走线，横向连接的走线采用断口标注的方式表示，即线路断口处标注为与之相连的另一段线路在图中的位置编号。其使用主要以德国大众车系为主。

如图 4-11 上部的灰色区域表示汽车的中央接线盒的熔丝与继电器，灰色区域内部的水平线为接电源正极的导线，有 30、15、X 等。其中，30 线直接接蓄电池正极，称为常火线；15 线接点火开关，当点火开关处于"ON"及"START"挡时有电，对小功率用电器供电；对于 X 线，当点火开关接至"ON"或"ST"挡时，中间继电器闭合，通过触点对大功率用电器供电；31 线为

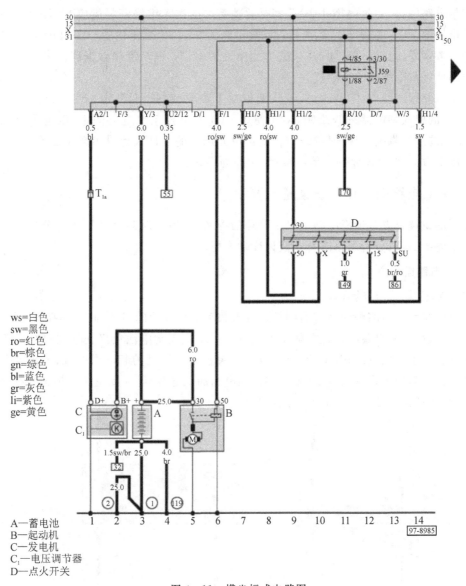

A—蓄电池
B—起动机
C—发电机
C_1—电压调节器
D—点火开关

图 4-11 横坐标式电路图

搭铁线。图最下端是标注图中各线路位置的编号,各线路平行排列,每条线路对准下框线上的一个编号。线路若在图中中断,断口处标注与之连接的另一段线路所在的编号,同时也在线上注出各搭铁点。所有电器元件均处于图中间位置。图中起连接作用的细实线表示接线柱、接线铜片及铰接等的非导线连接方式。

横纵坐标式电路图:该模式的电路图采用横纵坐标来确定电器在电路图中的位置,如奔驰汽车采用数字做横坐标,采用字母做纵坐标给电路进行定位。

无坐标模式电路图:无坐标模式并不是特点,此处将其归为一类主要为了和其他形式的电路图形成对比。目前,采用此方式绘图的汽车制造公司较多,如通用、别克、本田、东风雪铁龙、富康、丰田、福特、宝马、三菱等。但各公司的具体电路表达方式和图形符号各有不同,读图时需参照相关电路图和图形符号列表进行。

米切尔电路图:米切尔(Mitchrll)公司是北美著名的汽车维修资料供应商,其汽车书籍产品占北美市场的70%,数据库光盘产品占北美市场的50%,中国车检中心在1997年与米切尔公司签定了数据库转让许可合同,并建造了全中文的CVIC汽车维修数据库。米切尔电路图已成为中国地区汽车维修的重要资料。

米切尔电路图的特点:① 米切尔电路图包括了美国、欧洲、亚洲主要汽车制造厂的电路图,按照统一的格式和电器符号绘制,便于使用。② 在电控系统电路图中,以电控单元为中心,电控单元的各插脚按照代码依次排列,电控单元周围的元件大致是电源部分在图上方,接地部分在图下方。③ 电器元件一般在四周,中间为导线。

(四) 大众电路图特点及识读基本要领

电路图的识读首先是读懂电路中每个符号的含意,然后针对某个系统进行分析。下面以大众汽车电路图为例,分析电路图特点及识读基本要领。

1. 大众电路图特点

1)接点标记具有固定的含义

在大众公司汽车电路图中经常遇到接点带有数字及字母的标记,它们都具有固定的含义,如数字30代表的是来自蓄电池正极的供电线;数字31代表蓄电池负极接地线;数字15代表来自点火开关的点火供电线;数字50代表点火开关在起动挡时的起动供电线;X代表受点火开关控制的大容量用电设备供电线(来自卸荷继电器的供电线)等。无论这些标记处在电路的什么地方,相同的标记都代表相同的接点,如图4-12所示。

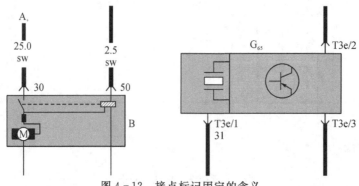

图4-12 接点标记固定的含义

2）所有电路纵向排列，不相互交叉

大众公司汽车电路图采用了断线地址代码法来处理线路复杂交错的问题。例如，假设某一条线路的上半段在电路接续号为 155 的位置上，下半段电路在电路接续号为 168 的小方格中。在下半段电路的终止处也有一小方格，内标有 155。通过 155 和 168 就可以将上、下半段电路连在一起了，如图 4-13 所示。

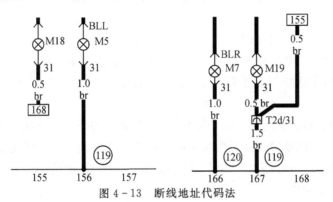

图 4-13 断线地址代码法

3）带星号电路图说明

带不同星号的电路图分别配置于不同的车型上，带一个星号的线束表示用于不带全景摄像头的车辆，带星号 2 的线束表示用于带全景摄像头的车辆。所以读图时可以拆分为两幅图来理解，如图 4-14 所示。为了便于绘制和识读汽车电器电路图，有些电器装置或其接线柱等上面都赋予了不同的标志代号。

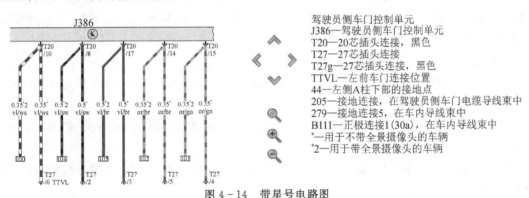

图 4-14 带星号电路图

4）线束颜色的表达法

线束颜色采用直观表达法，颜色的使用也有一定的规律。例如，红色一般表示电源，棕色表示接地等。

2. 识读基本要领

1）认真读几遍图注

图注说明了该汽车所有电气设备的名称及其数码代号，通过读图注可以初步了解该汽车都装配了哪些电气设备。然后通过电气设备的数码代号在电路图中找出该电气设备，再进一步找出相互之间的连线、控制关系。

2) 牢记电路图形符号

汽车电路图是利用电路图形符号来表示其构成和工作原理的。因此,必须牢记电路图形符号的含义,才能看懂电路原理图。

3) 熟记电路标记符号

为了便于绘制和识读汽车电器电路图,有些电器装置或其接线柱等上面都赋予了不同的标志代号。

4) 了解汽车电路图的一般规律

汽车电气系统的特点是采用单线制、有负极搭铁和用电设备并联。

电源部分到各电器熔断器或开关的导线是电气设备的公共火线,在电路原理图中一般画在电路图的上部。

标准画法的电路图,开关的触点位于零位或静态,即开关处于断开状态或继电器线圈处于不通电状态,晶体管、晶闸管等具有开关特性的元件的导通与截止视具体情况而定。

汽车电路是单线制,各电器相互并联,继电器和开关串联在电路中。大部分用电设备都经过熔断器,受熔断器的保护。

把整车电路按功能及工作原理划分成若干独立的电路系统,这样可解决整车电路庞大复杂、分析起来困难的问题。现在汽车整车电路一般都按各个电路系统来绘制,如电源系统、启动系统、点火系统、照明系统、信号系统等,这些单元电路都有它们自身的特点,抓住特点掌握各个单元电路的结构、原理,理解整车电路也就容易了。

5) 牢记回路原则

任何一个完整的电路都是由电源、熔断器、开关、控制装置、用电设备、导线等组成的。电流流向必须从电源正极出发,经过熔断器、开关、控制装置、导线等到达用电设备,再经过导线(或搭铁)回到电源负极,才能构成回路。

因此,读电路图时,有3种思路:

思路一:沿着电路电流的流向,由电源正极出发,顺藤摸瓜查到用电设备、开关、控制装置等,回到电源负极。

思路二:逆着电路电流的方向,由电源负极(搭铁)开始,经过用电设备、开关、控制装置等,回到电源正极。

思路三:从用电设备开始,依次查找其控制开关、连线、控制单元,到达电源正极和搭铁(或电源负极)。

实际应用时,可视具体电路选择不同思路,但有一点值得注意:随着电子控制技术在汽车上的广泛应用,大多数电气设备电路同时具有主回路和控制回路,读图时要兼顾两个回路。

6) 浏览全图,分割各个单元系统

要读懂汽车电路图,首先必须掌握组成电路的各个电气元件的基本功能和电气特性。在大概掌握全图的基本原理的基础上,再把一个个单元系统电路分割开来,这样就容易抓住每一部分的主要功能及特性。

在框划各个系统时,一定要遵守回路原则,注意既不能漏掉各个系统中的组件,也不能多框划其他系统的组件,一般规律是:各电气系统只有电源和总开关是公用的,其他任何一个系统都应是一个完整的独立的回路,即包括电源、开关(保险)、电器(或电子线路)、导线等,电流从电源的正极经导线、开关、保险丝至电器后搭铁,最后回到电源负极。

7)熟记各局部电路之间的内在联系和相互关系

从整车电路来讲,各局部电路除电源电路公用外,其他单元电路都是相对独立的,但它们之间也存在着内在联系(如信号共享)。因此,识图时,不但要熟悉各局部电路的组成、特点、工作过程和电流流经的路径,还要了解各局部电路之间的联系和相互影响。这是迅速找出故障部位、排除故障的必要条件。

8)掌握各种开关在电路中的作用

对多层多挡接线柱的开关,要按层、按挡位、按接线柱逐级分析其各层各挡的功能。有的用电设备受两个以上单挡开关(或继电器)的控制,有的受两个以上多挡开关的控制,其工作状态都比较复杂。当开关接线柱较多时,首先抓住从电源出来的一两个接线柱,再逐个分析与其他各接线柱相连的用电设备处于何种挡位,从而找出控制关系。

对于组合开关,其实际线路是在一起的,而在电路图中又按其功能画在各自的局部电路中,遇到这种情况必须仔细研究识读。

9)全面分析开关、继电器的初始状态和工作状态

在电路图中,各种开关、继电器都是按初始状态画出的。即按钮未按下、开关未接通、继电器线圈未通电、其触点未闭合(指常开触点),这种状态称为原始状态。在识图时,不能完全按原始状态分析,否则很难理解电路的工作原理,因为大多数用电设备都是通过开关、按钮、继电器触点的变化而改变回路,进而实现不同的电路功能的。所以,识图时必须进行工作状态的分析。

10)掌握电器装置在电路图中的位置

大量电器装置是机电合一的,在电路图上表示时,厂家为了既使画法简单(便于画图)又便于识图,多根据实际情况采用集中或分开表示法。集中表示法是把一个电器装置的各组成部分,在图上集中绘制的一种表示方法,仅适用于较简单的电路。分开表示法,如把继电器的线圈、触点分别画在不同的电路中,用同一文字符号或数字符号将分开部分联系起来。

11)先易后难

有些汽车电路图的某些局部电路可能比较复杂,一时难以看懂,可以暂时将其放一放,待其他局部电路都看懂后,结合图中与该电路有联系的有关信息,再来进一步识读这部分电路。

12)注意搜集资料和积累经验

对于看不懂的电路要积极请教有关人员,同时还要善于查找收集相关资料;注意深入研究典型汽车电路,做到触类旁通;特别注意实际工作经验的积累,新技术、新工艺的应用和创新。

此外,汽车电子控制系统越来越多,其读图方法除以上所述要领适用外,以下方法与步骤对汽车电子控制系统的读图也很有帮助。

(1)要以电控系统的ECU为中心,因为这是整个系统的控制中心,所有电器部件都必然与这里发生关系。

(2)对ECU的各个接脚有大致印象,弄清楚分为几个区域,各区接脚排列的规律。

(3)找出该系统给ECU供电的电源线有哪些,注意一般ECU都不止一根电源线,弄清楚各电源线的供电状态(如常火线或开关控制)。

(4)找出该系统的搭铁线有哪些,注意分清哪些是在ECU内部搭铁,哪些是在车架上搭

铁,哪些是在各总成机体上搭铁。

(5)找出哪些是系统的信号输入传感器,各传感器是否需要电源,并找出相应的电源线,以及该传感器哪里搭铁。

(6)找出系统的执行器有哪些,弄清电源供给和搭铁情况,电脑控制执行器的方式(控制搭铁端或电源端)。

三、项目实施

(一)安全防护注意事项

1. 个人安全防护

(1)维修操作人员必须穿工作服、戴工作帽、穿工作鞋、工作服纽扣与拉链及皮带扣不应暴露在衣服外侧、袖口不应挽起、领口扣紧、裤脚扣紧、佩戴手套,女生长头发要盘起在工作帽内。

(2)维修操作人员在进入车间时不应佩戴手表、戒指、项链等金属首饰,女生不应佩戴耳环。

(3)维修人员在进行车辆维修操作时,应防止车轮轧伤脚部、车门夹伤手部,手部不能靠近热的发动机及旋转的发动机皮带。

(4)在搬运重物及尖锐器物时应注意动作姿势防止扭伤腰部、砸伤脚部、划伤手部。

2. 车辆/台架等设备安全

(1)车辆进入车间内,不应随意摆放,熄灭发动机后,将变速器置于空挡位置,并拉紧驻车制动;台架应将滑轮锁死或用木块固定。

(2)维修操作前,应铺设三件套及翼子板布,发动机启动前应连接尾排,且其他实训人员不应围绕在车辆周围。

(3)任何时间操作电气设备时,都应注意用电安全。作业结束之后,应及时切断一切用电设备的电源。

(4)维修操作前应熟读维修手册中的操作标准和台架、仪器、设备使用标准,并做好日常维护工作。

3. 车间场地安全防护

(1)车间应配有干粉灭火器及相应消防措施,易燃油品不能暴露于空气中。

(2)工作时车间内的任何工具、零部件、设备、车辆都不能随意摆放,工作结束后摆放于指定地点保管。

(3)车间内设备或车辆周围的人行道或工作区域不能过于拥挤。

(4)操作过程中应做到油品、工具、配件三不落地,作业完毕后应及时清理车间工作场地,做到现场5S管理。

(二)绘制电路

1. 绘制串联电路

绘制串联电路电路图的工作步骤及内容见表4-1。

表 4-1 绘制串联电路工作步骤及内容

步骤	项目	顺序	工作内容
1	准备工作	1	准备铅笔、尺子、纸、橡皮
2	绘制串联电路	1	先在绘图纸上方画一条直线代表电源正极
		2	检查电路中电源正极的接线柱连接在开关 K1 上,从代表正极的直线上向下垂直画一条短直线,然后画一个开关符号,开关符号旁边标注为 K1
		3	检查电路中开关 K1 的负极接线柱(黑色)连接在保险丝的正极接线柱(红色)上,再从电路中 K1 开关符号下方画一条短垂线,然后画一个保险丝符号,保险丝符号标注为 S
		4	检查保险丝负极接线柱(黑色)连接在灯泡 L1 的正极接线柱(红色)上,接着在电路图中保险丝符号下方垂直向下画一条直线和灯泡符号,灯泡符号标注为 L1
		5	检查灯泡 L1 的负极接线柱(黑色)连接在灯泡 L2 正极接线柱(红色)上,在电路中的 L1 灯泡符号下方画一条短垂线,然后再垂直向下画一条直线和灯泡符号,灯泡符号标注为 L2
		6	检查灯泡 L2 的负极接线柱(黑色)连接在电源负极上,最后在电路中的 L2 灯泡符号下方画一条短垂线,然后画一条与短垂线相连的横直线代表蓄电池负极

2. 绘制并联电路

绘制并联电路电路图的工作步骤及内容见表 4-2。

表 4-2 绘制并联电路工作步骤及内容

步骤	项目	顺序	工作内容
1	准备工作	1	准备铅笔、尺子、纸、橡皮
2	绘制并联电路	1	先在绘图纸上方画一条直线代表电源正极
		2	检查电路中电源正极接线柱连接在开关 K1 上,从代表正极的直线上向下垂直画一条短直线,然后画一个开关符号,开关符号旁边标注为 K1
		3	检查电路中开关 K1 的负极接线柱(黑色)连接在保险丝的正极接线柱(红色)上,再从电路中 K1 开关符号下方画一条短垂线,然后画一个保险丝符号,保险丝符号标注为 S
		4	检查保险丝的负极(黑色)接线柱后方通过两根导线分别与开关 K2 和开关 K3 的正极接线柱相连,接着在电路图中保险丝符号下方画一条短垂直线,并在短垂直线尽头画一条向两边延伸的短横直线
		5	在短直线的两个端点各向下再画一条短垂直线,并画个开关符号,分别标注为 K2 和 K3
		6	检查开关 K2 的负极接线柱(黑色)和灯泡 L2 的正极接线柱(红色)相连,在 K2 开关符号下方再画一条短垂线和灯泡符号,灯泡符号标注为 L2
		7	检查灯泡 L2 的负极接线柱(黑色)连接在电源负极上,在电路中的 L2 灯泡符号下方画一条短垂线,然后画一条与短垂线相连的横直线代表电源负极
		8	检查开关 K3 的负极接线柱(黑色)和灯泡 L3 的正极接线柱(红色)相连,在 K3 开关符号下方再画一条短垂线和灯泡符号,灯泡符号标注为 L3
		9	检查灯泡 L3 的负极接线柱(黑色)也连接在电源负极上,最后在电路中的 L3 灯泡符号下方画一条短垂线,然后与代表电源负极的横直线延长线相交

（三）搭建并测量串联电路

1. 搭建串联电路

搭建串联电路的工作步骤及内容见表 4-3。

表 4-3 搭建串联电路工作步骤及内容

步骤	项目	顺序	工作内容
1	准备工作	1	准备闸刀开关、负载（小灯泡）、电源、导线若干
2	搭建串联电路	1	将蓄电池正极用导线连接在开关 K1 中间的正极接线柱（红色）上
		2	将开关 K1 闸刀放置在左侧位置，并将开关 K1 右侧的负极接线柱（黑色）用导线连接在保险丝的正极（红色）接线柱上
		3	再使用一根导线将保险丝负极接线柱（黑色）连接在灯泡 L1 的正极接线柱（红色）上
		4	将灯泡 L1 的负极接线柱（黑色）用导线与灯泡 L2 的正极接线柱（红色）连接在一起
		5	最后用一根导线将灯泡 L2 的负极接线柱（黑色）连接在蓄电池负极上
		6	对照电路图，按电路图顺序再将整个接线线路检查一遍，确认无误后，闭合开关 K1

2. 测量串联电路

测量串联电路的工作步骤及内容见表 4-4。

表 4-4 测量串联电路工作步骤及内容

步骤	项目	顺序	工作内容
1	准备工作	1	准备万用表
2	测量串联电路	1	将万用表调整到直流电压挡，将红表笔搭在灯泡 L1 正极接线柱，将黑表笔搭在灯泡 L1 负极接线柱，接通开关 K1，测量灯泡 L1 两端电压并记录，断开开关 K1
		2	断开开关 K1，将万用表调整到电阻挡 R×200Ω，将红表笔搭在灯泡 L1 正极接线柱，将黑表笔搭在灯泡 L1 负极接线柱，测量灯泡 L1 两端电阻并记录
		3	将万用表调整到直流电压挡，将红表笔搭在灯泡 L2 正极接线柱，将黑表笔搭在灯泡 L2 负极接线柱，接通开关 K1，测量灯泡 L2 两端电压并记录，断开开关 K1
		4	断开开关 K1，将万用表调整到电阻挡 R×200Ω，将红表笔搭在灯泡 L2 正极接线柱，将黑表笔搭在灯泡 L2 负极接线柱，测量灯泡 L2 两端电阻并记录
		5	断开灯泡 L2 负极线，将万用表调整到直流电流挡 DCA，将万用表红表笔与黑表笔沿电流走向串联在灯泡 L2 下端电路中，接通开关 K1，测量电路中电流并记录，断开开关 K1

（四）搭建并测量并联电路

1. 搭建并联电路

搭建并联电路的工作步骤及内容见表 4-5。

表 4-5 搭建并联电路工作步骤及内容

步骤	项目	顺序	工作内容
1	准备工作	1	准备闸刀开关、负载(小灯泡)、电源、导线若干
2	搭建并联电路	1	将蓄电池正极用导线连接在开关 K1 中间的正极连接柱(红色)上
		2	将开关 K1 闸刀放置在左侧位置,并将开关 K1 右侧的负极接线柱(黑色)用导线连接在保险丝的正极(红色)接线柱上
		3	用两根导线将保险丝负极接线柱(黑色)分别连接在开关 K2 与开关 K3 中间的正极接线柱(红色)上
		4	将开关 K2 闸刀放置在左侧位置,并将开关 K2 右侧的负极接线柱(黑色)用导线连接在灯泡 L1 的正极(红色)接线柱上
		5	将开关 K3 闸刀放置在左侧位置,并将开关 K3 右侧的负极接线柱(黑色)用导线连接在灯泡 L2 的正极(红色)接线柱上
		6	用导线连接灯泡 L1 的负极接线柱(黑色)与灯泡 L2 的负极接线柱
		7	用导线连接灯泡 L2 的负极接线柱(黑色)与蓄电池负极
		8	对照电路图,按电路图顺序再将整个接线线路检查一遍,确认无误后,先闭合开关 K1,然后再分别闭合开关 K2 和开关 K3

2. 测量并联电路

测量并联电路的工作步骤及内容见表 4-6。

表 4-6 测量并联电路工作步骤及内容

步骤	项目	顺序	工作内容
1	准备工作	1	准备万用表
2	测量并联电路 L1 的电压与电阻	1	将万用表调整到直流电压挡,将红表笔搭在灯泡 L1 正极接线柱,将黑表笔搭在灯泡 L1 负极接线柱,接通开关 K1,测量灯泡 L1 两端电压并记录,断开开关 K1
		2	断开所有开关,将万用表调整到电阻挡 R×200 Ω,将红表笔搭在灯泡 L1 正极接线柱,将黑表笔搭在灯泡 L1 负极接线柱,测量灯泡 L1 两端电阻并记录
3	测量并联电路 L2 的电压与电阻	1	将万用表调整到直流电压挡,将红表笔搭在灯泡 L2 正极接线柱,将黑表笔搭在灯泡 L2 负极接线柱,接通开关 K1,测量灯泡 L2 两端电压并记录,断开开关 K1
		2	断开所有开关,将万用表调整到电阻挡 R×200 Ω,将红表笔搭在灯泡 L2 正极接线柱,将黑表笔搭在灯泡 L2 负极接线柱,测量灯泡 L2 两端电阻并记录
4	测量并联电路电流	1	断开灯泡 L1 负极线,将万用表调整到直流电流挡 DCA,将万用表红表笔与黑表笔沿电流走向串联在灯泡 L1 下端电路中,接通开关 K1,测量电路中电流并记录,断开开关 K1
		2	断开灯泡 L2 负极线,将万用表调整到直流电流挡 DCA,将万用表红表笔与黑表笔沿电流走向串联在灯泡 L2 下端电路中,接通开关 K1,测量电路中电流并记录,断开开关 K1
		3	断开开关 K1 负极线,将万用表调整到直流电流挡 DCA,将万用表红表笔与黑表笔沿电流走向串联在开关 K1 下端电路中,接通开关 K1,测量电路中电流并记录,断开开关 K1

（五）实施记录

按要求分别测量串联电路和并联电路中的电压、电阻和电流值，并填写实施记录表 4-7。

表 4-7 测量串联电路、并联电路实施记录

序号	测量电路类型	项目	测量结果	备注
1	串联电路	灯泡 L1 电压	电压值_____V	
		灯泡 L1 电阻	电阻值_____Ω	
		灯泡 L2 电压	电压值_____V	
		灯泡 L2 电阻	电阻值_____Ω	
		电路电流	电流值_____A	
2	并联电路	灯泡 L1 电压	电压值_____V	
		灯泡 L1 电阻	电阻值_____Ω	
		灯泡 L2 电压	电压值_____V	
		灯泡 L2 电阻	电阻值_____Ω	
		灯泡 L1 支路电流	电流值_____A	
		灯泡 L2 支路电流	电流值_____A	
		电路电流	电流值_____A	

四、思考与练习

（一）判断题

1. 汽车电路图是检修汽车电气系统时必须参考的基本资料。（ ）
2. 目前世界各汽车制造公司在电路图的绘制上风格都是相同的。（ ）
3. 汽车电路的基本组成是电源、导线和用电器。（ ）
4. 汽车电路具有与其他电路共同的一些特性。（ ）
5. 汽车电路由电源、过载保护器件、控制器件及用电设备连接导线组成。（ ）
6. 原理框图可概略地描述汽车电气系统的基本组成和相互关系，主要用于了解系统、分系统的概貌及基本工作原理。（ ）
7. 原理框图通常按控制信息流自右至左，自下而上的循序布置。（ ）
8. 电路图描述的连接关系仅仅是功能关系，而不是实际的连接导线，因此电路图不能代替敷线图。（ ）
9. 大部分用电设备都经过保险丝，受保险丝的保护。（ ）
10. 电路中一切电器元件都是独立存在的，相互之间没有联系。（ ）
11. 线束安装图是根据电气设备在汽车上的实际安装部位绘制的全车电路图。（ ）
12. 帕萨特轿车 15 号电源线专门供发动机熄火时需要用电的用电设备使用。（ ）
13. 敷线图中的电器不用图形符号，而是用该电器的外形轮廓或特征表示。（ ）

14. 欧姆定律就是将电压、电流及电阻之间的关系用数学公式表示出来。（　）
15. 通过一根导线将电阻连接在一起的方法称为串联连接。（　）
16. 电气回路中流过的电流超过一定数值时,保护装置起作用,保护回路安全。（　）
17. 将 2 个以上电阻平行连接的方法称为并联连接。（　）
18. 在电气回路中,将回路所用的配线集束在一起称为线束。（　）
19. 在导体上施加电压就会有电流流过。（　）
20. 不经过点火开关,由蓄电池直接供电的电源称为蓄电池电源。（　）

（二）选择题

1. 影响电流大小的因素是（　）。
   A. 导体材质　　　B. 导体粗细　　　C. 电压大小　　　D. 以上各项都是
2. 对电阻的描述,错误的是（　）。
   A. 阻止电流通过的性质被称为电阻　　B. 电阻与温度无关
   C. 电阻与导体的材质有关　　　　　　D. 电阻与导体截面积有关
3. 下面讲述正确的是（　）。
   A. 电动势的作用就是保持恒定的电位差
   B. 电压就是电动势
   C. 电功率就是电动势
   D. 电功率的大小取决于电动势
4. 关于欧姆定律,选出合适的描述（　）。
   A. 电流与电阻成正比　　　　　　　　B. 电流与电压成正比
   C. 电流与电压成反比　　　　　　　　D. 电流与电阻、电压无关
5. 向 1 Ω 的电阻施加 1 V 的电压时,产生的电流大小是（　）A。
   A. 0　　　　B. 0.5　　　　C. 1.5　　　　D. 1
6. 使 1 Ω 的电阻中流过 1 A 的电流,所产生的电压为（　）V。
   A. 0　　　　B. 0.5　　　　C. 1.5　　　　D. 1
7. 电气回路的电流从（　）出发。
   A. 蓄电池正极　　B. 蓄电池负极　　C. 负荷　　　　D. 车身负极
8. 电气回路的电流流回（　）。
   A. 蓄电池正极　　B. 蓄电池负极　　C. 负荷　　　　D. 车身负极
9. 电气回路的电流从蓄电池正极出发流经（　）到蓄电池负极。
   A. 电压　　　　B. 电动势　　　C. 电磁场　　　D. 负荷
10. 蓄电池的符号中长的一端表示（　）。
    A. 正极　　　　B. 负极　　　　C. 连接点　　　D. 隔断点
11. 串联连接回路中,流过各电阻的电流（　）。
    A. 同各电阻的阻值成正比　　　　　　B. 同各电阻的阻值成反比
    C. 相同　　　　　　　　　　　　　　D. 同各电阻的阻值成平方比
12. 串联连接回路中,加在各电阻的电压（　）。
    A. 同各电阻的阻值成正比　　　　　　B. 同各电阻的阻值成反比

  C. 相同   D. 同各电阻的阻值成平方比

13. 串联连接回路中的总电阻为（　　）。
  A. 各电阻之和 B. 各电阻之积 C. 各电阻的平均值 D. 各电阻之差

14. 并联连接回路中,加在各电阻上的电压（　　）。
  A. 同各电阻的阻值成正比   B. 同各电阻的阻值成反比
  C. 相同   D. 同各电阻的阻值成平方比

15. 并联连接回路中,总的电流等于各电阻的（　　）。
  A. 电流之和 B. 电流之积 C. 电流平均值 D. 电流之差

16. 并联连接回路中的总电阻等于（　　）。
  A. 各电阻之和 B. 各电阻之积 C. 各电阻平均值 D. 以上选项都不是

17. 线束上允许通过的电流同截面积成（　　）。
  A. 正比 B. 反比 C. 与面积无关 D. 不确定

18. 温度越高,线束上允许通过的电流（　　）。
  A. 越大 B. 越小 C. 不变 D. 先变大,后变小

19. 常见的保护装置是指（　　）。
  A. 继电器 B. 开关 C. 熔断器 D. 电磁阀

20. 某负荷的电流为10 A,熔断器应配置（　　）A。
  A. 5 B. 10 C. 15 D. 30

21. 常见的通断装置是指开关和（　　）。
  A. 电磁阀 B. 传感器 C. 熔断器 D. 继电器

（三）问答题

1. 简述汽车电路中断路的检查方法。

2. 简述汽车电路中短路的检查方法。

项目五　蓄电池结构原理与性能检测

一、任务描述

蓄电池是汽车的辅助电源,有关蓄电池我们应掌握哪些知识呢?我们进入下面的学习内容吧。

二、相关知识

(一) 蓄电池的作用及组成

1. 蓄电池的分类

汽车广泛应用的是铅酸蓄电池,铅酸蓄电池又分为普通铅酸蓄电池、免维护蓄电池、干荷电蓄电池、湿荷电蓄电池、胶体电解质蓄电池等。

普通铅酸蓄电池:普通蓄电池的极板由铅和铅的氧化物构成,电解液是硫酸的水溶液。这种蓄电池启用时需要加电解液并在进行初步充电后才能使用。它的主要优点是电压稳定、价格便宜;缺点是比能(即每公斤蓄电池存储的电能)低、使用寿命短、日常维护频繁。

免维护蓄电池:免维护蓄电池也叫 MF 蓄电池,目前在汽车上广泛应用。密封免维护蓄电池采用了 20 世纪 90 年代最新设计的全密封结构及现代化生产工艺,使其具有高性能、长寿命、无污染、免维护、安全可靠的卓越性能。免维护蓄电池在合理使用的过程中不需要添加蒸馏水,同时电桩腐蚀轻,内阻小,自行放电少,低温启动性能好,比常规蓄电池使用寿命长,在车上贮存时不需要补充充电。市场上的免维护蓄电池有两种:第一种在购买时一次性加电解液,以后使用中不需要维护(添加补充液);另一种是电池本身出厂时就已经加好电解液并封死,用户根本就不能加补充液。

干荷电蓄电池:干荷电蓄电池在干燥状态下能够长期(一般 2 年)保存在制造过程中所得到的电荷,在规定的保存期内如需使用,只要灌入符合规定相对密度的电解液,静置 30 分钟即可,不需要初充电。

湿荷电蓄电池:存放期极板呈湿润状态而保持其荷电性的蓄电池称为湿荷电蓄电池。湿荷电蓄电池在存放期(约 6 个月)内,加注标准密度的电解液至规定的高度即可使用,首次放电量可达到额定容量的 80%。若存放时间过长,则需经过短时间的补充充电才能正常使用。

胶体电解质蓄电池:胶体铅酸蓄电池因其电解质由经过净化的硅酸钠溶液和硫酸水溶液混合,凝结成稠厚的胶状物质,故而得名。胶体电解质蓄电池的主要优点是电解质呈胶体状,不流动、无溅出,使用时只需加蒸馏水,不需要调整和测量相对密度值。使用、维护、保管、运输都比较安全和方便。同时,可保护极板活性物质不易脱落,寿命比一般铅蓄电池长 20% 以上。缺点是内阻较大,启动容量较小,自放电程度较高,所以现代汽车上采用较少。

2. 蓄电池的作用

蓄电池俗称"电瓶",是一种将化学能转化为电能的装置,是一种可逆的直流电源。在汽车上与发电机并联,向全车用电设备供电,它的作用有:

(1)启动发动机时,给启动机提供强大的起动电流。

(2)当发电机过载时,可以协助发电机向用电设备供电。

(3)当发电机不发电或电压过低(低于蓄电池端电压)时,向用电设备供电。

(4)蓄电池还是一个大容量电容器,可以保护汽车的用电器。

(5)当发电机端电压高于铅蓄电池的电压时,将一部分电能转变为化学能储存起来,也就是进行充电。

3. 蓄电池的结构组成

铅酸蓄电池是在盛有稀硫酸的容器内插入两组极板而构成的电能存储器,它由正极板、负极板、隔板、电池盖、电解液、加液孔盖和电池外壳组成。容器分为3格或6格,每格装有电解液,正负极板浸入电解液中成为单格电池。每个单格电池的标称电压为2 V,因此,3格串联起来为6 V蓄电池,6格串联起来为12 V蓄电池。蓄电池的结构如图5-1所示。

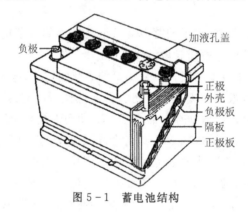

图5-1 蓄电池结构

1)极板

极板是电池的基本部件,它的作用是接受充入的电能和向外释放电能。极板由栅架和活性物质组成。分为正极板和负极板,正极板上的活性物质是棕红色的二氧化铅(PbO_2),负极板上的活性物质是青灰色的海绵状纯铅(Pb),如图5-2所示。

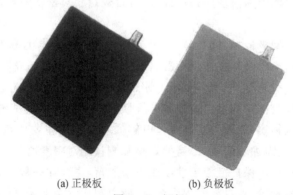

(a) 正极板　　　　(b) 负极板

图5-2 极板

栅架一般由铅锑合金铸成，其作用是固结活性物质，如图5-3所示。为了降低蓄电池的内阻，改善蓄电池的起动性能，有些铅蓄电池采用了放射形栅架，图5-3右图为桑塔纳汽车蓄电池放射形栅架的结构。

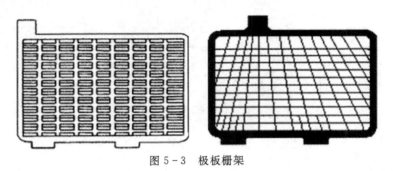

图5-3　极板栅架

将正、负极板各一片浸入电解液中，可获得2V左右的电动势。为了增大蓄电池的容量，常将多片正、负极板分别并联，组成正、负极板组，如图5-4所示。

在每个单格电池中，正极板的片数要比负极板少一片，这样每片正极板都处于两片负极板之间，可以使正极板两侧放电均匀，避免因放电不均匀造成极板拱曲。

极板组的连接均采用铅质联条进行串联。可分为两种形式，即传统的外露式连接和当前常见的穿壁式连接。

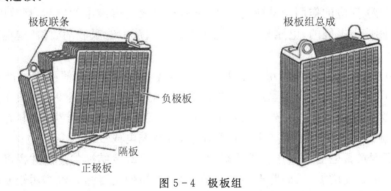

图5-4　极板组

2）隔板

隔板一般放置在正负极板之间，以避免其接触而短路，同时又不使电池内阻明显增加。因此，隔板应是多孔质的，允许电解液自由扩散和离子迁移，并具有比较小的电阻。当活性物质有些脱落时，不得通过细孔而到达对面极板，即孔径要小，孔数要多，其间隙的总面积要大；此外，还要求机械强度好，耐酸腐蚀，耐氧化，以及不析出对极板有害的物质。汽车蓄电池常用隔板如图5-5所示。

目前国际上，特别是美国、西欧汽车型蓄电池大量使用的是聚乙烯袋式隔板。PE隔板具有较小的孔径，极低的电阻和极薄的基底，易于做成袋式，适用于蓄电池的连续化生产。但是目前国内尚未国产化大批生产，而且与此隔板相适应的装配线（包括配组机）也有限，所以使用尚不普遍。

注意：隔板一面平整，一面有沟槽，沟槽应面对着正极板，且与底部垂直，以便充放电时，电

图 5-5 隔板

解液能通过沟槽及时供给正极板,当正极板上的活性物质 PbO_2 脱落时能迅速通过沟槽沉入容器底部。

3)电解液

电解液是蓄电池内部发生化学反应的主要物质,它由纯净硫酸和蒸馏水按一定比例配制而成,也叫稀硫酸。水的密度为 $1\ g/cm^3$,硫酸的密度为 $1.84\ g/cm^3$,两者以不同的比例混合后形成不同密度的电解液。

电解液在蓄电池里的作用:

(1)起到电化学反应的作用。电瓶放电时,电极板吸收电解液中的硫酸,释放电能,没有电解液,电瓶是不能放出电能的;电瓶充电时,电极板释放出放电时吸收的硫酸,使电极板恢复到初始状态。

(2)起到导电的作用。电瓶的正负电极板是互相绝缘的,没有电解液就不能形成电流回路,而电解液是由不导电的纯蒸馏水加入硫酸配制成的,蒸馏水加入硫酸后就成了能导电的媒质,电瓶正负电极板之间才能够在外电路挂上负载,形成完整的电流回路时,电流才能够在电瓶内畅通,有电流通过电极板才能产生电化学反应,进行充电或放电。

电解液的密度对蓄电池的工作有重要影响,密度大,可减少结冰的危险并提高蓄电池的容量,但密度过大,则黏度增加,反而降低蓄电池的容量,缩短使用寿命。汽车用铅蓄电池的电解液密度一般为 $1.24\sim1.30\ g/cm^3$,使用中电解液的密度应根据地区、气候条件和制造厂家的要求而定。

不同地区和气候条件下电解液的密度不同,如表 5-1 所示。

表 5-1 不同地区和气候条件下电解液的相对密度表

使用地区最低温度	充足电的蓄电池在 25 ℃时的电解液密度	
	冬季	夏季
<-40 ℃	1.3	1.26
-30~-40 ℃	1.28	1.24
-20~-30 ℃	1.27	1.24
0~-20 ℃	1.26	1.23
>0 ℃	1.23	1.23

4）外壳

外壳用于盛装极板组和电解液，因此要求耐酸、耐热、耐震动冲击。外壳的材料有硬橡胶、聚丙烯塑料两种。蓄电池每组极板所产生的电动势大约为 2 V，要想获得更高的电动势，通常要使多组极板串联起来，因此在制造蓄电池外壳时，通常在一个电池外壳内分成若干个单格，即每个单格内放一组极板，所以，6 V 的蓄电池为 3 个单格，12 V 的蓄电池为 6 个单格。每个单格的底部制有凸筋，用来搁置极板组。凸筋之间的空隙可以积存极板的脱落物质，防止正、负极板短路。常用电池外壳如图 5-6 所示。

图 5-6 外壳

5）加液孔

加液孔用来向蓄电池单格内加注电解液或蒸馏水，加液孔盖上有通气小孔以保证蓄电池内部与大气的压力平衡。

6）接柱

一个蓄电池有两个接柱，与正极板相连的叫正接柱，刻有"+"，接火线；与负极板相连的叫负接柱，刻有"-"，接搭铁线。蓄电池通过正、负接柱与外部电路相通。

4. 蓄电池型号

1）国产蓄电池型号

国产蓄电池的型号一般标注在外壳上，分为三段 5 部分组成：串联的单格电池数—蓄电池类型和特征—额定容量和特殊性能。

如：蓄电池的型号为 6-QA-105D，如图 5-7 所示。

图 5-7 国产蓄电池

其中,"6"—用阿拉伯数字表示串联的单格电池数;

"QA"—用汉语拼音字母表示蓄电池的主要用途和类型,其含义如下:Q—起动用蓄电池;M—摩托车用蓄电池;JC—船用蓄电池;HK—飞机用蓄电池;"A"—用汉语拼音字母表示蓄电池的特征(无字为干封普通铅蓄电池、"A"为干式荷蓄电池、"B"表示薄型极板;"W"表示无须维护);

"105"—数字表示 20 h 放电率额定容量 105 Ah;

"D"—汉语拼音字母表示蓄电池的特殊性能(G—高起动率蓄电池;S—塑料壳体;D—低温起动性能好)。

2)德国蓄电池的型号

按德国 DIN 标准生产的铅蓄电池,其型号由 5 个数字组成,分为前、后两部分,中间由斜杠隔开,如图 5-8 所示。前 3 个数字表示蓄电池的额定电压和额定容量,后两个数字表示蓄电池的特殊性能。

DIN 规定,3 个单格蓄电池的首位数字基数为"0",6 个单格蓄电池的首位数字基数为"5";型号的第二、第三位数字表示蓄电池额定容量的十位数和个位数。当额定容量超过 100 Ah 后,每增加 100 Ah,首位数字要加 1。如"09811"型蓄电池,表示其额定电压为 6 V、额定容量为 98 Ah;再如"13512"型蓄电池,其额定电压为 6 V、额定容量为 135 Ah。桑塔纳汽车配用的蓄电池的型号为"55415",表示额定电压为 12 V,额定容量为 54 Ah。后两位数字表示蓄电池的技术性能和结构特征。

图 5-8 德国蓄电池

3)美国、日本蓄电池的型号

按美国 BCI 标准生产的铅酸蓄电池,型号由两组数字组成,中间由一短横线相隔。第一组数字表示蓄电池的组号,即蓄电池的外形尺寸;第二组数字表示蓄电池的低温起动电流值。北京切诺基用蓄电池的型号为"58—475"或"58—500",其外形尺寸一致,—17.8 ℃时的起动电流分别为 475 A 和 500 A。

按日本标准生产的蓄电池,型号也由两部分组成。如 6N2—2A、12N2A—4A、12N7—3B。第一部分表示蓄电池的型式。开头的数字"6"或"12"表示蓄电池的公称电压;"N"代表日本的缩写;后面数字表示 10 小时的电容量数值;数字之后的字母表示同一容量下的电槽的种类不同。第二部分表示端子及排气口的位置。数字表示端子的位置,字母表示排气口的位置。日本蓄电池如图 5-9 所示。

项目五 蓄电池结构原理与性能检测

图 5-9 日本蓄电池

（二）蓄电池的工作原理及特性

1. 蓄电池的工作原理

普通蓄电池的工作过程是一个化学能与电能相互转换的过程。当蓄电池的化学能转化为电能向外供电时，称为放电过程。当蓄电池与外界电源相联而将电能转化为化学能储存起来时，称为充电过程。如图 5-10 所示。

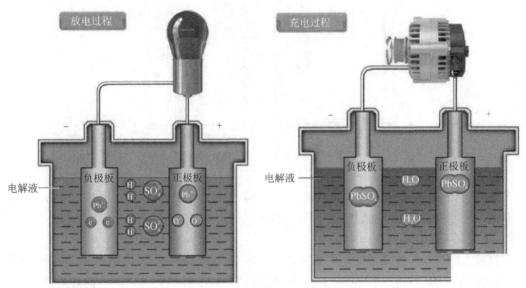

图 5-10 蓄电池工作原理

蓄电池放电化学方程式：
正极反应：$PbO_2 + 4H^+ + SO_4^{2-} + 2e^- = PbSO_4 + 2H_2O$
负极反应：$Pb + SO_4^{2-} - 2e^- = PbSO_4$
总反应：$PbO_2 + Pb + 2H_2SO_4 = 2PbSO_4 + 2H_2O$
蓄电池充电化学方程式：
正极反应：$PbSO_4 + 2H_2O - 2e^- = PbO_2 + 4H^+ + SO_4^{2-}$
负极反应：$PbSO_4 + 2e^- = Pb + SO_4^{2-}$

总反应：$2PbSO_4 + 2H_2O = PbO_2 + Pb + 2H_2SO_4$

1) 电动势的建立

正极板上二氧化铅电离为正四价铅离子和负二价氧离子，铅离子附着在正极板上，氧离子进入电解液中，使正极板具有 2.0 V 的正电位；负极板上的纯铅电离为正二价铅离子和 2 个电子，铅离子进入电解液中，电子留在负极板上，使负极板具有 −0.1 V 的负电位。因此，正、负极板间有 2.1 V 的电位差。

2) 放电过程

在电位差的作用下，电流从正极流出，经过灯泡流回负极，使灯泡发光。正极板上的正四价铅离子与电子结合生成正二价铅离子，进入电解液再与硫酸根离子结合生成硫酸铅（附着在正极板上）；负极板上，正二价铅离子也同硫酸根离子结合生成硫酸铅（附着在负极板上）。

蓄电池充放电过程如图 5-11 所示。

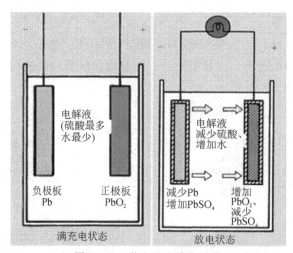

图 5-11 蓄电池充放电过程

结论：放电过程中，正极板上的正四价铅离子得电子成为正二价铅离子，并与硫酸根离子生成硫酸铅附着在正极板上；负极板上的铅失去电子成为正二价铅离子，并与硫酸根离子生成硫酸铅，附着在负极板上。

正极板上的正四价铅离子逐渐变成正二价铅离子，其电位逐渐降低；负极板上电子不断流出，其电位逐渐升高，放电过程结束，两极板间的电位差减小为 0，外接电路中的灯泡熄灭。

随着放电过程的进行，电解液中的硫酸根离子不断与正、负极板上的铅离子生成硫酸铅而附着在极板上，使得电解液中的硫酸根离子逐渐减少。同时，由于正极板上负二价氧离子与氢离子生成水，电解液中的水不断增多，结果使得电解液的密度不断下降。

3) 充电过程

充电时，外接直流电源的正极接蓄电池的正极板，电源的负极接蓄电池的负极板。当直流电源的电动势高于蓄电池的电动势时，电流将以与放电电流相反的方向流过蓄电池。

正极板上，正二价铅离子失去 2 个电子成为正四价铅离子，再与水反应生成二氧化铅，附着在正极板上，电位升高；负极板上，正二价铅离子得到 2 个电子生成一个铅分子而附着在负极板上；从正、负极板上电离出来的硫酸根离子与水中的氢离子结合生成硫酸。

结论:充电过程中,正极板上的正二价铅离子失电子成为正四价铅离子,电位上升;负极板上的正二价铅离子得到电子成为铅分子,电位降低。正、负极板间的电位差加大。

随着充电过程的进行,极板上的硫酸根离子不断进入电解液与氢离子生成硫酸,使得电解液中的硫酸根离子逐渐增多,结果使得电解液的密度不断升高。

2. 蓄电池的工作特性

1)蓄电池内阻

电流流过铅酸蓄电池时所受到的阻力称为铅酸蓄电池的内阻。铅酸蓄电池的内阻包括极板、隔板、电解液和联条的电阻。在正常状态下,铅酸蓄电池的内阻很小,所以能够供给几百甚至上千安培的起动电流。

电解液的电阻与其密度和温度有关。如 6-Q-75 型铅酸蓄电池在温度为 +40 ℃时的内阻为 0.01 Ω,而在 -20 ℃时内阻为 0.019 Ω,可见,内阻随温度降低而增大。

电解液电阻与密度的关系如图 5-12 所示。电解液密度为 1.20 g/cm³(15 ℃)时其电阻最小。同时,在该密度下,电解液的黏度也比较小。密度过高或过低时,电解液的电阻都会增大。

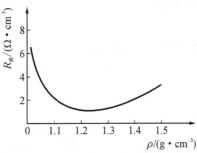

图 5-12 电解液电阻与密度的关系

因此,适当采用低密度电解液和提高电解液温度(如冬季对电池采取保温措施),对降低蓄电池内阻、提高起动性能十分有利。

影响铅酸蓄电池内阻的因素有:

(1)放电程度。放电程度越高,$PbSO_4$ 越多,极板电阻越大。

(2)隔板电阻与材料。木质隔板多孔性差,其电阻比橡胶和塑料隔板大。

(3)联条电阻与联条形式。传统的外露式联条比内部穿壁式、跨越式联条电阻大。

(4)电解液密度。电解液密度一般为 1.215 g/cm³ 时,电阻最小,过低(H^+ 和 SO_4^{2-} 少)或过高(黏度大)内阻均增加。

(5)电解液温度。温度低,黏度大,电解液电阻大。

结论:铅酸蓄电池内阻一般很小,故可提供大电流,适于作起动电源。

2)放电特性

铅酸蓄电池的放电特性是指在恒流放电过程中,铅酸蓄电池的端电压和电解液密度随放电时间而变化的规律。

开始放电阶段:端电压由 2.14 V 迅速下降至 2.1 V。极板孔隙内硫酸迅速消耗,电解液密度迅速下降,浓差极化增大,端电压迅速下降。

相对稳定阶段:端电压缓慢下降至 1.85 V。极板孔隙外向孔隙内扩散的硫酸与孔隙内消耗的硫酸达到动态平衡,孔内外电解液密度一起缓慢下降,所以端电压缓慢下降。

迅速下降阶段:端电压由 1.85 V 迅速下降至 1.75 V,电解液密度达最小值,$\rho_{15℃}=1.11\ g/cm^3$。

终止电压:允许的放电终止电压与放电电流大小有关,放电电流越大,则放电时间越短,允许的放电终止电压越低。表 5-2 列出了容许的放电电流与终止电压的关系

表 5-2 容许的放电电流与终止电压的关系

放电电流/A	$0.05\ C_{20}$	$0.1\ C_{20}$	$0.25\ C_{20}$	$1\ C_{20}$	$3\ C_{20}$
连续放电时间	20 h	10 h	3 h	30 min	5 min
单格电池终止电压/V	1.75	1.70	1.65	1.55	1.50

图 5-13 所示为 6-QA-60 型干荷电蓄电池以 3 A 电流放电时的特性曲线图。

蓄电池放电终了的特征:

(1)单格电池电压下降到放电终止电压(以 20 h 放电率放电时终止电压为 1.75 V)。

(2)电解液密度下降到最小允许值 1.10~1.12 g/cm^3。

3)充电特性

铅酸蓄电池的充电特性是指在恒流充电过程中,铅酸蓄电池的端电压和电解液密度随充电时间而变化的规律。图 5-14 所示为 6-QA-60 型干荷电蓄电池以 3 A 电流充电时的特性曲线图。

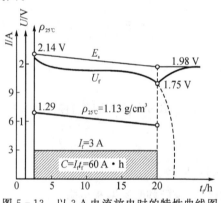

图 5-13 以 3 A 电流放电时的特性曲线图

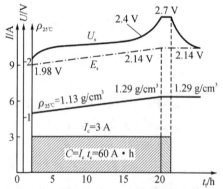

图 5-14 以 3 A 电流充电时的特性曲线图

注意:充电电源必须采用直流电源,以一定的电流强度向一只完全放电的蓄电池进行充电。

单格电池电压变化规律为:

充电开始阶段:端电压迅速上升到 2.1 V。开始充电时,孔隙内迅速生成硫酸,浓差极化增大,端电压迅速上升。

稳定上升阶段:端电压缓慢上升至 2.4 V 左右,并开始产生气泡。孔隙内生成的硫酸向孔隙外扩散,当硫酸生成的速度与扩散速度达到平衡时,端电压随整个容器内电解液密度的变化而缓慢上升。

充电末期:电压迅速上升到 2.7 V 左右,且稳定不变,电解液呈沸腾状态。

活性物质还原反应结束后的充电称为过充电,过充电电流主要用于电解水,应避免长时间

过充电。切断电源后,单格电压迅速降至 2.11 V。

蓄电池充电终了的标志:
(1)端电压上升到最大值 2.7 V,并在 2~3 h 内不再增加。
(2)电解液相对密度上升到最大值 1.27 g/cm³ 并在 2~3 h 内不再增加。
(3)蓄电池内产生大量气泡,停充 1 h 后再接通充电电源时,蓄电池电解液会立刻沸腾。

(三) 蓄电池性能检测

1. 蓄电池的外观检查

(1)检查蓄电池外壳是否破裂、电解液有无渗漏。
(2)检查蓄电池正、负极桩是否脏污或有氧化物。
(3)观察加液孔盖是否破裂、电解液有无渗漏、通气孔是否畅通。

2. 电解液液面高度检查

1)玻璃管检查法

可以采用玻璃管测量法,如图 5-15 所示。辅助工具是内径为 3~5 mm 的玻璃管,液面高度标准值为 10~15 mm。

2)液面高度指示线检查法

还可以采用观察液面高度指示线法,如图 5-16 所示。正常液面高度应介于两线之间,液面过低时,应当加入蒸馏水补充,以恢复正确的液面高度。除非确知电解液溅出,否则不许添加硫酸溶液。

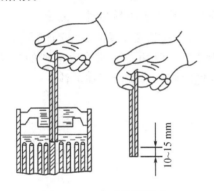

图 5-15 玻璃管测量法

图 5-16 液面高度指示线法

3. 电荷情况检查

1)用万用表测量蓄电池的端电压
(1)将万用表置于直流电压挡。
(2)将万用表的正表笔接蓄电池的正极柱,负表笔接负极柱,如图 5-17 所示。
(3)读出指示电压值,正常应为 12.5~12.8 V。若过低,则需进行保养充电。

2)用高率放电计测量蓄电池的端电压

蓄电池电解液密度与电压(有负荷时)结合起来可以清楚地反映蓄电池充电的情况。12 V 整体蓄电池高率放电计如图 5-18 所示,用来测量 12 V 蓄电池的电压。蓄电池充满电时,接入时间 10～15 s，若电压保持在 10.5～11.6 V，表示存电量充足，蓄电池无故障；若电压保持在 9.6～10.5 V，表示存电量不足，蓄电池无故障；若电压降到 9.6 V 以下，表示存电量严重不足或蓄电池有故障。

图 5-17　万用表测量蓄电池端电压　　　图 5-18　高率放电计

将黑色"－"测试夹夹在蓄电池"－"端子上，红色"＋"测试棒接在被测蓄电池"＋"端子上，表头指针应向右偏转。绿色区域表示电瓶电量充足，电瓶可以正常使用；黄色区域表示电瓶电量已接近用完，用户应尽快充电；红色区域表示电瓶电量已经用完，用户应立即充电。

4. 电解液密度检查

电解液密度的大小是判断蓄电池容量的重要标志。测量蓄电池电解液密度时，蓄电池应当处于稳定状态。蓄电池充放电或加注蒸馏水后，应当静置半小时后再进行测量。

密度每下降 0.01 g/cm^3，相当于蓄电池放电 6%。若蓄电池在夏季放电超过 50%，冬季放电超过 25% 时不宜再使用，应及时进行充电。吸式密度计由一个带有吸液球的玻璃管组成，玻璃管内有一个带刻度的浮子。从蓄电池中抽取电解液并检查浮子在液体中的浸入深度，通过刻度可以读取其密度，如图 5-19 所示。

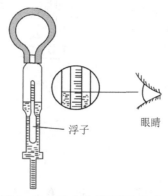

图 5-19　吸式密度计读取密度

5. 免维护蓄电池的检查

免维护蓄电池最明显的特征就是在电池顶上有一个观察口，如图 5-20 所示，可以很直观地看清楚汽车电瓶的存电状态。汽车免维护蓄电池在维护时,无须加注蒸馏水,只需检查外壳有无裂痕或者腐蚀,有电解液指示器的,应检查电解液液面及相对密度。可通过观察免维护蓄电池窗口的三种状态判断汽车电瓶的好坏。

在利用电眼进行目测之前,请用螺丝起子的手柄小心敲打电眼。任何气泡都会造成色散影响指示器的检测。气泡去除后,电眼的颜色显示更加准确。

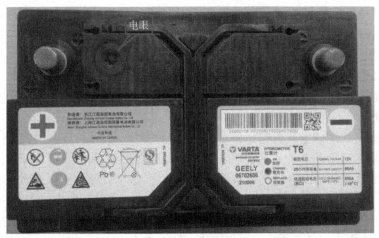

图5-20 观察口

若通过窗口观察为绿色或者蓝色,表示汽车电瓶状态良好;若通过窗口观察为黑色或者红色,表示汽车电瓶需要充电;若通过窗口观察为白色,则表示汽车电瓶已经损坏,需要更换。

免维护汽车蓄电池窗口的原理:电眼底部有小浮球,在汽车电瓶的使用过程中电解液的比重是变化的,相对应的,浮球的高度也会随之改变,通过折射,电眼的显示状态就会不一样,从而达到判断存电的目的。如图5-21所示。

当电瓶亏电时,电解液比重低于1.20,绿色球下沉,看到黑色,表示电瓶电量低;当比重接近1.28,绿球浮在外面,此时表示电瓶电量充足;电解液液位低,只能看到灰白色,则表示电瓶损坏,需要更换。

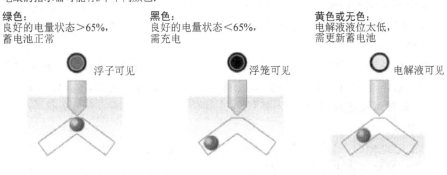

图5-21 电眼原理

（四）蓄电池的更换及搭电

1. 更换蓄电池

一般汽车蓄电池的使用寿命为2～3年，新车的原装蓄电池可以使用3年以上。所以如果汽车的蓄电池已经使用差不多两年，就要注意，它的使用寿命有可能已经到期。这时应该多多检查，提前做好检测，发现问题及早解决或更换，避免使用过程中蓄电池突然停止工作造成损失。

1）会损坏蓄电池的坏习惯

虽然说一般汽车蓄电池的使用寿命可以达到2～3年，不过由于平时的一些不良用车习惯会导致蓄电池提前损坏，不得不进行更换，所以我们平时也一定要养成良好的用车习惯。下面就列举几种较常见的不良用车习惯：

（1）下车忘关灯或车载电气设备。停车熄火后忘关大灯是最常见的，也因此导致很多车辆次日蓄电池电量耗光，发动不了。不过随着汽车产品的优化，熄火后大灯如果没关会有声音提示，或者有些车辆在熄火后半分钟内会自动将大灯熄灭，这样就减少了忘关大灯对蓄电池造成的损害。

但除了大灯，其他灯光例如车内阅读灯或者其他车内电气设备如果熄火后忘记关掉，可能经过一夜之后也会造成因蓄电池深度亏电而启动不了车子。

遇到这种情况，如果有条件的情况下可以尝试为蓄电池充电，直至可以启动汽车为止。否则有可能需要更换蓄电池。因此，与其花大钱更换蓄电池，还不如平时就养成良好的习惯。

（2）车辆熄火前不关空调。很多人在车辆熄火前都不习惯关空调，在下一次启动时，空调就会随着汽车的启动而同时开启。但专家表示，这种不良习惯也是会对蓄电池造成损害的。

如果空调在熄火前没有关闭，在下一次启动车辆时，空调会自动随着发动机的启动而启动，这会导致车辆瞬间功率过高，蓄电池负荷过大，长久反复多次对蓄电池是一种损耗。

因此在车辆熄火前，应该尽量将车上能关的电气设备例如空调、收音机等都关闭，这样下次车辆启动时就不会导致蓄电池瞬间负荷过大，从而保护蓄电池。

（3）不着车情况下大量使用用电设备。曾经有一个人在路上车胎被扎了，在换备胎的过程中他朋友在车内一边悠哉的听着歌一边开着空调。等到备胎换好之后，才发现车辆启动不了了。原因是车上的空调和影音设备耗光了蓄电池的全部电量，最后不得不叫了拖车。

很多人在停车场或者是路边等朋友时，经常会一边听着歌一边等。但为了省点油，往往会将发动机熄灭，这时影音设备损耗的就是蓄电池的电量，很可能会将蓄电池电量耗光而导致最终启动不了车辆。

由于车内空调系统以及影音系统都是耗电量较大的电气设备，长时间不着车情况下使用很可能就会导致蓄电池亏电着不了车；就算时间不长，经常这样不着车使用电气设备也会损坏蓄电池，最终导致蓄电池提前报废。

2）更换蓄电池

在拆下旧的蓄电池时一定要按照"先拆负极再拆正极"的顺序，由于车身是与蓄电池负极连接的（搭铁端），如果先拆正极的话，在拆卸过程中螺丝刀有可能会触碰到车身，一旦触碰到就相当于将蓄电池正负极直接连接，有可能引起短路而烧坏蓄电池。因此，拆卸时要"先负极后正极"，但在安装时则相反，遵循"先正极后负极"的顺序。拆卸蓄电池的具体步骤如下：

(1)拧松负极接头螺母:打开隔热棉两个固定纽扣,可以看到正负极接头上面有红黑两个绝缘罩,翻开绝缘罩就可以看到锁紧螺母,如图5-22所示。

(2)拆开负极接头:用扳手或六角套筒分别拧开负极的紧固螺母,再用一字螺丝刀慢慢撬开紧固块,接着即可拔出负极接头,如图5-23所示。

图5-22 拧松负极接头螺母

图5-23 拆开负极接头

(3)拆开正极接头:用相同的方法拆开正极接头,如图5-24所示。

(4)拆开锁紧带:拧开用于固定蓄电池的锁紧带的螺母,松开锁紧带,进而将蓄电池取出,如图5-25所示。

图5-24 拆开正极接头

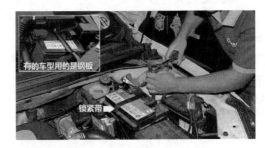

图5-25 拆开锁紧带

安装新的蓄电池时,只需按照相反的步骤进行,不过需要注意的是,在安装正负极接头时,遵循的是"先正极后负极"的顺序,与拆解时相反,但作用一样,都是为了防止短路危险,保障安全。

蓄电池是决定汽车能否正常启动的重要部件,但实际上其并没有多娇贵,也并不需要特意去维护,我们在日常使用时只需养成良好习惯,注意一些小细节就可以了。自行拆装更换也并不复杂,只不过需要注意的是在拆下正负极接头时需要先拆负极再正极,安装时则相反,避免因操作不当造成危险。

2. 正确的给车辆进行搭电自救

汽车亏电导致抛锚的情况很多,无论4S店还是维修厂,接到的求援中,搭电是最多的。现在很多人都有电瓶连接线,也能够找到另一辆车帮忙,所以通常很多人会选择自己搭电。下面就简单介绍一下具体怎么搭电。

搭电线:这是汽车搭电必备物品,千万不要随便拿两条线来凑合,因为车辆在启动时的瞬间电流能达到200~600 A,柴油车甚至达到了1000 A,如果计算下来的话,10 mm^{2}的铜线才能确保启动的顺利与安全。所以汽车电瓶连接线一定要买正牌的,质量有保证的,不要图便宜。搭电线是车上的必备物品之一,一旦电瓶没电就可以拿出来使用了,自己平时不用时也可以帮助别人,如图5-26左图所示。

图5-26 搭电线及应急电源

应急电源:这是一种新型的像充电宝一样的东西,有铅酸和聚合物锂电型两种,能够帮助亏电车辆进行启动,而且还有照明、给手机充电和配合充气泵给汽车充气等多种功能。应急电源一般都是便携式的,非常轻巧,有了它就不用向别人求救搭电了。需要注意的是,应急电源用过之后一定要及时充电,保持电量充足来应对突发状况。

车辆搭电的具体步骤如下:

(1)正对正,先接正:先关闭车上所有的用电设备,使钥匙处在off位置,打开机舱盖找到电瓶。电瓶上都写有正负极,一般红色"+"号为正极,搭电线一般都有两根,这时先拿出红色的那一根,打开电池盖,捏开头上的夹子,夹牢固无电车电瓶的正极,另一端夹牢固救援车电瓶的正极。一定要先接正极,再接负极,顺序不要反,也不要用电池夹去碰触除了电池桩头外的任何地方。如图5-27所示。

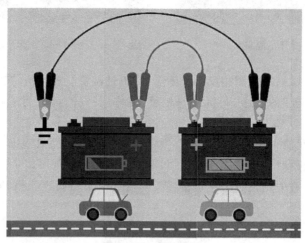

图5-27 搭电方法

(2)负接负,后接负:红色正极连接好之后,拿出另外一根搭电线,先夹牢固无电车电瓶的负极,负极一般都用黑色"-"号表示,然后捏住夹子另一端,夹牢固救援车电瓶的负极,从始至终夹子不要碰到别的地方,连接的时候会蹦出电火花,但不要害怕,这说明接对了。不先接负极的原因是,整个车辆铁质导电的地方基本都是负极(也就是俗称的"搭铁"),如果先接了负极,在连接正极的时候夹子碰到车身任何一个导电的地方都会造成短路,烧毁车上的零部件。

(3)启动车辆后,先拆负,后拆正:电池连接完毕之后,救援车先行打火给电池充电,之后无电车辆打开钥匙,这时仪表灯会顺利亮起,然后尝试进行打火(不要超过 5 s),如果没能顺利启动,就轻踩救援车油门,转速保持在 2500 转左右,然后无电车再次进行打火,如果起动机没问题、车内有油,这种情况下一般都能顺利启动了,无电车辆启动后,先拆下负极夹子,然后拆下正极夹子。

注意:电瓶的正负极千万不可以接反,为了安全,装拆顺序也要严格按照先接正后接负,先拆负后拆正的顺序来进行。

学会了怎么搭电,那打不着火怎么知道是车没电了呢？有很多人不会判断,认为只要打开大灯一看是亮的,按一下喇叭也响,就说电瓶还有电,不是电瓶的问题。要知道,电瓶存有很少的电就能使大灯亮、喇叭响,但要带动起动机运转,则需要有充足的电量。因为起动的瞬间,电流是很大的,对电量的需求很高。通常用电压表测量时,电瓶电压低于 11 V,就带不动起动机了,车也就打不着火了。所以要判断电瓶有没有电,用电压表是可以百分之百判断准确的。普通车主没有电压表时怎么判断呢？听汽车起动时起动机的声音,如果听到"啪"的一声响后再没声音了,就说明电瓶没电了。如果听到"啪啪"一直响,但与正常起动的声音不一样,也是电瓶没电了。如果打火时什么声音也没有,且挡位在 P 挡,也是电瓶没电了。虽然这么判断不能做到绝对的准确,但至少能做到百分之九十的准确。

3. 安全操作

进行汽车蓄电池装配操作时,请务必遵守以下所有安全操作规范,以保证人身安全。

1)谨防爆炸危险

(1)蓄电池含有硫酸,具有腐蚀性,补充电过程中会产生氢氧混合气体,当氢气积累到一定浓度的时候,遇到明火或火花会发生爆炸,因此请在通风良好的条件下储存和装配蓄电池。

(2)装配或靠近蓄电池时,请始终佩戴 ANSI Z87.1(美国)或 CE EN166(欧洲)标准的安全眼镜和防护面罩,或防溅护目镜。

(3)始终佩戴适当的眼部、面部和手部防护设备。

(4)确保电池远离所有火花、火焰和香烟。

(5)请勿打开免维护蓄电池。

(6)确保工作区域通风良好。

(7)在给蓄电池升压、测试或充电时,不要靠向蓄电池。

(8)使用金属工具或导线时一定要谨慎,防止短路和火花。

2)蓄电池酸液的处理

蓄电池酸液或电解质是一种硫酸与水的混合溶液,会腐蚀衣物并灼伤皮肤。处理电解质时要格外小心,可以准备一些用来中和硫酸的物质(如小苏打、家用氨水等),以备不时之需。处理蓄电池时:

(1)必须佩戴适当的眼部、面部和手部防护设备。

(2)若电解液溅入眼睛,请立即用力睁开眼睛并用干净的冷水冲洗至少 15 分钟,并及时就医。

(3)若误食电解液,应大量饮用水或牛奶,不要催吐,及时就医。

(4)用小苏打中和泄漏在车辆或工作区域内的电解液,以清水冲洗受污染区域。如需配比一定浓度的电解液,请慢慢将少量浓酸引入水中(切勿将水倒入电解液中),并不断搅拌混合液;如明显发热,请在溶液冷却后再继续配比。

三、项目实施

(一)安全防护注意事项

1. 个人安全防护

(1)维修操作人员必须穿工作服、戴工作帽、穿工作鞋、工作服纽扣与拉链及皮带扣不应暴露在衣服外侧、袖口不应挽起、领口扣紧、裤脚扣紧、佩戴手套,女生长头发要盘起在工作帽内。

(2)维修操作人员在进入车间时不应佩戴手表、戒指、项链等金属首饰,女生不应佩戴耳环。

(3)维修人员在进行车辆维修操作时,应防止车轮轧伤脚部、车门夹伤手部,手部不能靠近热的发动机及旋转的发动机皮带。

(4)在搬运重物及尖锐器物时应注意动作姿势,防止扭伤腰部、砸伤脚部、划伤手部。

2. 车辆/台架等设备安全

(1)车辆进入车间内,不应随意摆放,熄灭发动机后,将变速器置于空挡位置,并拉紧驻车制动;台架应将滑轮锁死或用木块固定。

(2)维修操作前,应铺设三件套及翼子板布,发动机启动前应连接尾排,且其他实训人员不应围绕在车辆周围。

(3)任何时间操作电气设备时,都应注意用电安全。作业结束之后,应及时切断一切用电设备的电源。

(4)维修操作前应熟读维修手册中的操作标准和台架、仪器、设备使用标准,并做好日常维护工作。

3. 车间场地安全防护

(1)车间应配有干粉灭火器及相应消防措施,易燃油品不能暴露于空气中。

(2)工作时车间内的任何工具、零部件、设备、车辆都不能随意摆放,工作结束后摆放于指定地点保管。

(3)车间内设备或车辆周围的人行道或工作区域不能过于拥挤。

(4)操作过程中应做到油品、工具、配件三不落地,作业完毕后应及时清理车间工作场地,做到现场5S管理。

(二)蓄电池拆装及检测

蓄电池拆装及检测具体实施步骤及工作内容见表5-3。

表 5-3 蓄电池拆装及检测工作步骤及内容

步骤	项目	顺序	工作内容
1	安全防护与检查前工作准备	1	将车辆驶入工位停好,变速器置于空挡,熄火并拉紧驻车制动器
		2	铺设三件套
		3	打开机舱盖,铺设翼子板布,用吹尘枪简单清洁发动机舱
		4	用万用表 20 V 电压挡检查蓄电池电压,正常约为 12.00 V
2	电瓶的拆卸	1	使用 10 mm 套管拆卸电瓶负极桩头卡箍固定螺栓,并取下卡箍
		2	打开电瓶上方保险盒盖,使用 10 mm 套管拆卸电瓶正极桩头卡箍固定螺栓,并使用一字螺丝刀撬下保险盒固定卡子,取下卡箍及保险盒
		3	使用 13 mm 套管拆卸电瓶下方固定螺栓,将电瓶取下
3	电瓶的安装	1	装入新电瓶,注意将电瓶里侧卡入固定卡槽,并使用 13 mm 套管紧固固定螺栓
		2	安装电瓶正极卡箍及保险盒,并使用 10 mm 套管紧固固定螺栓,盖上保险盒盖
		3	安装电瓶负极卡箍,并使用 10 mm 套管紧固固定螺栓
4	电瓶安装后测试	1	启动发动机,测试发动机是否能够正常启动
		2	调整时间
		3	使用万用表 20 V 电压挡测量发电机发电量
5	测量电瓶放电率	1	将高电率放电计正极线接电瓶正极,负极线接电瓶负极。该放电计正负极线可相反安装
		2	观察放电计上指针位置,绿色区域为正常,黄色区域需要进行充电,红色区域说明放电过度
		3	扳动放电计下方开关,测试过程 5~10 s,观察指针位置,最小电压不得低于 10.0 V,若低于 10.0 V 说明蓄电池过量放电或已损坏

(三) 实施记录

按要求进行蓄电池拆装及检测作业,并填写实施记录表 5-4。

表 5-4 蓄电池拆装及检测实施记录

序号	项目	检查结果	备注
1	测量蓄电池电压	电压值_____V	
2	测量电瓶放电率,观察放电计指针位置	绿色区域、黄色区域、红色区域	

四、思考与练习

(一) 判断题

1. 蓄电池的作用就是储存电能。( )

2. 蓄电池的作用就是提供电能。（ ）
3. 蓄电池使用的金属材料是铜。（ ）
4. 蓄电池充放电就是将化学能转化为电能、电能转化为化学能的过程。（ ）
5. 电解液是由水组成的。（ ）
6. 传统汽车的蓄电池都是采用铅酸蓄电池。（ ）
7. 铅酸蓄电池的结构主要包括正负极板、隔板、电解液和外壳等。（ ）
8. 铅酸蓄电池型号的第二部分表示蓄电池的类型，"M"表示免维护式蓄电池。（ ）
9. 铅酸蓄电池上标明 C_{20} 为 120 min，则表示蓄电池在发电机无法充电的情况下，可以让车行驶 2 小时。（ ）
10. 某型号蓄电池的铭牌上标有 38B20L，该蓄电池是按照美国标准标注的型号。（ ）

（二）选择题

1. 摩托车使用（ ）蓄电池。
   A. 6 V   B. 12 V   C. 24 V   D. 36 V
2. 乘用车使用（ ）蓄电池。
   A. 6 V   B. 12 V   C. 24 V   D. 36 V
3. 卡车使用（ ）蓄电池。
   A. 6 V   B. 12 V   C. 24 V   D. 36 V
4. 发动机启动时，蓄电池（ ）。
   A. 为起动机提供较大的电能   B. 向点火装置供电
   C. 向燃油装置供电   D. 以上各项都是
5. 发动机启动时提供电能的是（ ）。
   A. 发电机   B. 起动机   C. 电气负荷   D. 蓄电池
6. 向蓄电池充电的是（ ）。
   A. 起动机   B. 发动机   C. 发电机   D. 电气负荷
7. 蓄电池就是将接受的电能转化为（ ）。
   A. 机械能   B. 化学能   C. 物理能   D. 核能
8. 铅蓄电池由（ ）构成。
   A. 阳极板   B. 阴极板   C. 电解液   D. 以上各项都是
9. 电槽内部被分为（ ）个单元。
   A. 2   B. 4   C. 6   D. 8
10. 放电时，硫酸分解成（ ）。
    A. 氢气和水   B. 氢气和硫酸根 C. 氢离子和硫酸根 D. 水和硫酸根
11. 放电时，（ ）。
    A. 硫酸浓度降低，电动势下降   B. 硫酸浓度升高，电动势下降
    C. 硫酸浓度降低，电动势升高   D. 硫酸浓度升高，电动势升高
12. 充电时，（ ）。
    A. 硫酸浓度降低，电动势下降   B. 硫酸浓度升高，电动势下降
    C. 硫酸浓度降低，电动势升高   D. 硫酸浓度升高，电动势升高

13. 电解液的主要成份是( )。
    A. 硝酸　　　　　B. 硫酸　　　　　C. 盐酸　　　　　D. 碳酸
14. 放电容量的单位是( )。
    A. 安培秒　　　　B. 安培分　　　　C. 安培小时　　　D. 安培天
15. 蓄电池不用时,其电容量将( )。
    A. 升高　　　　　B. 下降　　　　　C. 不变　　　　　D. 波动
16. 在讨论 6-QA-60 型铅酸蓄电池时,技师甲说:该蓄电池在发电机无法充电的情况下,可以让车行驶 60 分钟。技师乙说:该蓄电池单格电池数为 6 个,额定电压 12 V,额定容量为 60 Ah。谁正确?( )
    A. 技师甲对　　　B. 技师乙对　　　C. 都对　　　　　D. 都错
17. 在讨论汽车蓄电池检测仪时,技师甲说:汽车蓄电池检测仪只能检查蓄电池的好坏。技师乙说:汽车蓄电池检测仪可以检测汽车充电系统的好坏。谁正确?( )
    A. 技师甲对　　　B. 技师乙对　　　C. 都对　　　　　D. 都错
18. 在讨论蓄电池电极桩的连接时,技师甲说:脱开蓄电池电缆时,要先拆下负极电缆。技师乙说:连接蓄电池电缆时,始终要先连接负极电缆。谁正确?( )
    A. 技师甲对　　　B. 技师乙对　　　C. 都对　　　　　D. 都错
19. 如果蓄电池的电解液不足,技师甲说:可以添加纯净水。技师乙说:可以添加电解液。谁正确?( )
    A. 技师甲对　　　B. 技师乙对　　　C. 都对　　　　　D. 都错
20. 技师甲说:铅酸蓄电池的电解液密度应根据地区、气候而定。技师乙说:在铅酸蓄电池使用过程中应保证通气孔畅通。谁正确?( )
    A. 技师甲对　　　B. 技师乙对　　　C. 都对　　　　　D. 都错

(三) 问答题

1. 汽车启动用蓄电池有哪些功用?

2. 蓄电池的结构由哪几部分组成?

3. 简述蓄电池充电终了和放电终了的特征。

项目六 蓄电池维护

一、任务描述

如何判断蓄电池好坏？又如何对蓄电池进行维护才能避免其出现问题？要掌握这些知识，就进入下面的学习内容吧。

二、相关知识

（一）汽车漏电检查

1. 汽车漏电原因

汽车漏电有很多种形式，但反映出的现象差不多，大多是第二天早晨电瓶没电了，不能启动发动机，或者大灯感觉没有以前那么亮了，特别是隔夜电瓶的静态电压小于 11.8 V 的时候，就要留意电瓶本身是否有问题了。一般电瓶有自放电问题，电瓶本身用久了，容量会变小，铅酸电池每个月下降 30% 的电量是在合理范围之内的，但是如果下降过快，就是电瓶本身不行了，要换电瓶，并不是负载暗电流造成的。而且还要检查发电机输出的电压，是否在工作时候达到 14 V 左右，如果非常低，则是整流器或者发电机不正常造成的，要及时处理解决。

除了电瓶漏电，线路也会消耗一些电量，没有绝对绝缘的系统，另外，很多没有直接在钥匙开关关断时候断掉的负载，比如防盗器，一样会消耗一些电流。传统的车子，一般暗电流在 30 mA 左右，现在的车子因为安装了很多车载电器，静态电流可能会比较大，但是也不能高于 50 mA，因为汽车电瓶的容量一般是 60 Ah 左右，60×1000÷50＝1200 h，1200÷24＝50 天，也就是说，一个电瓶在 50 mA 的漏电流状况下，理论上要 50 天才可以全部放完所有电量，但实际上是不可能全部放完的，一般放一个月就无法启动车子了。

有的汽车已经换过几块电瓶，问题依旧，最终依然是电瓶没电的结果。造成汽车漏电主要有以下几个原因：

（1）电瓶使用时间比较长。长时间使用后，电瓶虽然容电量还够，但电瓶内的活性物质脱落填满底槽后就会使正、负极板连接，产生回路把电放掉；或汽车经常在颠簸路面行驶，频繁震动使活性物质过早脱落，也会导致同样的结果。

（2）不受点火开关控制的设备在耗电。主要是电路方面有用电设备在工作，比如有的车型有后备箱照明或其他不受点火开关控制的设备在耗电等。

（3）主控系统的主继电器触点粘连。在检查发电机、整车静态电流等都没问题的情况下，建议先检查主控系统的主继电器触点，看是否有粘连现象。此种情况比较隐蔽，很多时候如果换了电瓶启动后还是检查不出来，可以直接更换主继电器试试看。

（4）电瓶本身问题。虽说是很少见，但也不能完全排除这种情况。尤其是在竞争激烈的市场中，有极少数厂商会为了节约成本而偷工减料，乃至将用回收废铅等作为原料的电瓶投入市场。这样不注重品质和品牌而制造和生产出来的电池也容易出现漏电的问题。

2. 漏电检测方法

电瓶漏电检测方法：

（1）首先关闭汽车的点火开关，并且在上锁的状态下等待 5~10 min，从而使汽车处于休眠的状态。

（2）然后找到电瓶负极的紧固螺母，并用扳手将其拧开，再用一字螺丝刀慢慢撬开紧固块，这时直接拔出负极接头即可。

（3）随后就到万用表检测的部分了，把万用表的量距转换到直流 10 A 或 20 A 的挡位上，将万用表的红表笔与车身搭铁线相连，黑表笔与电瓶负极桩头相连。

（4）最后，直接观察万用表的数值就可以了，如果数值处于正常范围值之内，就说明汽车漏电情况是正常的。如图 6-1 所示。

图 6-1 漏电检查

值得一提的是，汽车漏电正常值为 40 mA 左右，而有些高档车达到 80 mA 也是有可能的。但如果汽车漏电 90 mA 甚至更多的话，肯定是不正常的，很可能是因为防盗器电路或者其他电路存在异常漏电，这时候就需要逐一排除了。最直接明了的办法就是通过拔除相应的保险丝来排查，例如拔掉防盗器保险丝之后，如果漏电数值恢复到正常范围的话，就说明该电路的确是存在搭铁漏电故障，需要及时进行处理。

（二）蓄电池常见故障及预防

1. 极板硫化及预防

蓄电池极板上生成的一层白色粗晶粒的 $PbSO_4$，在正常充电时不能转化为 PbO_2 和 Pb 的现象称为"硫酸铅硬化"，即"硫化"。这种粗晶粒硫酸铅导电性差，正常充电时很难还原，晶粒粗，体积大，易堵塞活性物质孔隙，阻碍电解液的渗透，使蓄电池的内阻增加。

故障现象：放电时电池容量下降快，用高率放电计检测，单格电压迅速下降；电解液的密度下降到低于规定的正常数值；蓄电池在开始充电及充电完毕时电压过高，可达 2.7 V 以上；蓄电池在充电时电解液温度上升得过快，易超过 45 ℃；同时过早地产生气泡，甚至一开始充电就有气泡；极板上生成坚硬、不易溶解的白色大颗粒。

故障原因：

（1）蓄电池长期充电不足或放电后没有及时充电，导致极板上的硫酸铅有一部分溶解于电解液中,环境温度越高,溶解度越大。当环境温度降低时,溶解度减小,溶解的硫酸铅会重新析出,在极板上再次结晶。

(2)蓄电池经常过量放电或小电流深放电,从而在极板细小孔隙的内层生成硫酸铅,平时充电不易恢复。

(3)电解液液面过低,极板上部的活性物质露在空气中被氧化,汽车行驶时电解液的波动使其接触氧化了的活性物质,生成粗晶粒的硫酸铅。

(4)初充电不彻底或未进行定期补充充电,使其在半充电状态长期使用,极板上的放电产物硫酸铅长期存在,也会通过再结晶形成粗大的颗粒。

(5)电解液密度过高或不纯导致蓄电池自行放电,均会产生硫酸铅,从而为硫酸铅再结晶提供物质基础。

预防及排故措施:

(1)轻度硫化,可用2~3 A的小电流长时间充电,即过充电;或用全放、全充的充放电循环方法使活性物质还原;也可用去硫充电的方法消除。

(2)硫化严重时,应报废更换。

(3)保持蓄电池经常处于充足电状态。

(4)电解液高度应符合规定。

2. 自放电及预防

蓄电池在无负载的状态下,电量自动消失的现象称为自放电。

故障现象:普通蓄电池由于本身结构的原因,会产生一定的自放电。如果每昼夜自放电量不超过$2\%C_{20}$,则属于正常的自放电;若每昼夜自放电量超过$2\%C_{20}$,则属于故障性自放电。

故障原因:

(1)电解液不纯,电解液中的杂质沉附于极板上产生局部放电。

(2)蓄电池溢出的电解液堆积在盖板上,使正负极桩形成回路,同时还会腐蚀极桩。

(3)蓄电池长期放置不用,硫酸下沉,下部密度较上部大,极板上下部发生电位差引起自行放电等。

(4)蓄电池内部短路造成自放电,如隔板破裂或极板活性物质脱落而沉淀于极板下部使正、负极板短路,引起自放电。

为减少蓄电池的自放电,可从以下几方面预防:

(1)使用符合标准的硫酸和蒸馏水配置电解液。

(2)配置电解液的容器要保持清洁。

(3)防止杂质进入电池内。

(4)电池表面要保持清洁干燥。

自放电的处理措施:轻度自放电的蓄电池,可将其正常放完电后倒出电解液,用蒸馏水反复清洗干净,再加入新电解液,充足电即可;自放电较严重时,将电池完全放电,倒出电解液,取出极板组,抽出隔板,用蒸馏水冲洗之后重新组装,再加入新的电解液。

3. 极板短路及预防

蓄电池正负极板直接接触或被其他导电物质搭接称为极板短路。

故障现象:极板短路的蓄电池充电时充电电压很低或为零,电解液温度迅速上升,密度上升很慢,充电末期气泡很少;放电时,蓄电池容量明显下降。

故障原因:
(1)隔板破损使正、负极板直接接触。
(2)活性物质大量脱落,沉积后使正、负极板连通。
(3)极板组弯曲。
(4)金属杂质等导电物体落入正、负极板之间。

排故方法:出现极板短路时,必须将蓄电池拆开检查;更换破损的隔板,消除沉积的活性物质,校正或更换弯曲的极板组等。

4. 活性物质脱落及预防

极板活性物质脱落主要指正极板上的 PbO_2 脱落。

故障现象:充电时从加液孔中可以看到有褐色物质,电解液混浊,单体电池电压上升快,电解液过早出现"沸腾"现象;放电时,蓄电池容量明显下降。

故障原因:
(1)充电电流过大,电解液温度过高,使活性物质膨胀、松软而脱落。
(2)过充时间过长,电解水产生 H_2 和 O_2,冲击极板上的活性物质。
(3)经常低温大电流放电使极板拱曲,导致活性物质脱落。
(4)汽车行驶时颠簸、振动。

排故方法:对于活性物质脱落的铅蓄电池,若沉淀物较少,可清除后继续使用;若沉淀物较多,应更换新极板和电解液。

(三) 蓄电池的充电

1. 蓄电池的充电类型

新蓄电池、使用中的蓄电池及修复后的蓄电池等,由于技术状况不同,采用的充电步骤和规范也不同。充电种类有:初充电、补充充电、去硫化充电、锻炼循环充电和预防硫化与均衡充电等。其中,常用的为初充电和补充充电两种。

1)初充电

新蓄电池或修复后的蓄电池(更换极板)在使用前的首次充电为初充电。

操作步骤:

(1)检查蓄电池的外壳,拧下加液孔盖。
(2)按照不同的季节和气温选择电解液密度,将选择好的电解液从加液孔处缓慢加入蓄电池内,液面要高出极板上沿15 mm。
(3)静置6~8 h,让电解液充分浸渍极板(由于电解液浸入极板后,液面会有所下降,应再加入电解液将液面调整到规定值)。
(4)待电解液温度下降到30 ℃以下后,将充电机的正极接到蓄电池的正极,充电机的负极接到蓄电池的负极,准备充电。
(5)选择初充电规范。第一阶段的充电电流约为蓄电池容量的1/15,充电至电解液中有气泡析出,单格端电压达到2.4 V;第二阶段的充电电流约为蓄电池容量的1/30。

(6)开始充电。注意:充电过程中要经常测量电解液的密度和温度。如果电解液的温度超过 40 ℃,则应将电流减小;如果温度继续上升至 45 ℃,则应立即停止充电,适当采取冷却措施以降低电解液的温度。充电接近终了时,如果电解液的密度不符合规定,应用蒸馏水或相对密度为 1.400 g/cm³ 的电解液调整,调整后再充电 2 h。

(7)充足电的标志。蓄电池电解液产生大量气泡,呈沸腾状态;蓄电池电解液的密度及单格端电压达到规定值,并连续 3 h 不变。

(8)放电。新蓄电池充足电后,应以 20 h 率放电。

放电的步骤:使充足电的蓄电池休息 1~2 h,然后以 20 h 率放电。放电开始后每隔 2 小时测量一次单格电压,当单格电压下降至 1.8 V 时,每隔 20 min 测量一次电压,单格电压下降至 1.75 V 时,立即停止放电。

(9)进行补充充电至蓄电池充足。

2)补充充电

蓄电池在使用过程中,若符合下列条件则应进行补充充电:

(1)起动机运转无力、灯光比平时暗淡。

(2)电解液密度下降至 1.15 g/cm³ 以下。

(3)单格电池电压下降至 1.75 V 以下。

(4)贮存不用近一个月的蓄电池。

操作步骤:

(1)清洁从汽车上拆下的蓄电池,清除蓄电池盖上的脏污,疏通加液孔盖上的通气孔,清除极桩和导线接头上的氧化物。

(2)检查电解液的密度和液面高度。

(3)用高率放电计检查各单格电池的放电情况。

(4)将蓄电池的正、负极接至充电机的正、负极。

(5)选择充电规范。

第一阶段的充电电流约为蓄电池额定容量的 1/10;第二阶段的充电电流约为蓄电池额定容量的 1/20。

(6)充足电的标志。电解液呈沸腾状态;电解液密度和蓄电池端电压达到规定值,且连续 3 h 不变。

(7)将加液孔盖拧紧,擦净蓄电池的表面。

3)去硫化充电

蓄电池使用过程中可能发生极板硫化,内阻加大,充电时温度上升较快,蓄电池的容量降低等情况。对于硫化较轻的蓄电池可以通过去硫化充电法加以消除。

操作步骤:

(1)先倒出原有的电解液,并用蒸馏水清洗两次,然后加入蒸馏水。

(2)接通充电电路,将充电电流调到初充电的第二阶段电流值进行充电,当密度上升到 1.15 g/cm³ 时,倒出电解液,换加蒸馏水再进行充电,直到电解液密度不再增加为止。

(3)以 10 h 率放电,当单格电压下降到 1.7 V 时,再以补充充电的电流进行充电、再放电、再充电,直到容量达到额定值的 80% 以上。

2. 蓄电池充电方式

蓄电池的充电方式可分为定流充电、定压充电和脉冲快速充电。

1)定流充电

充电过程中,使充电电流保持恒定的充电方法,称为定流充电。定流充电的接线方法如图 6-2 所示。

特点:

(1)充电过程中,充电电流恒定,但充电电压是变化的(充电过程中,蓄电池的端电压不断升高,为保证充电电流的恒定,充电电源电压或调节负载应随时变化)。

(2)充电电流大小可根据充电类型及蓄电池的容量确定。

(3)不同端电压的蓄电池可以串联充电。

(4)充电时间长。

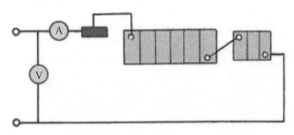

图 6-2 定流充电时蓄电池的连接

充电特性曲线如图 6-3 所示。为缩短充电时间,充电过程通常分为两个阶段。第一阶段采用较大的充电电流,使蓄电池的容量得到迅速恢复,当蓄电池电量基本充足,单格电池电压达到 2.4 V,开始电解水产生气泡时,转入第二阶段,将充电电流减小一半,直到电解液密度和蓄电池端电压达到最大值且在 2~3 h 内不再上升,蓄电池内部剧烈冒出气泡时为止。

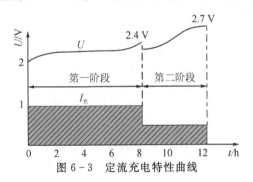

图 6-3 定流充电特性曲线

2)定压充电

充电过程中,加在蓄电池两端的电压保持不变的充电方法,称为定压充电。连线方式如图 6-4 左图所示,充电特性曲线如图 6-4 右图所示。

特点:

(1)充电过程中,充电电压保持不变(充电开始时,充电电流很大,随着蓄电池电动势的不断升高,充电电流逐渐减小,直至为零)。

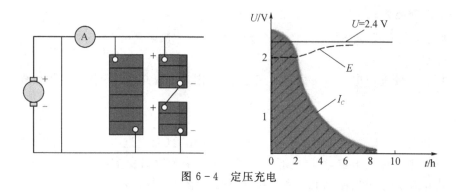

图 6-4 定压充电

(2) 充电电压的选择:一般单格电池的充电电压选择 2.5 V(若充电电压选择过低,则蓄电池出现充电不足的现象;若充电电压选择过高,则蓄电池充足电后还会继续充电,此时的充电则为过充电)。

3) 脉冲快速充电

脉冲快速充电必须用脉冲快速充电机进行,其充电电流波形如图 6-5 所示。

脉冲快速充电的过程是:先用 $0.8 \sim 1$ 倍额定容量的大电流进行恒流充电,使蓄电池在短时间内充至额定容量的 $50\% \sim 60\%$。当单格电池电压升至 2.4 V,开始冒气泡时,由充电机的控制电路自动控制,开始脉冲快速充电。首先停止充电 25 ms(称为前停充),然后再放电或反向充电,使蓄电池反向通过一个较大的脉冲电流(脉冲深度一般为充电电流的 $1.5 \sim 3$ 倍,脉冲宽度为 $150 \sim 1000$ μs),然后再停止充电 40 ms(称为后停充)。以后的过程为:正脉冲充电—前停充—负脉冲瞬间放电—后停充—正脉冲充电—……,循环进行,直至充足电。

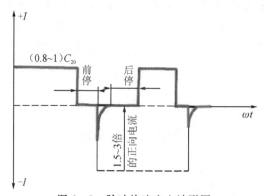

图 6-5 脉冲快速充电波形图

特点:

(1) 充电速度快、充电时间短(一次初充电只需 5 h)。

(2) 可以增加蓄电池的容量(充电过程中,化学反应充分,且加深了化学反应的深度,并可使极板去硫化明显。因此,蓄电池的容量增加)。

(3) 去硫化效果好。

(4) 充电过程中产生大量气泡,对活性物质的冲刷力强,易使活性物质脱落,蓄电池的使用寿命下降。

(四) 电瓶充电器的正确使用方法

1. 普通电瓶充电器

普通电瓶充电器通常分为全自动和手动挡充电器,如图6-6所示。

使用方法:手动挡充电器接线时先将充电器的正极(红色)(+)连接电瓶正极(+),负极(黑线)(-)连接电瓶负极(-),全自动充电器连接完成即可打开充电开关;手动挡充电器连接充电后,要将充电电压调至12 V挡或24 V挡,再将充电电流调至3~5 A挡;当充电电流在4~6 A即可使自动挡绿灯亮起表示已充满,手动挡当电流表显示小于0.5 A表示已充满。

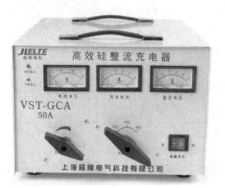 

图6-6 手动挡充电器和全自动充电器

注意:① 切勿将充电器连接电瓶的正负极线接反。② 先接电瓶后接试电检查无误后可打开充电开关。③ 充电前要检查电瓶液,加液不要超过标准刻度线。④ 加液口不要关闭,以防充电产生的气体将电瓶液溢出。

2. 带辅助汽车启动的多功能充电机

一般传统的蓄电池充电器主要是给电池充电而不能瞬间输出大电流供汽车启动,一旦汽车电池馈电或损坏时,充电器无法输出大电流供汽车启动。如果给蓄电池充电,则几个或十几个小时内车辆无法启动。而带有启动功能的充电机,能够辅助亏电蓄电池,输出大电流,完成车辆启动。所以,能够辅助启动车辆的充电机,称为启动充电机,如图6-7所示。

当蓄电瓶供电不足或严冬季节需要较大电流启动汽车时,可应用此启动电源。连接启动电源的"启动"输出端至蓄电瓶原接线的"+""-"两端,电压表指示启动电压应大于12 V。在启动发动机完毕后,关掉电源,将电流调节器旋至最小,卸掉负载。

(五) 蓄电池的维护

1. 蓄电池的日常维护

蓄电池的日常维护需要注意以下几点:

(1) 经常清除蓄电池表面的灰尘污物,电解液溅到蓄电池表面时,应用抹布蘸10%浓度的苏打水或碱水擦净,电极桩和电线夹头上出现氧化物时应及时清除。

(2) 经常疏通加液孔盖上的通气孔。

(3) 检查各单格内电解液的液面高度,如发现不足应及时补充。

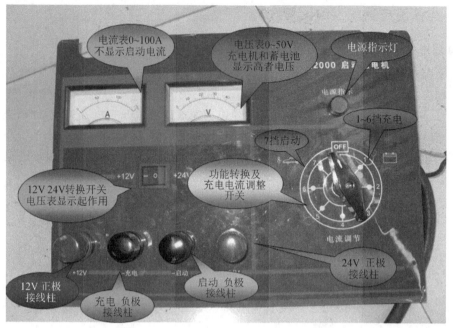

图6-7 带辅助汽车启动的多功能充电机

(4) 根据当时的季节,及时调整电解液密度。

(5) 放完电的蓄电池在 24 h 内应及时充电。

(6) 停驶车辆的蓄电池,每两个月应进行一次补充充电。

(7) 常用车辆的蓄电池,放电程度冬季达 25%,夏季达 50% 时即应充电,必要时及时进行补充充电。

(8) 拆卸蓄电池电缆时,应先拆下蓄电池负极,再拆下蓄电池正极;安装蓄电池电缆时,应先安装蓄电池正极,再安装蓄电池负极,以免拆卸过程中造成蓄电池短路。

2. 蓄电池的正确使用

蓄电池属于损耗品,一般来讲,蓄电池的使用寿命在 3 年左右,用得好的话可以到 5~6 年,现在汽车上用的都是免维护电瓶,坏了只能更换,无法维修。一个好点的电瓶价格不低,因此适当延长电瓶使用寿命,就是节省开支。但是一些不良的用车习惯也会导致电瓶的使用寿命减短。蓄电池在使用过程中应注意以下几点:

(1) 不要连续使用起动机。每次启动的时间不得超过 5 s,如果一次未能启动,应停顿 15 s 以上再做第二次启动,若连续三次启动不成功,应及时查明原因,排除故障后再启动发动机。

(2) 安装和搬运蓄电池时,应轻搬轻放,不可敲打或在地上拖拽。蓄电池在汽车上应固定牢靠,以防行车时振动和移位。

(3) 冬季使用蓄电池时,应特别注意保持其处于充足电状态,以免电解液因相对密度降低而结冰。

(4) 冬季补加蒸馏水应在充电前进行,以使蒸馏水较快地与电解液混合而不致结冰。

(5) 冬季蓄电池容量降低,因此在启动冷态发动机前,应进行预热,以减少启动阻力矩。

(6) 冬季气温低,充电较困难,因此可以适当调高调节器的调节电压,以改善蓄电池的充电状态,但仍需避免过量充电。

(7)要经常检查蓄电池的电解液和蓄电池的放电情况,如发现电解液不足或蓄电池充电不足,要及时进行补充和充电。

3. 安全充电

在给蓄电池充电前,请务必查阅所使用的充电器使用说明书。除了遵循充电器制造商的操作说明外,还需遵守以下预防措施:

(1)必须佩戴适当的眼部、面部和手部防护设备。

(2)必须在通风良好的地方进行充电。

(3)将连接线连接至蓄电池前,先将充电器和定时器旋至 OFF 挡,避免连接时产生危险。

(4)请勿给明显损坏或冻结的蓄电池充电。

(5)将充电器连接至蓄电池时,红色正极(+)连接至正极(+)一端,黑色负极(-)连接至负极(-)一端。若蓄电池仍安装在汽车中,请将负极连接至发动机缸体作为接地线,并确保关闭点火装置和所有电器配件(如汽车有正极接地线,请将正极连接至发动机缸体)。确保连接到蓄电池的充电器没有损坏、磨损或松动的迹象。

(6)设定计时器,打开充电器,并慢慢提高充电速率直到达到所需的电流值。

(7)若电池发热,或产生强烈的气体,或喷出电解液,请降低充电速率或暂时关闭充电器。

(8)移除连接线之前请务必保证已将充电器旋至 OFF 挡,以防止产生危险的火花。

三、项目实施

(一)安全防护注意事项

1. 个人安全防护

(1)维修操作人员必须穿工作服、戴工作帽、穿工作鞋、工作服纽扣与拉链及皮带扣不应暴露在衣服外侧、袖口不应挽起、领口扣紧、裤脚扣紧、佩戴手套,女生长头发要盘起在工作帽内。

(2)维修操作人员在进入车间时不应佩戴手表、戒指、项链等金属首饰,女生不应佩戴耳环。

(3)维修人员在进行车辆维修操作时,应防止车轮轧伤脚部、车门夹伤手部,手部不能靠近热的发动机及旋转的发动机皮带。

(4)在搬运重物及尖锐器物时应注意动作姿势,防止扭伤腰部、砸伤脚部、划伤手部。

2. 车辆/台架等设备安全

(1)车辆进入车间内,不应随意摆放,熄灭发动机后,将变速器置于空挡位置,并拉紧驻车制动;台架应将滑轮锁死或用木块固定。

(2)维修操作前,应铺设三件套及翼子板布,发动机启动前应连接尾排,且其他实训人员不应围绕在车辆周围。

(3)任何时间操作电气设备时,都应注意用电安全。作业结束之后,应及时切断一切用电设备的电源。

(4)维修操作前应熟读维修手册中的操作标准和台架、仪器、设备使用标准,并做好日常维护工作。

3. 车间场地安全防护

(1)车间应配有干粉灭火器及相应消防措施,易燃油品不能暴露于空气中。

(2)工作时车间内的任何工具、零部件、设备、车辆都不能随意摆放,工作结束后摆放于指定地点保管。

(3)车间内设备或车辆周围的人行道或工作区域不能过于拥挤。

(4)操作过程中应做到油品、工具、配件三不落地,作业完毕后应及时清理车间工作场地,做到现场5S管理。

(二)静态电流检查及蓄电池充电

静态电流检查及蓄电池充电具体工作步骤及内容见表6-1。

表6-1 静态电流检查及蓄电池充电工作步骤及内容

步骤	项目	顺序	工作内容
1	安全防护与检查前工作准备	1	将车辆驶入工位停好,变速器置于空挡,熄火并拉紧驻车制动器
		2	铺设三件套
		3	打开机舱盖,铺设翼子板布,用吹尘枪简单清洁发动机舱
		4	用万用表20 V电压挡检查蓄电池电压,正常约为12.00 V
2	车上静态电流检查	1	将万用表调节到20 A电流挡,红表笔选择20 A工作孔
		2	使用10 mm套管拆卸电瓶负极桩头卡箍
		3	将万用表红表笔接负极卡箍,黑表笔接电瓶负极桩头,串联进电路中
		4	打开钥匙开关在二挡约5 s,关闭钥匙,等待车上用电器全部停止工作,观察万用表上的电流数值
		5	车上静态电流正常为30~50 mA,该车用电器全部停止工作后,正常静态电流为0 mA(车辆不同测量数值不同)
		6	测量完毕后,使用10 mm套管紧固电瓶负极桩头卡箍
3	电瓶充电	1	将充电机正极线接充电机后部12 V端子,负极线接充电端子
		2	接通充电机电源,充电机开关选取12 V挡位(有12 V与24 V可选),充电挡选取慢充2挡(1,2,3挡位为慢充挡,4,5,6挡位为快充挡,0挡为初始挡位)
		3	将充电机正极夹住电瓶正极桩头,负极夹住电瓶负极桩头,转动定时开关,开始充电
		4	充电结束后充电机自动断电,关闭充电机开关,将充电挡选取0挡,断开电瓶正负极线束,并将线束盘好。取下充电机电源线,将充电机归位

(三)实施记录

按要求进行静态电流检查,并填写实施记录表6-2。

表6-2 车辆静态电流检查实施记录

项目	检查结果	备注
测量车辆静态电流	电流值_____mA	

四、思考与练习

(一) 判断题

1. 脉冲快速充电会缩短蓄电池的使用寿命。( )
2. 蓄电池放置时间超过一个月时,再次使用时需进行补充充电。( )
3. 蓄电池极板硫化的原因主要是长期充电不足或电解液不足。( )
4. 在放电过程中,电解液相对密度是逐渐升高的。( )
5. 在放电过程中,正负极板上的活性物质都转变为硫酸铅。( )
6. 初充电的特点是充电电流较大,充电时间较短。( )
7. 对蓄电池进行充电必须用交流电源。( )
8. 根据蓄电池电解液密度的变化,可以判断其放电程度。( )
9. 为了防止蓄电池的接线柱氧化,通常可在接线柱上涂一层油漆。( )
10. 蓄电池电解液不足,在无蒸馏水时,可暂用自来水代替。( )
11. 冬季启动发动机,若一次启动不了,可延长启动时间,直到启动为止。( )
12. 蓄电池自行放电是指蓄电池放置几天后,在无负荷的情况下,储电量自行明显下降,甚至会完全无电的现象。( )
13. 当蓄电池极板上出现一层白色的大颗粒坚硬层时,可以断定这是蓄电池极板被硫化的结果。( )
14. 无须维护蓄电池主要是指使用过程中不需要进行充电。( )
15. 免维护蓄电池在使用过程中不需要补加蒸馏水。( )
16. 蓄电池极板硫化的原因主要是长期充电不足,电解液不足。( )
17. 如果将蓄电池的极性接反,后果是有可能将发电机的磁场绕组烧毁。( )
18. 为了防止冬天结冰,蓄电池电解液的密度越高越好。( )
19. 在定电压充电过程中,蓄电池的充电电流越大,其容量就越大。( )
20. 蓄电池可以缓和电气系统中的冲击电压。( )

(二) 选择题

1. 在讨论蓄电池时,技师甲说:蓄电池亏电长期放置不用,容易造成极板短路。技师乙说:大电流过充电可造成蓄电池硫化。谁正确?( )
   A. 技师甲对　　B. 技师乙对　　C. 都对　　D. 都错

2. 在汽车上接通起动机来检验蓄电池,当起动机运转 15 s 后,对一只 12 V 电压的蓄电池作电压降测量时,说明该蓄电池技术状况良好的极限电压降是( )。
   A. 7.6 V　　B. 8.6 V　　C. 9.6 V　　D. 10.6 V

3. 严禁使蓄电池作长时间的大电流放电,所以使用起动机时,每次最好不要超过( )。
   A. 5 s　　B. 10 s　　C. 15 s　　D. 20 s

4. 技师甲说:定电流充电的主要优点是在整个充电过程中无须专人看管。技师乙说:定电流充电一般分两个阶段进行。谁正确?( )
   A. 技师甲对　　B. 技师乙对　　C. 都对　　D. 都错

5. 在讨论蓄电池时,技师甲说:放完电的电池24 h内需充电,而装车使用电池冬季放电程度不超过25%,夏季不超过50%。技师乙说:所有的新蓄电池加注电解液后都应立即充电。谁正确?( )
   A. 技师甲对　　　B. 技师乙对　　　C. 都对　　　　　D. 都错
6. 在讨论蓄电池电极桩的连接时,技师甲说:脱开蓄电池电缆时,要先拆下负极电缆。技师乙说:连接蓄电池电缆时,要先连接负极电缆。谁正确?( )
   A. 技师甲对　　　B. 技师乙对　　　C. 都对　　　　　D. 都错
7. 硫化故障是指极板生成了白色的、( )晶粒的、不可逆的硫酸铅。
   A. 粗　　　　　　B. 细　　　　　　C. 圆　　　　　　D. 方
8. 一位顾客早晨启动汽车时发现蓄电池没电,当一次跨接启动后,该车整天都没问题。技师甲说:蓄电池损坏。技师乙说:或许行李箱灯一直亮着。谁正确?( )
   A. 技师甲对　　　B. 技师乙对　　　C. 都对　　　　　D. 都错
9. 不同容量的蓄电池串联充电,充电电流应以最( )容量的电池为基准进行选择。
   A. 小　　　　　　B. 大　　　　　　C. 平均值　　　　D. 无所谓
10. 技师甲说:在充电以前要检查蓄电池电解液高度,如果液位太低,要补充电解液。技师乙说:对蓄电池充电时,如蓄电池温度升高达45 ℃时,应停止充电,待冷却至35 ℃以下时再充电。谁正确?( )
    A. 技师甲对　　　B. 技师乙对　　　C. 都对　　　　　D. 都错
11. 测量蓄电池存电量较为准确的仪器是( )。
    A. 密度计　　　　B. 高率放电计　　C. 数字式万用表　D. 目视
12. 在讨论蓄电池的充电问题时,技师甲说:将充电机充电电压调到略低于15 V,直接跨接在蓄电池两极桩上进行充电即可。技师乙说:如果充电时正负极接反,可能会导致火灾。谁正确?( )
    A. 技师甲对　　　B. 技师乙对　　　C. 都对　　　　　D. 都错
13. 技师甲说:处于寒冷天气的蓄电池在充电之前,需检查电解液是否结冰,不可对结冰的蓄电池进行充电。技师乙说:充电时,应旋下加液孔盖,使氢气和氧气能顺利排出。谁正确?( )
    A. 技师甲对　　　B. 技师乙对　　　C. 都对　　　　　D. 都错
14. 蓄电池在补充充电过程中,第一阶段的充电电流应选取其额定容量的( )。
    A. 1/10　　　　　B. 1/5　　　　　C. 1/2　　　　　D. 1/20
15. 下列原因哪一个可造成蓄电池硫化?( )
    A. 过充电　　　　B. 电解液液面过高　C. 长期充电不足　D. 都错

(三) 问答题

1. 蓄电池的充电方式有哪几种?

2. 什么是蓄电池硫化?

3. 简述电瓶漏电的检测方法。

项目七 交流发电机结构原理

一、任务描述

交流发电机是汽车电器的主要电源,目前以硅整流交流发电机最为普遍,那么发电机具体结构有哪些?电压是如何调节的?要掌握这些知识,就进入下面的学习内容吧!

二、相关知识

(一)交流发电机的作用及结构

1. 交流发电机的作用

汽车交流发电机是汽车电气系统的两个主要电源之一,与蓄电池并联工作。在发电机发出的电能多于汽车电器所消耗的电能时,它将多余的电能通过充电的方式储存在蓄电池中;当汽车电器用电超过发电机所输出的电能时,由蓄电池补充不足的电能(发动机启动时起动机消耗的电能也由蓄电池提供);充电和放电的过程由发电机与蓄电池两端的电势自动调节。交流发电机的作用原理如图7-1所示。

交流发电机的特点与汽车电系特点密切相关。它采用单线制,负极搭铁(少数用于某些特定场合的发电机采用双线制);输出三相直流电,因此需要整流;根据汽车电器的需要,输出稳定的电压,因此需与调节器搭配使用;输出电动势与转速成正比,在调节器的作用下,输出实际电流取决于车上实际使用的负载大小(包括蓄电池状况),同时自身有限流功能,每个发电机都有一个最大输出电流。

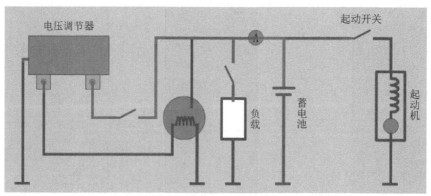

图7-1 交流发电机作用原理

2. 交流发电机的结构

普通交流发电机是由转子、定子、整流器、前后端盖、电刷组件、风扇及带轮等部件构成的,如图 7-2 所示。

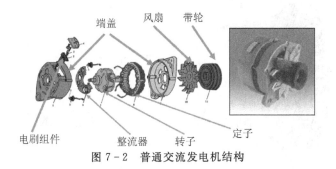

图 7-2 普通交流发电机结构

1) 转子

转子的作用是产生磁场。主要由两块爪极、磁场绕组、轴和滑环等组成。两块爪极各具有 6 个鸟嘴形磁极,压装在转子轴上,在爪极的空腔内装有磁轭,其上绕有磁场绕组(又称励磁绕组或转子线圈)。磁场绕组的两条引出线分别焊在与轴绝缘的两个滑环上,滑环由两个彼此绝缘的铜环组成,压装在轴上,铜环与轴绝缘。磁场绕组的两端分别与两个铜环焊接在一起。两个铜环在发电机工作时分别与发电机的两个电刷相接触,使磁场绕组中保持有电流通过。当两电刷与直流电源接通时,磁场绕组中便有磁场电流通过,产生轴向磁通,使得一块爪极被磁化为 N 极,另一块爪极被磁化为 S 极,从而形成了 6 对相互交错的磁极,如图 7-3 所示。

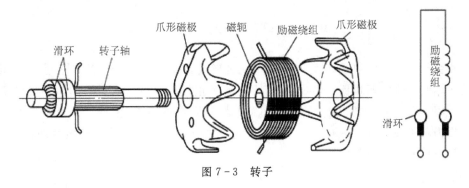

图 7-3 转子

2) 定子

定子由定子铁心和定子绕组组成,作用是产生交流电。定子铁心由相互绝缘的内圆和带嵌线槽的圆环状硅钢片叠成,嵌线槽内嵌入三相对称的定子绕组,如图 7-4 所示。绕组的接法有星形(即 Y 形)、三角形两种方式,如图 7-5 所示。一般采用星形连接,即每相绕组的首端分别与整流器的硅二极管相接,每相绕组的尾端接在一起,形成中性点"N"。

3) 整流器

交流发电机的整流器由多只硅整流二极管组成,其基础是由 6 只二极管构成三相桥式整流电路,将三相绕组感应出的交流电变为直流电。汽车用交流发电机中硅整流二极管的内部结构和工作原理与一般工业用硅整流二极管基本相同,但其外形结构有所不同。现在主要应用的型式有两种:一是将二极管的 PN 结直接烧结在金属散热板上;二是将二极管压装在金属散热板的孔中。

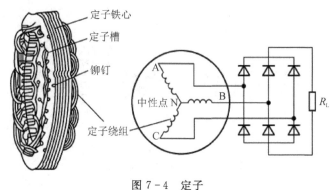

图 7-4 定子

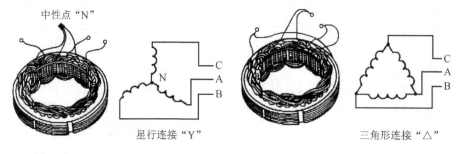

图 7-5 绕组的星形和三角形连接

整流器由整流二级管组成,6 管交流发电机的整流器是由 6 只硅整流二极管分别压装或者焊接装在相互绝缘的两块板上组成的,其中一块为正极板,带有输出端螺栓,为发电机的正极,标记为"B"。另一块为负极板,负极板和发电机外壳直接相连(搭铁),也可以将发电机的后盖直接作为负极板,如图 7-6 所示。6 只整流器二极管分为正极管和负极管两种。6 管发电机有 3 只正极管和 3 只负极管。

4)端盖

发电机有前后两个端盖,主要作用是支撑发电机其他部件,传导散热,并把发电机与发动机支架连接起来。发电机端盖通常用铝合金压铸而成,这种铝合金不导磁,并且具有重量轻、散热性能好的特点,满足发电机防漏磁的需要。前端盖紧挨皮带轮,承载驱动的主要分力,因而选用的轴承要大于后端,故也称为驱盖。整流器等电子元器件装在发电机后部,靠后端盖提供安装位,因此也把后盖称为电盖。在两端盖上制有挂角,挂角上的安装孔用来与发动机支架配合,将发电机固定在发动机上,如图 7-7 所示。

5)电刷组件

电刷组件由电刷、电刷架和电刷弹簧组成,如图 7-8 所示。电刷安装在电刷架的孔内,借弹簧张力使电刷与集电环保持良好接触。电刷用铜粉和石墨粉模压而成,作为导入导出电流的滑动接触体,它的导电、导热以及润滑性能良好,并具有一定的机械强度和换向性火花的功能。电刷架则用酚醛玻璃纤维塑料模压而成。每台发电机有两只电刷,每只电刷上都有一根引线接到发电机后端盖的接线柱上或直接搭铁。

6) 风扇及带轮

交流发电机的前端装有皮带轮,由发动机通过风扇传动带驱动发电机旋转。在皮带轮的后面装有叶片式风扇,前后端盖上分别有出风口和进风口,如图 7-9 所示。当发动机带动发电机高速旋转时,可使空气流经发电机内部,对发电机进行冷却。

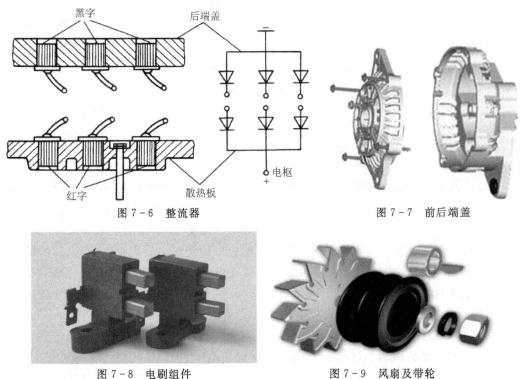

图 7-6 整流器　　　　　图 7-7 前后端盖

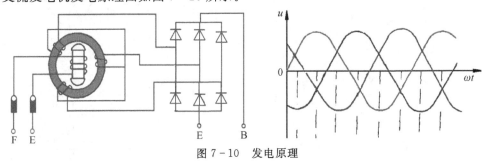

图 7-8 电刷组件　　　　　图 7-9 风扇及带轮

(二) 交流发电机工作原理

1. 发电原理

交流发电机产生交流电的基本原理是电磁感应原理。

发动机带动发电机转子旋转,电刷给转子通电(有刷通过电刷,无刷直接通电)产生旋转变化的磁场。定子绕组垂直磁力线做相对切割运动,因发生电磁感应而产生交流电。因为定子三相绕组对称绕制,从而产生频率相同、幅值相等、相位相差 120° 的对称三相电动势。

交流发电机发电原理图如图 7-10 所示。

图 7-10 发电原理

2. 整流原理

交流发电机定子的三相绕组中,感应产生的是交流电,是靠 6 只二极管组成的三相桥式整流电路变为直流电的。二极管具有单向导电性,当给二极管加上正向电压时,二极管导通;当给二极管加上反向电压时,二极管截止。二极管的导通原则如下:

当 3 只二极管负极端相连时,正极端电位最高者导通;当 3 只二极管正极端相连时,负极端电位最低者导通,如图 7-11 所示。

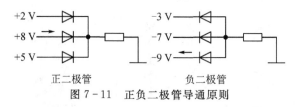

图 7-11 正负二极管导通原则

6 管交流发电机的整流装置实际是一个由 6 个硅整流二极管组成的三相桥式整流电路,如图 7-12(a)所示。3 个二极管 VD_2、VD_4、VD_6 的负极分别与发电机三相绕组的始端相连,它们的正极连接在一起,组成共阳极组接法,导通原则是在某一瞬间负极电位最低的二极管导通。3 个二极管 VD_1、VD_3、VD_5 的正极分别与发电机三相绕组的始端相连,它们的负极连接在一起,组成共阴极组接法,导通原则是在某一瞬间正极电位最高的二极管优先导通。每个时刻有 2 个二极管同时导通,其中一个二极管在共阴极组,另一个在共阳极组,同时导通的 2 个二极管总是将发电机的电压加在负载两端。

当 $t=0$ 时,W 相电位最高,而 V 相电位最低,所对应的二极管 VD_5、VD_4 均处于正向导通状态。由于二极管的内阻很小,所以此时发电机的输出电压等于 V、W 绕组之间的线电压。

在 $t_1 \sim t_2$ 时间内,U 相的电位最高,而 V 相电位最低,故对应 VD_1、VD_4 处于正向导通状态。同理,交流发动机的输出电压可视为 U、V 绕组之间的线电压。

在 $t_2 \sim t_3$ 时间内,U 相电位最高,而 W 相电位最低,故 VD_1、VD_6 处于正向导通状态。同理,交流发动机的输出电压可视为 U、W 绕组之间的线电压。

以此类推,周而复始,在负载上便可获得一个比较平稳的直流脉动电压,如图 7-12(b)、(c) 所示。

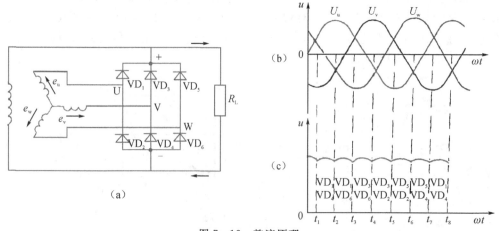

图 7-12 整流原理

3. 调压原理

发电机的电压会随着转速的变化而变化,这与用电设备和蓄电池充电要求电压恒定相矛盾。

因此,发电机必须具有调节电压的装置,以便当发电机转速变化时,自动调节发电机的电压,使电压保持一定或保持在某一允许范围内,以防发电机电压过高或者过低,烧坏用电设备,使蓄电池过充电或者使蓄电池充电不足。

由交流发电机的工作原理我们知道,交流发电机的三相绕组产生的相电动势的有效值 $E_\varphi = C_e \Phi n(V)$,其中 C_e 为发电机的结构常数,n 为转子转速,Φ 为转子的磁极磁通,也就是说交流发电机所产生的感应电动势与转子转速和磁极磁通成正比。

当转速升高时,E_φ 增大,输出端电压 UV 升高,当转速升高到一定值时(空载转速以上),输出端电压达到极限,要想使发电机的输出电压 UV 不再随转速的升高而上升,只能通过减小磁通 Φ 来实现。又因为磁极磁通 Φ 与励磁电流 I 成正比,所以减小磁通 Φ 也就是减小励磁电流 I。

所以,交流发电机调节器的工作原理是:当交流发电机的转速升高时,调节器通过减小发电机的励磁电流 I 来减小磁通 Φ,使发电机的输出电压 UV 保持不变。

4. 交流发电机的励磁

将电流引入到励磁绕组使之产生磁场称为励磁。交流发电机的励磁方式有自励和他励两种。

1) 他励

在发电机转速较低时(发动机未达到怠速转速),自身不能发电,需要蓄电池供给发电机励磁绕组电流,使励磁绕组产生磁场来发电。这种由蓄电池供给磁场电流发电的方式称为他励发电。

2) 自励

随着转速的提高(一般在发动机达到怠速时),发电机定子绕组的电动势逐渐升高并能使整流器二极管导通,当发电机的输出电压大于蓄电池电压时,发电机就能对外供电了。当发电机能对外供电时,就可以把自身发的电供给励磁绕组,这种自身供给磁场电流发电的方式称为自励发电。

交流发电机开始发电时,需由蓄电池供给励磁电流。当发电机电压达到蓄电池电压时,即由发电机自己供给励磁电流,也就是由他励发电转变为自励发电。

(三) 交流发电机型号及类型

1. 交流发电机的型号

根据中华人民共和国汽车行业标准 QC/T73—93《汽车电气设备产品型号编制方法》的规定,汽车交流发电机型号由产品代号、电压等级代号、电流等级代号、设计序号、变型代号5部分组成,如图 7-13 所示。

第一部分为产品代号。产品代号用英文字母表示,其中,JF—普通交流发电机;JFZ—整体式(调节器内置)交流发电机;JFB—带泵的交流发电机;JFW—无刷交流发电机。

第二部分为电压等级代号。电压等级代号用一位阿拉伯数字表示,1 表示 12 V 系统;2 表

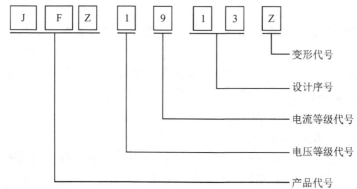

图 7-13 交流发电机型号组成

示 24 V 系统；6 表示 6 V 系统。

第三部分为电流等级代号。电流等级代号也用一位阿拉伯数字表示，其含义如表 7-1 所示。

表 7-1 电流等级代号含义

电流等级代号	1	2	3	4	5	6	7	8	9
电流/A	≤19	20～29	30～39	40～49	50～59	60～69	70～79	80～89	≥90

第四部分为设计序号。设计序号用 1～2 位阿拉伯数字表示，表示产品设计的先后顺序。

第五部分为变形代号。交流发电机以调整臂位置作为变形代号，从驱动端看，调整臂在左边用 Z 表示，调整臂在右端用 Y 表示，调整臂在中间不加标记。

注意：进口发电机不符合上述标准。

2. 交流发电机的类型

汽车用发电机可分为直流发电机和交流发电机，由于交流发电机在许多方面优于直流发电机，直流发电机已被淘汰，目前所有汽车均采用交流发电机，交流发电机按照不同的分类方法分为以下几类：

1）按总体结构分类

(1) 普通交流发电机。这种发电机既无特殊装置，也无特殊功能特点，使用时需要配装电压调节器。

(2) 整体式交流发电机。将发电机和调节器制成一个整体的发电机。

(3) 带泵的交流发电机。发电机和汽车制动系统用真空助力泵安装在一起的发电机。

(4) 无刷交流发电机。不需要电刷的发电机。

(5) 永磁交流发电机。转子磁极为永磁铁制成的发电机。

2）按整流器结构分类

(1) 6 管交流发电机。由 6 只主整流二极管组成三相桥式整流电路，如图 7-14 所示。

(2) 8 管交流发电机。8 管交流发电机（如夏利车用）和 6 管交流发电机的基本结构是相同的，所不同的是整流器有 8 只硅整流二极管。其中，6 只组成三相全波桥式整流电路，另外 2 只是中性点二极管，1 只正极管接在中性点和正极之间，1 只负极管接在中性点和负极之间，对中

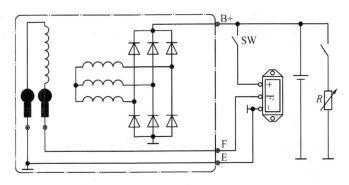

图 7-14 6 管交流发电机

性点电压进行全波整流。试验表明:加装中性点二极管的交流发电机在结构不变的情况下,可以将发电机的功率提高 10%～15%,如图 7-15 所示。

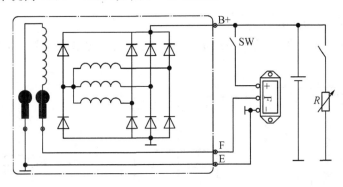

图 7-15 8 管交流发电机

(3) 9 管交流发电机。9 管交流发电机的基本结构和 6 管交流发电机相同,所不同的是整流器。9 管交流发电机的整流器是由 6 只大功率整流二极管和 3 只小功率励磁二极管组成的。其中,6 只大功率整流二极管组成三相全波桥式整流电路,对外负载供电;3 只小功率二极管与 3 只大功率负极管也组成三相全波桥式整流电路,专门为发电机磁场供电,所以称 3 只小功率二极管为励磁二极管,如图 7-16 所示。

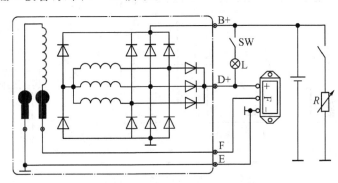

图 7-16 9 管内搭铁型交流发电机

(4)11管交流发电机。11管交流发电机的整流器,相当于9管交流发电机的整流器加2只中性点整流管。由于11管交流发电机既能提高功率又能使充电指示灯电路简化,因此应用较广,如图7-17所示。

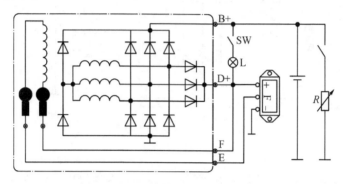

图7-17　11管外搭铁型交流发电机

3)按励磁绕组搭铁型式分类

(1)内搭铁型交流发电机。磁场绕组的一端(负极)直接搭铁(和壳体相联),如图7-18所示。

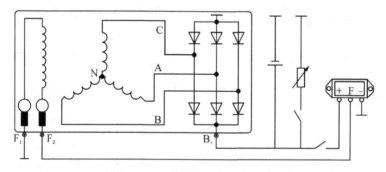

图7-18　内搭铁型交流发电机

(2)外搭铁型交流发电机。磁场绕组的一端(负极)接入调节器,通过调节器后再搭铁,如图7-19所示。

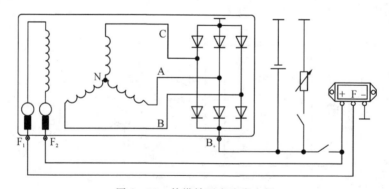

图7-19　外搭铁型交流发电机

(四) 交流发电机的拆装

1. 交流发电机的拆卸

以大众桑塔纳 2000 为例,拆卸交流发电机的步骤如下:
(1)关闭点火开关,断开蓄电池负极端子的导线,如图 7-20 所示。
(2)拧松张紧机构,然后拆下发电机 V 带。
(3)断开发电机上的连接导线和插接器,如图 7-21 所示。
(4)拆下发电机的固定螺栓,从发动机上取下发电机。

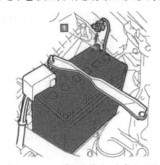 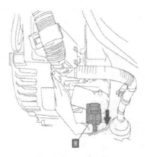

图 7-20　断开蓄电池负极图　　　图 7-21　断开发电机上的连接导线和插接器

2. 交流发电机的安装

安装发电机时可按与拆卸相反的顺序进行,具体步骤如下:
(1)将发电机安装到发动机上,拧紧发电机的固定螺栓。
(2)安装并调整发电机 V 带。
(3)安装相关线束和附件。
(4)安装蓄电池负极端子的导线。

三、项目实施

(一) 安全防护注意事项

1. 个人安全防护

(1)维修操作人员必须穿工作服、戴工作帽、穿工作鞋、工作服纽扣与拉链及皮带扣不应暴露在衣服外侧、袖口不应挽起、领口扣紧、裤脚扣紧、佩戴手套,女生长头发要盘起在工作帽内。
(2)维修操作人员在进入车间时不应佩戴手表、戒指、项链等金属首饰,女生不应佩戴耳环。
(3)维修人员在进行车辆维修操作时,应防止车轮轧伤脚部、车门夹伤手部,手部不能靠近热的发动机及旋转的发动机皮带。
(4)在搬运重物及尖锐器物时应注意动作姿势,防止扭伤腰部、砸伤脚部、划伤手部。

2. 车辆/台架等设备安全

(1)车辆进入车间内,不应随意摆放,熄灭发动机后,将变速器置于空挡位置,并拉紧驻车制动;台架应将滑轮锁死或用木块固定。

(2) 维修操作前,应铺设三件套及翼子板布,发动机启动前应连接尾排,且其他实训人员不应围绕在车辆周围。

(3) 任何时间操作电气设备时,都应注意用电安全。作业结束之后,应及时切断一切用电设备的电源。

(4) 维修操作前应熟读维修手册中的操作标准和台架、仪器、设备使用标准,并做好日常维护工作。

3. 车间场地安全防护

(1) 车间应配有干粉灭火器及相应消防措施,易燃油品不能暴露于空气中。

(2) 工作时车间内的任何工具、零部件、设备、车辆都不能随意摆放,工作结束后摆放于指定地点保管。

(3) 车间内设备或车辆周围的人行道或工作区域不能过于拥挤。

(4) 操作过程中应做到油品、工具、配件三不落地,作业完毕后应及时清理车间工作场地,做到现场5S管理。

(二) 分解发电机

分解发电机的具体工作步骤及内容见表7-2。

表7-2 分解发电机工作步骤及内容

步骤	项目	顺序	工作内容
1	拆卸底部护盖	1	使用4 mm套管拆卸发电机底部塑料护盖
		2	取下护盖
2	拆卸整流器与碳刷架	1	使用8 mm套管拆卸碳刷架上的接线柱螺母,同时用4 mm套管拆卸碳刷架上的固定螺栓并将其取下
		2	使用一字螺丝刀拆卸定子线圈与整流器连接卡箍
		3	使用4 mm套管拆卸整流器上的螺栓并取下整流器
3	拆卸皮带盘	1	使用气动扳手和24 mm套管拆卸皮带盘固定螺栓
		2	取下皮带盘及螺栓
4	拆卸前后端盖	1	使用7 mm套管拆卸前后端盖连接螺栓
		2	取下定子线圈固定卡箍
		3	分离前后端盖

(三) 组装发电机

组装发电机的具体工作步骤及内容见表7-3。

表7-3 组装发电机工作步骤及内容

步骤	项目	顺序	工作内容
1	组装前后端盖	1	将定子线圈安装在后端盖上
		2	将前后端盖按位置组合上
		3	使用7 mm套管安装并紧固前后端盖连接螺栓

续表

步骤	项目	顺序	工作内容
2	安装皮带盘	1	安装皮带盘及弹簧垫
		2	使用气动扳手和24 mm套管紧固螺栓
3	安装整流器及碳刷架	1	使用4 mm套管安装整流器并紧固螺栓
		2	安装定子线圈与整流器连接卡箍,并用钳子夹紧
		3	安装电刷架并用4 mm套管紧固螺栓,同时使用8 mm套管安装碳刷架上的接线柱螺母
4	安装底部护盖	1	将发电机底部护盖按位置装好
		2	使用4 mm套管安装并紧固固定螺栓

(四)更换发电机

更换发电机的具体工作步骤和内容见表7-4。

表7-4 更换发电机工作步骤及内容

步骤	项目	顺序	工作内容
1	安全防护与准备工作	1	将车辆驶入工位停好,变速器置于空挡,熄火并拉紧驻车制动器
		2	铺设三件套
		3	打开机舱盖,铺设翼子板布,用吹尘枪简单清洁发动机舱
2	拆卸发电机前工作	1	使用十字螺丝刀拆卸发动机上的护罩固定螺钉,并取下护罩
		2	使用10 mm套管松开电瓶负极桩头紧固螺母,并取下桩头卡箍
3	拆卸发电机	1	使用专用卡簧钳拆卸空滤壳上方进气管卡簧,取下空滤壳
		2	使用15 mm开口扳手扳住涨紧器上方凸起,向下压释放涨紧器压力,取下发电机皮带
		3	使用千斤顶托住油底壳将发动机顶起(托盘上放置橡胶垫或木板),使用13 mm套管拆卸发电机紧固螺栓
		4	拔下发电机后部插接器,使用撬板撬动发电机,将发电机轻轻取下
		5	用8 mm套管拆卸线路支架并用一字螺丝刀撬下3号端子护盖,使用13 mm套管拆卸3号端子固定螺栓,取下电线,取下发电机
4	安装发电机	1	用台钳卡住发电机,装入固定螺栓,使用轻铁锤和铜棒敲击螺栓,使发电机固定铁箍移位(使发电机安装时更易入位)
		2	将发电机放入车身,安装3号端子电线,用13 mm套管紧固螺栓至25 Nm,安装塑料护盖,并安装线路支架,用8 mm套管紧固螺栓
		3	将发电机放入安装位置,并插入固定螺栓,使用13 mm套管紧固至25 Nm
		4	安装涨紧轮及固定螺栓,并用13 mm套管紧固至25 Nm
		5	将发电机皮带按原位置缠绕于各皮带盘,使用15 mm开口扳手扳住涨紧器上方凸起,向下压释放涨紧器压力,将皮带放置到涨紧轮下方,压住后松开涨紧器
		6	安装空滤壳,并用专用卡簧钳固定空滤壳进气管

续表

步骤	项目	顺序	工作内容
5	发电机皮带的正确安装	1	将发电机皮带套住曲轴皮带盘
		2	将皮带自下至上套住助力泵皮带盘外部
		3	将助力泵皮带盘上部皮带自下至上套住空调压缩机皮带盘内部
		4	将空调压缩机皮带盘上部皮带套住发电机皮带盘
		5	使用 15 mm 开口扳手扳住涨紧器上方凸起,向下压释放涨紧器压力,将皮带放置到涨紧轮下方,压住后松开涨紧器
6	整理	1	撤去三件套及翼子板布
		2	整理工具及现场卫生

(五) 实施记录

按要求进行交流发电机的识读和拆装,并填写实施记录表 7-5。

表 7-5 交流发电机识读和拆装实施记录

序号	项目	具体内容	结果
1	识读交流发电机铭牌	型号	
		产品代号	
		电压等级	
		功率等级代号	
		设计序号	
		变形代号	
2	交流发电机拆装	分解发电机	
		组装发电机	

四、思考与练习

(一) 判断题

1. 目前,车辆上使用直流发电机。( )
2. 发电机为汽车提供电能并向蓄电池充电。( )
3. 电压调节器就是保持发电机输出电压的稳定。( )
4. 汽车用发电机与调节器的规格必须匹配。( )
5. 从体积、重量和结构上比较,交流发电机优于直流发电机,对无线电干扰也是交流发电机小,但就低速充电性能来说,是直流发电机优于交流发电机。( )
6. 发电机能代替蓄电池向外供电的原因是发电机的输出电压超过了蓄电池的电压。( )
7. 交流发电机运转后,最初的励磁电流是依靠发电机内磁产生的。( )

8. 发电机整流端盖装有两个炭刷架,用两个螺旋形弹簧压住炭刷,使其能可靠接触转子上的两个滑环。( )
9. 发电机传动皮带的张力应调整合适,既不能过松,也不能过紧。调整时,用手在皮带正中处按下,应能下降 10～15 mm。( )
10. 交流发电机端盖通常用铝合金压铸而成,这种铝合金不导磁、重量轻、散热性能好。( )

(二) 选择题

1. 交流发电机的发电原理是利用了( )作用。
   A. 磁力线感应   B. 电场感应   C. 磁场感应   D. 电磁感应
2. 3 个线圈绕组按照相互成( )的位置排列。
   A. 90°   B. 120°   C. 150°   D. 180°
3. 发电机产生( )相交流。
   A. 一   B. 二   C. 三   D. 四
4. 交流发电机由定子和( )组成。
   A. 转子   B. 整流器   C. 稳压器   D. 以上各项都是
5. 整流回路使用( )将三相交流转变成直流。
   A. 二极管   B. 齐纳二极管   C. 三极管   D. 晶体管
6. 整流器一般使用( )个二极管。
   A. 1～3   B. 3～6   C. 6～9   D. 9～12
7. 发电机的电压过高时,( )。
   A. 三极管切断,线圈断电,发电机不再发电
   B. 三极管切断,线圈通电,发电机不再发电
   C. 三极管导通,线圈断电,发电机不再发电
   D. 三极管导通,线圈通电,发电机不再发电
8. 发电机的电压过低时,( )。
   A. 三极管切断,线圈断电,发电机发电
   B. 三极管切断,线圈通电,发电机发电
   C. 三极管导通,线圈断电,发电机发电
   D. 三极管导通,线圈通电,发电机发电
9. IC 调节器具有( )功能。
   A. 调整电压   B. 异常时报警   C. 按负荷控制发电   D. 以上各项都是
10. 交流发电机刚开始发电时,其磁场的产生是靠( )。
    A. 剩磁   B. 他励   C. 自励   D. 永久磁铁
11. 目前,汽车上使用得较多的,也比较新型的发电机是( )。
    A. 交流发电机   B. 直流发电机   C. 硅整流交流发电机   D. 锗整流发电机
12. 在相同重量和体积的情况下,输出功率较大的是( )。
    A. 交流发电机   B. 直流发电机   C. 硅整流交流发电机   D. 锗整流发电机
13. 从交流发电机在汽车上的实际功用来说,它是汽车上的( )。
    A. 主要电源   B. 次要电源   C. 充电电源   D. 照明电源

14. 汽车上交流发电机配装了调节器后,具有( )
    A. 汽车自身最大输出电流的性能
    B. 限制自身最大输出电压的性能
    C. 同时限制最大输出电流和最高输出电压的性能
    D. 控制励磁电流保持恒定不变的性能
15. 随着转速的提高(一般在发动机达到怠速时),交流发电机磁场的产生是靠( )。
    A. 剩磁　　　　B. 他励　　　　C. 自励　　　　D. 永久磁铁

（三）问答题

1. 简述交流发电机的发电原理。

2. 简述交流发电机的他励和自励的含义。

3. 交流发电机转子和定子的作用是什么？

项目八 检修交流发电机

一、任务描述

如何正确分解交流发电机及交流发电机需要进行哪些检修?要掌握这些知识,就进入下面的学习内容吧!

二、相关知识

(一)交流发电机零件检测

1. 转子总成的检查

1)励磁绕组短路、断路的检查

用万用表 R×1 挡(数字表最小电阻挡)检测两集电环之间电阻应与标准相符。若阻值为"∞",说明断路;若阻值过小,说明短路。如图 8-1 所示。

2)励磁绕组搭铁的检查

用万用表电阻最大挡检测集电环与铁心(或转子轴)之间的电阻,应为"∞",否则为搭铁。断路应焊修或更换转子总成,短路和搭铁应更换转子总成。如图 8-2 所示。

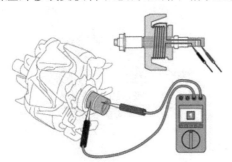
图 8-1 检查滑环之间是否导通

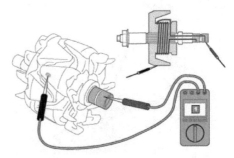
图 8-2 检查滑环和转子之间的绝缘

3)集电环的检查

(1)集电环表面应平整光滑,集电环间隙处应无积物,若有轻微烧蚀,用"00"号砂布打磨;烧蚀严重时,应在车床上精车加工,如图 8-3 所示。

(2)用直尺测量集电环厚度,厚度不得小于 1.5 mm,否则应更换。

(3)用千分尺测量集电环圆柱度,误差不应超过 0.025 mm,否则应精车加工。

4)转子轴的检查

用百分表检查轴的弯曲,弯曲度不应超过 0.05 mm(径向圆跳动公差不应超过 0.1 mm),否则应予以校正,如图 8-4 所示。爪形磁极在转子轴上应固定牢靠,间距相等。

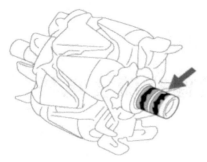
图 8-3 检查发电机集电环

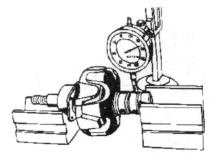
图 8-4 用百分表检查轴的弯曲

2. 定子总成的检查

1)定子表面的检查

检查定子表面,不得有刮痕,导线表面不得有碰伤、绝缘漆剥落等现象。

2)定子绕组短路、断路的检查

先进行目视检查,当线圈漆包线变成焦糊色或有严重脱漆皮现象时,说明绕组已有短路故障。然后用万用表检测定子绕组是否短路。检测时,每次任取两个端子进行测量,若阻值都小于 0.5 Ω,说明线圈良好;若测量某两相之间时,数值过小(近似等于 0),说明该两相间短路;如果电阻值为无穷大,说明励磁绕组断路,应用 35 W 220 V 的电烙铁焊接修复,若不能修复,应更换定子绕组或定子总成。如图 8-5 所示。

3)定子绕组搭铁的检查

用万用表检测定子绕组是否搭铁。检测时,每次任取一个定子线圈的引线端子和定子铁心进行测量,分别测量三次,阻值都应为无穷大,如果不是,说明定子绕组搭铁,需要更换定子总成。如图 8-6 所示。

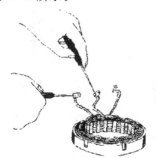
图 8-5 定子绕组短路、断路的检查

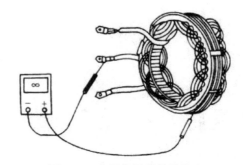
图 8-6 定子绕组搭铁的检查

3. 整流器二极管的检查

1)检查二极管好坏

使用万用表的二极管测试模式,在整流器的端子 B 和端子 P1~P4 之间测量,交换测试导线时,检查是否只能单向导通。改变端子 B~E 的连接方式,测量过程同上。若电阻值一大(10 kΩ)一小(8~10 Ω),差异很大,说明二极管良好。若两次测量阻值均为"∞",则为断路;若两次测量阻值均为 0,则为短路。如图 8-7 所示。

对焊接式整流二极管来说,只要有一只二极管损坏,则需更换该二极管所在的正或负整流

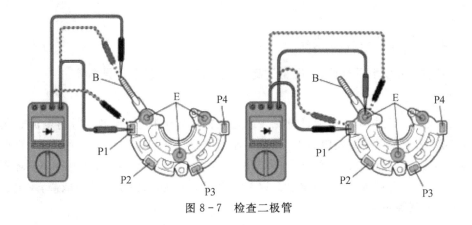

图 8-7 检查二极管

板总成;若为压装结构,则只需更换故障二极管即可。

2)二极管的极性判别

将万用表的正测试棒(红色)接二极管引出极,负测试棒(黑色)接二极管的另一极,测量其电阻。若阻值大于 10 kΩ,则该二极管为正极管;若阻值为 8~10 Ω,则该二极管为负极管。

3)不分解发电机的情况下二极管的检测方法

用万用表的导通挡位,黑表笔接发电机电枢"B"接柱,红表笔接发电机端盖。若阻值在 40~50 Ω 以上,说明无故障;若阻值在 10 Ω 左右,说明有失效的二极管,须拆检;若阻值为 0 Ω,说明有不同极性的二极管击穿。

4. 电刷组件的检查

1)外观检查

电刷表面应无油污,无破损、变形,且应在电刷架中活动自如。

2)电刷长度检查

用游标卡尺或钢板尺测量电刷露出电刷架的长度,电刷高度应不小于原高度的 1/3(标准长度为 10.5 mm)。如图 8-8 所示。

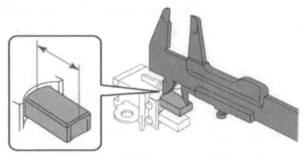

图 8-8 电刷长度检查

5. 其他零件检查

检查发电机各接线柱绝缘情况,发现搭铁故障应拆检;检查轴承轴向和径向间隙均应不大于 0.20 mm,滚珠、滚道应无斑点,轴承无转动异响;检查前后端盖、皮带轮等应无裂损,绝缘垫应完好。

(二) 交流发电机的常见故障

常见故障主要有发电量过低、发电量过高、发电机不发电、发电机异响等。

1. 发电量过低

发电机发电量不足故障可以通过电流表或充电指示灯来判断,车辆运行时电流表偏向负值或指示灯亮,表明发电机的发电量不足,主要原因有:发电机皮带过松、有油污;连线有松动或锈蚀;急速转速过低;调节器工作不良;发电机整流器个别二极管损坏;发电机集电环脏污或磨损严重、炭刷与集电环接触不良;发电机定子绕组接线不良,或转子绕组有故障;发电机转子和定子有刮碰或气隙不当。

2. 发电量过高

发电机发电量过高一般表现为照明灯泡经常烧损、蓄电池电解液消耗过快、发电机或点火线圈过热等,主要原因有:发电机正电刷与元件板短路;磁化线圈断路;温度补偿电阻断路,调节器电压调整值过高;机械式调节器低速触点粘结;机械式调节器高速触点接触不良。

3. 发电机不发电

硅整流发电机不发电是最常见的故障,主要表现为充电指示灯常亮、蓄电池电量消耗过快、灯光逐渐变暗等。主要原因有:传动皮带过松或有油污;电刷接触不良;励磁电路断路或无励磁电流;转子和定子线圈短路、断路与搭铁;发电机输出线路短路;整流板二极管损坏等。

4. 发电机异响

发电机使用过程中有时会出现异响,主要是由以下原因产生的:整流器噪声;轴承噪声;电枢扫膛声;皮带噪声。

(三) 交流发电机整体性能检测

1. 充电系统的识读

以桑塔纳 2000 型轿车电源、启动和点火电路为例介绍充电系统电路的识读。充电系统由蓄电池、保险丝、点火开关、充电指示灯、交流发电机等组成,其中交流发电机的"B+"为电压输出端;"D+"为充电指示灯控制端。如图 8-9 所示。

发电机的工作电路:蓄电池 A 正极端子→中央线路板单端子插座 P 端子→中央线路板内部线路→中央线路板单端子插座 P 端子→点火开关"30"端子→点火开关 D→点火开关"15"端子→组合仪表盘下方 26 端子连接器的"11"端子(有的车型为 14 端子连接器的"14"端子)→两只并联电阻和充电指示灯 K2→组合仪表盘下方 26 端子连接器的"26"端子(有的车型为 14 端子连接器的"12"端子)→中央线路板 A16 端子→中央线路板内部线路→中央线路板 D4 端子→单端子连接器(蓄电池旁边)→交流发电机"D"端子→交流发电机 C 磁场绕组→电子调节器功率管→电路代号 3 搭铁→蓄电池负极。

交流发电机为整体式外搭铁型。当启动发动机或发动机正常运转时,充电系统工作,点火开关 D 的"30"端子与"15"端子接通。其工作电路为:交流发电机"B"端子→启动机"30"端子→蓄电池 A 正极→蓄电池→蓄电池负极→电路代号 5 搭铁→电路代号 3→发电机负极。

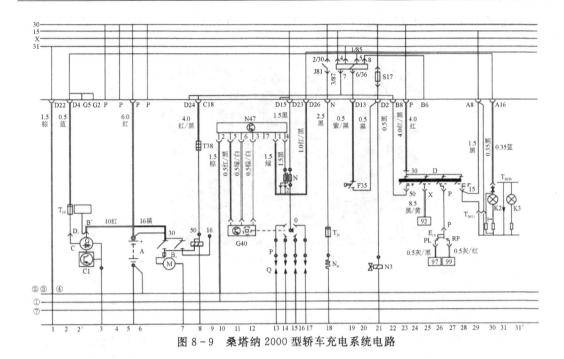

图8-9 桑塔纳2000型轿车充电系统电路

2. 交流发电机的就车检测

发电机电路控制原理如图8-10所示,当打开点火开关时,仪表控制单元通过充电指示灯后向发电机插接器1号端子提供电源电压。给发电机转子绕组通电,并通过电压调节器后方电路搭铁。此时发电机转子绕组通电产生磁场,充电指示灯亮。

当发动机开始运转,发电机开始发电时,发电机转子线圈由开始时的蓄电池励磁改为发电机自身励磁。此时加载到充电指示灯两端的电压相同(都为蓄电池电压),充电指示灯熄灭。

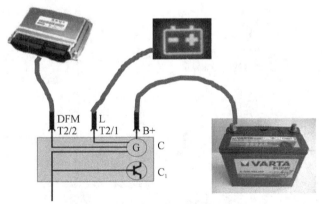

图8-10 发电机电路控制原理

1) 充电指示灯的检查

发电机充电指示灯的主要作用是在行车时,检测发电机的发电量,一旦发电机发电量低于蓄电池电压,或不发电,则充电指示灯点亮。当打开点火开关但不启动发动机时,查看仪表充电指示灯是否点亮。如不亮,应检查相应的电路、指示灯灯泡、充电指示灯熔丝。启动发动机,当发动机正常运转时充电指示灯应熄灭,否则应当检查发电机。发电机充电指示灯如图 8-11 所示。

图 8-11 发电机充电指示灯

2) 励磁电路的检查

外部励磁电路的检查:在打开点火开关的状态下,检查发电机有无输入电压。如有,说明外部励磁电路良好;如没有,应当检查外部励磁电路。

内部励磁电路的检查:在发电机运行状态下用一个金属物体检查发电机转子轴有无磁性。如有,说明发电机内部励磁电路良好;如没有,则检查电压调节器及励磁绕组有无损坏。

3) 发电机运行状态的检查

在发电机运转状态下用万用表检查发电机的输出电压,在 2500 r/min 的情况下,发电机的输出电压应在 14 V 左右。

3. 发电机无负载测试

发电机无负载测试的具体检测步骤如下:

(1) 按如图 8-12 所示连接电流表和电压表。

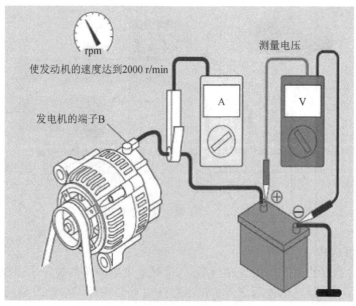

图 8-12 发电机无负载测试

(2)关闭所有的用电设备。

(3)启动发动机并保持转速 2000 r/min。

(4)查看电流表电流应小于 10 A。

(5)检测电压表电压应在 13.5～15.1 V 之间。

(6)如果电压大于额定值,则可能 IC 调节器有故障;如果电压小于额定值,则可能除 IC 调节器外发电机元件有故障。

4. 发电机满载测试

无负荷测试后继续进行发电机满载测试,测试步骤如下:

(1)打开用电设备,增大发电机负荷。

(2)观察电流表电流。随着用电设备增多,发电机的输出电流将逐步达到最大输出电流,达到最大输出电流后,电流基本不变(一般小轿车发电机的最大输出电流为 30 A)。

(3)若电流不能达到发电机最大输出电流,则可能发电机的发电和整流部分有故障。

(四)交流发电机的维护与使用

交流发电机的结构简单,维护方便。若正确使用,则不仅故障少而且寿命长;若使用不当,则会很快损坏。因此在使用和维护中应特别注意以下几点:

(1)汽车交流发电机均为负极搭铁,蓄电池搭铁极性必须与此相同,否则,蓄电池将使整流二极管立即烧坏。

(2)发电机运转时,不能用试火花的方法检查发电机是否发电,否则容易损坏二极管。

(3)一旦发现发电机不发电或充电电流很小,就应及时找出故障并予以排除,不应再使之长期继续运转。因为如果一只二极管短路,发电机就不能正常输出电压,并会导致其他二极管或定子绕组被烧坏。

(4)整流器的 6 只二极管与定子绕组连接时,绝对禁止用兆欧表(摇表)或 220 V 交流发电机检查发电机的绝缘情况,否则将使二极管击穿而损坏。

(5)发电机熄火时,应将点火开关断开,否则蓄电池将长期经磁场绕组和调节器放电。

(6)发电机与蓄电池之间的导线要连接可靠,如突然断开,将会产生过电压,易损坏电子元器件。

(7)经常清洁发电机外表的积垢和尘土,使其保持清洁和通风良好。

(8)经常检查与发电机相关的各紧固件的紧固情况,及时紧固各部位螺钉。

(9)传动皮带的张力要合适。过松,易打滑而造成发电不足;过紧,易损坏皮带和发电机轴承。

三、项目实施

(一)安全防护注意事项

1. 个人安全防护

(1)维修操作人员必须穿工作服、戴工作帽、穿工作鞋、工作服纽扣与拉链及皮带扣不应暴露在衣服外侧、袖口不应挽起、领口扣紧、裤脚扣紧、佩戴手套,女生长头发要盘起在工作帽内。

(2)维修操作人员在进入车间时不佩戴手表、戒指、项链等金属首饰,女生不应佩戴耳环。

(3)维修人员在进行车辆维修操作时,应防止车轮轧伤脚部、车门夹伤手部,手部不能靠近热的发动机及旋转的发动机皮带。

(4)在搬运重物及尖锐器物时应注意动作姿势,防止扭伤腰部、砸伤脚部、划伤手部。

2. 车辆/台架等设备安全

(1)车辆进入车间内,不应随意摆放,熄灭发动机后,将变速器置于空挡位置,并拉紧驻车制动;台架应将滑轮锁死或用木块固定。

(2)维修操作前,应铺设三件套及翼子板布,发动机启动前应连接尾排,且其他实训人员不应围绕在车辆周围。

(3)任何时间操作电气设备时,都应注意用电安全。作业结束之后,应及时切断一切用电设备的电源。

(4)维修操作前应熟读维修手册中的操作标准和台架、仪器、设备使用标准,并做好日常维护工作。

3. 车间场地安全防护

(1)车间应配有干粉灭火器及相应消防措施,易燃油品不能暴露于空气中。

(2)工作时车间内的任何工具、零部件、设备、车辆都不能随意摆放,工作结束后摆放于指定地点保管。

(3)车间内设备或车辆周围的人行道或工作区域不能过于拥挤。

(4)操作过程中应做到油品、工具、配件三不落地,作业完毕后应及时清理车间工作场地,做到现场5S管理。

(二)检查发电机

检查发电机具体工作步骤及内容见表8-1。

表8-1 检查发电机工作步骤及内容

步骤	项目	顺序	工作内容
1	检查转子	1	用数字式万用表的200 Ω电阻挡检测两集电环之间的电阻应符合技术标准,若阻值为"∞"则说明断路;若阻值过小则说明短路。一般阻值为3.5~6 Ω
		2	转子绕组搭铁检查。检查转子绕组与铁心(或转子轴)之间的绝缘情况。用数字式万用表电阻200 MΩ挡检测两集电环与铁心(或转子轴)之间的导通情况。若电阻为零则说明有搭铁故障,正常应为"∞"
		3	集电环的检查。集电环表面应平整光滑、无明显烧损,否则可用"0"号砂纸打磨。两集电环间隙处应无积聚物,集电环圆度误差不应超过0.025 mm,厚度不小于1.5 mm
2	检查定子	1	定子绕组短路与断路的检查。用数字式万用表200 Ω电阻挡检测定子绕组的3个接线端,两两接线端分别相测。正常时阻值应小于1 Ω且3个绕组线圈的阻值相等;阻值为"∞"说明断路;阻值为0说明短路
		2	定子绕组搭铁检查。用数字式万用表电阻挡测量定子绕组接线端与铁心间的电阻,正常应指示"∞",若导通说明定子线圈绝缘不良

续表

步骤	项目	顺序	工作内容
3	检查整流器	1	用数字式万用表的电阻挡黑表笔接整流器输出端子,红表笔分别接整流器各接线柱,数字式万用表均应导通,否则说明该二极管断路
		2	用数字式万用表的电阻挡红表笔接整流器输出端子,黑表笔分别接整流器各接线柱,此时数字式万用表均应不导通,否则说明二极管短路
		3	用数字式万用表的电阻挡红表笔接整流器负极管的外壳,黑表笔分别接整流器各接线柱,数字式万用表均应导通,否则说明该二极管断路
		4	用数字式万用表的电阻挡黑表笔接整流器负极管的外壳,红表笔分别接整流器各接线柱,此时数字式万用表均应不导通,否则说明二极管短路
4	检查电刷	1	电刷表面不得有油污且应在电刷架中活动自如,电刷磨损不得超过原高度的1/2(标准长度10.5 mm),电刷架应无烧损、破裂或变形
		2	检查电刷弹力

(三) 发电机就车检测

发电机就车检测的具体工作步骤及内容见表8-2。

表8-2 发电机就车检测工作步骤及内容

步骤	项目	顺序	工作内容
1	安全防护与检查前工作准备	1	将车辆驶入工位停好,变速器置于空挡,熄火并拉紧驻车制动器
		2	铺设三件套
		3	打开机舱盖,铺设翼子板布,用吹尘枪简单清洁发动机舱
		4	用万用表20 V电压挡检查蓄电池电压,正常约为12.00 V
		5	启动发动机
2	发电机充电线路检查	1	使用万用表20 V电压挡,并用红黑表笔连接电瓶正负极桩头,测量发电机发电量,正常约为14.50 V。若发电量符合标准则测量结束,若不发电或发电量不足则进入下一步
		2	若发电机发电量不足,使用万用表20 V电压挡测量发电机3号端子至电瓶负极,检查发电机发电量是否正常。若不正常则发电机损坏,若正常则进行下一步
		3	使用10 mm套管拆卸S01号保险上方的固定螺栓,用万用表200 Ω挡检查发电机3号端子至S01号保险上方线路电阻,正常约为0.1 Ω,若电阻过大则该线路存在故障,若电阻正常则检查电瓶正极桩头是否存在腐蚀、氧化及松动的故障
		4	若发电机不发电,检查蓄电池上部S01号保险丝。若保险丝熔断则更换保险丝,若保险丝正常则进行下一步

续表

步骤	项目	顺序	工作内容
3	发电机励磁及指示灯电路检查	1	发电机不发电,观察电瓶指示灯是否点亮,若指示灯点亮,则拔下发电机插接器,使用万用表蜂鸣挡测量1号端子与任意搭铁点是否导通,若导通则该线路对地短路,若不导通则发电机损坏。若发电机不发电,指示灯也不点亮则进行下一步
		2	取下方向盘套,用一字螺丝刀撬下仪表外框下方的螺丝外盖,使用十字螺丝刀拆卸下方固定螺丝并拆卸上部固定螺丝。用相同方法拆卸另一侧螺丝,取下外框
		3	使用十字螺丝刀拆卸仪表两侧固定螺丝,将仪表取出。使用一字螺丝刀拆卸仪表后部拆插接器
		4	使用万用表蜂鸣挡测量跨接线是否导通
		5	将跨接线连接在仪表插接器12号端子,用万用表蜂鸣挡测量发电机插接器1号端子与仪表12号端子是否导通,若不导通则该线路断路
		6	将仪表后部插头插入仪表,并扣好保险
		7	将仪表按原位置装回,安装仪表外框下方的螺丝外盖,使用十字螺丝刀安装上方固定螺丝并安装下方固定螺丝。用相同方法安装另一侧螺丝,装好外框,装好方向盘套
		8	启动引擎,检查仪表及发电机是否正常
4	工具整理	1	将工具设备整理归位
		2	将车辆复位
		3	清理地面卫生

(四) 实施记录

1. 检查发电机

按要求检查发电机并填写实施记录表8-3。

表8-3 检查发电机实施记录

序号	项目	检查结果	备注
1	用数字式万用表的200 Ω电阻挡检测转子两集电环之间的电阻	测量阻值_____Ω	标准阻值 3.5~6 Ω
2	用数字式万用表200 MΩ电阻挡检测转子两集电环与铁心(或转子轴)之间的导通情况	测量阻值_____Ω	标准阻值 ∞ Ω

续表

序号	项目	检查结果	备注
3	用数字式万用表 200 Ω 电阻挡检测定子绕组的 3 个接线端，两两接线端分别相测	接线端 1/2 阻值_____Ω 接线端 1/3 阻值_____Ω 接线端 2/3 阻值_____Ω	
4	检查整流器二极管	正常、损坏	
5	检查电刷	正常、损坏	
6	检查电刷架	正常、损坏	

2. 发电机就车检测

按要求进行发电机就车检测并填写实施记录表 8-4。

表 8-4　发电机就车检测实施记录

序号	项目	检查结果	备注
1	观察电瓶指示灯是否点亮	点亮、不亮	
2	测量蓄电池电压	电压值_____V	
3	测量发电机发电量	电压值_____V	
4	使用万用表 20 V 电压挡测量发电机 3 号端子至电瓶负极电压	电压值_____V	
5	用万用表 200 Ω 电阻挡检查发电机 3 号端子至 S01 号保险上方线路电阻	电阻值_____Ω	
6	检查电瓶正极桩头	正常、腐蚀、氧化、松动	
7	检查保险丝 S01	正常、熔断	
8	检查发电机励磁线路	正常、短路、断路	

四、思考与练习

(一) 判断题

1. 如果充电指示灯在发动机正常运转后仍一直亮着，说明汽车电源系统正常。（　）
2. 充电指示灯是绿色的。（　）
3. 如果在发动机正常运行时，测量蓄电池的电压，应该为 13～15 V。（　）
4. 打开点火开关，充电指示灯与发动机故障灯一样，会点亮自检几秒，若系统正常则熄灭。（　）
5. 充电指示灯点亮后，车辆仍可以正常运行，因此可以不急于维修，在有空时再进行。（　）
6. 交流发电机由转子、定子、整流器、端盖与电刷总成等部分组成。（　）

7. 交流发电机必须配用电压调节器,使其输出电压保持稳定。( )

8. 发电机的定子建立磁场。( )

9. 如检测发电机转子轴是否发生弯曲变形,可用百分表。正常时,轴的径向跳动即摆差不大于 0.10 mm。( )

10. 用游标卡尺或钢板尺测量电刷露出电刷架的长度,电刷高度不小于原高度的 1/4。( )

(二) 选择题

1. 在讨论整流时,技师甲说:交流发电机用换向器(整流器)整流。技师乙说:交流发电机用二极管整流。谁正确?( )
   A. 技师甲对   B. 技师乙对   C. 都对   D. 都错

2. 在讨论定子结构时,技师甲说:Y 形接法是最常见的接法。技师乙说:Y 形连接是三个线圈首尾相接。谁正确?( )
   A. 技师甲对   B. 技师乙对   C. 都对   D. 都错

3. 技师甲说:轿车每行驶 5000 km,发电机必须由专业人士进行解体检修。技师乙说:对于 12 V 的发电机而言,其在正常工作状态下的工作电压约为 14 V。谁正确?( )
   A. 技师甲对   B. 技师乙对   C. 都对   D. 都错

4. 在讨论充电指示灯的工作原理时,技师甲说:用电子电压调节器的励磁电路,如果定子没有输出通过励磁二极管组,充电指示灯亮。技师乙说:定子有输出时,电压施加于指示灯两边,因而灯不亮。谁正确?( )
   A. 技师甲对   B. 技师乙对   C. 都对   D. 都错

5. 技师甲说:交流发电机一直需要蓄电池提供励磁电流,因此为他励。技师乙说:发电机的工作是利用电磁感应原理发电的。谁正确?( )
   A. 技师甲对   B. 技师乙对   C. 都对   D. 都错

6. 技师甲说:充电指示灯亮表示发电机工作正常。技师乙说:若充电指示灯一直不亮,应该重点检查仪表。谁正确?( )
   A. 技师甲对   B. 技师乙对   C. 都对   D. 都错

7. 在发动机怠速运转时,此时对于测量蓄电池电压,技师甲说:测得电压在 13~15 V 之间。技师乙说:此时测得电压实际上是发电机的发电电压。谁正确?( )
   A. 技师甲对   B. 技师乙对   C. 都对   D. 都错

8. 若发电机皮带在车辆运行时,发生断裂,技师甲说:充电指示灯将会被点亮。技师乙说:由于发电机不运转,会导致全车无电,点火系无法工作。谁正确?( )
   A. 技师甲对   B. 技师乙对   C. 都对   D. 都错

9. 若充电指示灯时亮时灭,技师甲说:可能是发电机皮带打滑。技师乙说:可能发电机接头松动。谁正确?( )
   A. 技师甲对   B. 技师乙对   C. 都对   D. 都错

10. 如果在发动机运行状态时,充电指示灯点亮,技师甲说:驾驶员需尽可能的关闭不必要的用电设备。技师乙说:在短时间内,车辆的点火系可以正常工作。谁正确?( )
    A. 技师甲对   B. 技师乙对   C. 都对   D. 都错

(三) 问答题

1. 简述交流发电机充电指示灯的作用及检查方法。

2. 桑塔纳 2000 轿车充电系统电路由哪几部分组成？

项目九 起动机结构原理

一、任务描述

汽油发动机或柴油发动机属于内燃机,其本身不能启动,必须借助起动机才能开始运转,那么起动机是怎样工作的?结构原理又是怎样的?下面就进入这次的学习内容吧!

二、相关知识

(一)起动机的作用及结构

1. 起动机的作用

起动机可以将蓄电池的电能转化为机械能,驱动发动机飞轮旋转,实现发动机的启动。发动机在以自身动力运转之前,必须借助外力旋转。发动机借助外力由静止状态过渡到能自行运转的过程,称为发动机的启动。起动机的作用如图 9-1 所示。

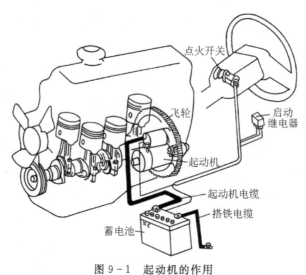

图 9-1 起动机的作用

汽车启动系统的工作过程有如下:

(1)用钥匙将点火开关转到 ON 挡(起动的前一个挡),仪表通电,数秒后汽车进入准备启动状态。

(2)开启点火开关的 SRART 挡,接通蓄电池和启动系统的电路。

(3)起动机继电器通电,这里继电器有两个作用,一是接通起动机与蓄电池的电路,二是控制拨叉拨动,使起动机的驱动齿轮与发动机飞轮啮合。

项目九 起动机结构原理

（4）起动机通电后，在电磁作用下，主轴转动。

（5）起动机主轴上的驱动齿轮转动，带动发动机飞轮和曲轴旋转。这里为了增大转矩，起动机齿轮与发动机飞轮的传动比一般为 13∶17（柴油机一般为 8∶10），这使得发动机起动更容易。

（6）在正常隋况下，短暂的启动后，发动机就能进入自动运转状态。

（7）当发动机进入自动运转状态后，就会启动，同时在单向离合器的作用下，起动机的驱动齿轮会自动脱离与发动机的啮合。

（8）到此为止，一次正常的启动就完成了。但现在一般的启动系统还带有安全保护电路，这是为了保证在发动机转动的时候，起动机不会因为误操作而启动，通常是通过监测发动机的运转情况来控制是否能开启起动机。

2. 起动机的结构

起动机主要由直流电动机、传动机构及电磁操纵机构三部分组成，如图 9-2 所示。

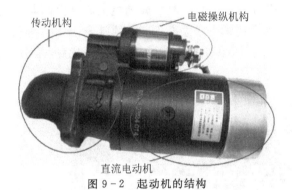

图 9-2 起动机的结构

1）直流电动机

直流电动机的作用是将蓄电池输入的电能转换为机械能，产生电磁转矩。直流电动机由电枢（转子）、磁极（定子）、换向器和电刷等主要部件构成，如图 9-3 所示。

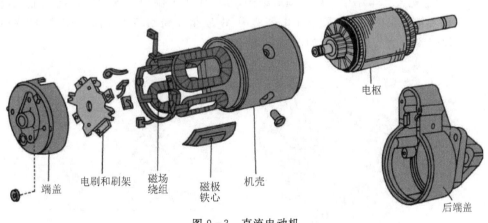

图 9-3 直流电动机

（1）电枢。直流电动机的转动部分称为电枢，又称转子。转子由外圆带槽的硅钢片叠成的

123

铁心、电枢绕组线圈、电枢轴和换向器组成,如图9-4所示。

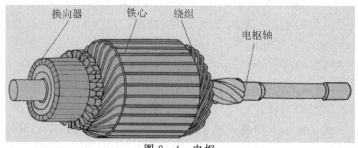

图9-4 电枢

为了获得足够的转矩,通过电枢绕组的电流较大(汽油机为200～600 A;柴油机可达1000 A),因此,电枢绕组一般采用较粗的矩形裸铜漆包线绕制为成型绕组。

(2)磁极。磁极的作用是产生电枢转动时所需要的磁场。励磁式起动机的磁极由固定在机壳内的磁极铁心和磁场绕组线圈组成。汽车起动机的磁极由两对永久磁体组成,交错安装在电动机定子内壳上。用永久磁体来建立电机所需的磁场,无须用电源进行励磁,与其他直流电动机相比,其具有体积小、效率高、结构简单、用铜量少等优点,是小功率直流电动机的主要类型。常用磁极如图9-5所示。

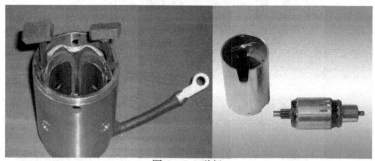

图9-5 磁极

(3)电刷与电刷架。电刷架一般为框式结构,其中正极电刷架绝缘固定在端盖上,负极电刷架与端盖直接相连并搭铁。电刷置于电刷架中,电刷由铜粉与石墨粉压制而成,呈棕黑色。电刷架上有较强弹性的盘形弹簧。如图9-6所示。

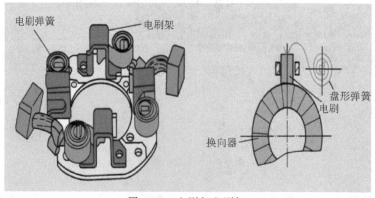

图9-6 电刷与电刷架

(4)换向器。换向器的作用是向旋转的电枢绕组注入电流。它由许多截面呈燕尾形的铜片围合而成,如图9-7所示。铜片之间由云母绝缘,云母绝缘层应比换向器铜片外表面凹下0.8 mm左右,以免铜片磨损时,云母片很快突出。电枢绕组各线圈的端头均焊接在换向器的铜片上。

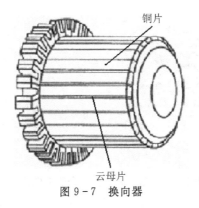

图9-7 换向器

2)传动机构

传动机构的作用是在启动发动机时使驱动齿轮与飞轮齿圈相啮合,将起动机的转矩传递给发动机曲轴;在发动机起动后又能使驱动齿轮与飞轮自动脱离。传动机构主要由减速机构、单向离合器和驱动齿轮等组成。

(1)减速机构。如图9-8所示,行星齿轮减速装置中设有三个行星轮,一个太阳轮(电枢轴齿轮)及一个固定的内齿圈。通过减速将直流电动机的转矩扩大,有利于驱动发动机曲轴旋转。

(2)单向离合器。单向离合器的工作原理是单向接合,反向脱开,当启动时,一般由电瓶带动电机,再通过单向离合器带动曲轴旋转,由于这时电机的转速高于发动机(发动机相对静止或在起动前转速很低),当发动机起动后,由于它的转速高于起动电机的转速,单向离合器相对于曲轴就是反向转动,所以就把起动电机与发动机的转动脱开,以保护起动电机避免损坏。常见起动机单向离合器的结构主要有滚柱式、摩擦片式和弹簧式3种,其中滚柱式单向离合器如图9-9所示。

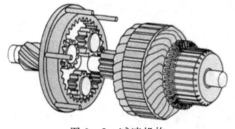 

图9-8 减速机构　　　图9-9 滚柱式单向离合器

滚柱式单向离合器工作原理:启动时,电枢轴通过花键套筒带动十字块旋转,这时滚柱在摩擦力作用下,滚入楔形槽的窄端,将十字块与外壳楔成一体,将转矩传给驱动齿轮,带动飞轮齿圈转动,启动发动机。起动后,曲轴转速升高,飞轮带动驱动齿轮高速旋转。当其转速大于十字块时，滚柱滚入楔形槽的宽端而打滑。所以转矩不能从驱动齿轮传给电枢轴，防止了电枢超速飞散。

滚柱式单向离合器工作原理如图 9-10 所示。滚柱式单向离合器结构简单，工作可靠，但传递转矩受限制。

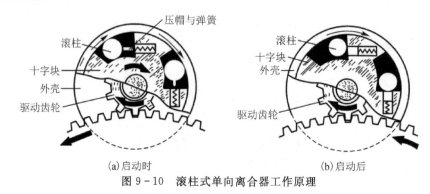

图 9-10 滚柱式单向离合器工作原理

（3）驱动齿轮。驱动齿轮如图 9-11 所示，其作用是与飞轮齿圈啮合，将起动机转矩传给发动机曲轴。

图 9-11 驱动齿轮

3）电磁操纵机构

电磁操纵机构的作用是通过控制起动机电磁开关及杠杆机构，来实现起动机传动机构与飞轮齿圈的啮合与分离，并接通与断开电动机与蓄电池之间的电路。电磁操纵机构主要由吸引线圈、保持线圈、活动铁心、开关接触片等组成，如图 9-12 所示。

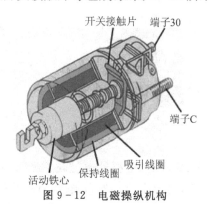

图 9-12 电磁操纵机构

其中,接线柱 50 与点火开关相接,通过点火开关再接到电源。接线柱 30 直接与蓄电池的正极相连。电磁开关的吸引线圈和保持线圈绕在同一个铁心上,两线圈的公共端接到起动机的 50 接线柱上,吸引线圈的另一端通过端子 C 与电动机主接线柱相接,而保持线圈的另一端直接搭铁。

当点火开关打到启动挡时,电磁开关中的保持线圈和吸引线圈同时工作,带动活动铁心移动,使得开关接触片将端子 30 与端子 C 结合,来自蓄电池的大电流作用到电机上,带动电机运转。

电磁开关中的吸引线圈与直流电机的线圈串联在一起,当电磁开关还未将端子 30 和端子 C 闭合时,流经吸引线圈的电流经过电机的电磁线圈搭铁,同时以较小电流带动电机转动一个角度,方便电机前方的齿轮进入啮合。

当电磁开关闭合后,流经吸引线圈的电流被开关短路,吸引线圈退出工作。电磁开关只依靠保持线圈中产生的电磁场将活动铁心保持在启动位置。电磁开关原理如图 9-13 所示。

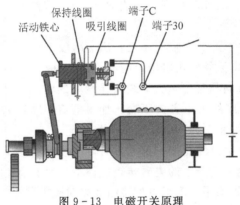

图 9-13　电磁开关原理

电磁操纵机构与电磁式拨叉合装在一起,利用挡铁控制,可分为直接控制和启动继电器控制两种。起动机工作时,电流通过起动线圈、保持线圈和电枢绕组,电流较大,所以启动系统一般都设有启动继电器。

(二) 起动机的工作原理

1. 直流电动机工作原理

直流电动机是将电能转换为机械能的装置,并根据载流导体在磁场中将受到电磁力的作用而发生运动的原理进行工作,工作过程如图 9-14 所示。

当电枢绕组在所示的垂直位置时,如图 9-14 中的(a)所示,电刷 5、6 不与换向片 3、4 接触,线圈中没有电流流过,线圈不受力的作用,因此线圈不会转动。

如将线圈稍微向顺时针方向转动,电刷 5、6 便分别与换向片 3、4 接触,如图 9-14 中的(b)所示,电枢绕组中便有电流流过,电流路径由蓄电池正极,经电刷 5、换向片 3、电枢绕组、换向片 4、电刷 6 回到蓄电池负极。根据左手定则可以判定,线圈 I 边将向下运动、线圈 II 边将向上运动,整个线圈将沿顺时针方向转动。

当线圈旋转到图 9-14 中的(c)所示垂直位置时,电刷 5、6 又不与换向片 3、4 接触,线圈中又无电流流过,但是,此时线圈将以其转动惯性转过此位置。

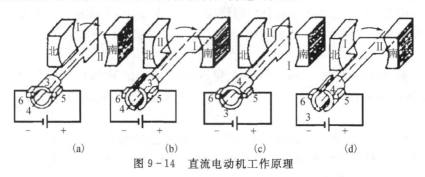

图 9-14 直流电动机工作原理

当线圈转过垂直位置时,电刷 5、6 便分别与换向片 4、3 接触,如图 9-14 中的(d)所示,线圈中又有电流流过,电流路径由蓄电池正极,经电刷 5、换向片 4、线圈、换向片 3、电刷 6 回到蓄电池负极。由左手定则可知,此时线圈的 I 边向上运动、线圈 II 边向下运动,整个线圈仍沿顺时针方向转动。

由此可见,由于换向片的作用,便使线圈处在磁场南极或北极下的导线中的电流方向保持不变,即南极下面导线中的电流始终由电池经电刷流入,北极下面导线中的电流始终由导线经电刷流回电池。由于磁场方向和每个磁极下线圈导线中的电流方向保持不变,因此由左手定则可知,线圈导线受力而形成的力矩方向不变。如果电流不断通入线圈,电枢就会不停地旋转。当电动机有负载时,就可将电源的电能转换为机械能。

图 9-14 所示的电枢绕组虽然能按一定的方向转动,但是每当转到垂直位置时,都是依靠惯性转过,转动很不平稳,电磁力产生的电磁转矩也很小。为了增大电磁转矩和提高电动机的平顺性能,实际使用的电动机采用了多组电枢绕组和多对磁极。

2. 起动机工作过程

当启动电路接通后(接通点火开关),电磁开关通电,其电路为:

(1)电池正极→点火开关→起动机接线柱 50→保持线圈→搭铁→蓄电池负极。

(2)蓄电池正极→点火开关→起动机接线柱 50→吸引线圈→接线柱 C→励磁绕组→电刷→换向器片→电枢绕组→换向器片→电刷→搭铁→蓄电池负极。

此时流经吸引和保持两线圈的电流方向相同,产生的电磁力克服回位弹簧弹力,使活动铁心向右移动,推动接触片移向接线柱 50 和接线柱 C 的触点,同时又通过拨叉带动驱动齿轮移向飞轮齿圈并与之啮合,在驱动齿轮与飞轮齿圈进入啮合后,接触片正好将两个主触点接通,接通电动机的主电路,电动机开始转动,如图 9-15 所示。

在两个主接线柱触点接通之后,蓄电池的电流直接通过主触点和接触片进入电动机,使电动机进入正常运转,此时吸引线圈被短路,因此,无电流通过,主触点接通的位置靠保持线圈来保持。

发动机起动后,松开点火开关,由于接触片与主触点是保持接合状态,此时蓄电池继续给电磁开关供电,其电路为:蓄电池正极→接线柱 30→接触片→吸引线圈→保持线圈→搭铁→蓄电池负极。

由于流经吸引线圈与保持线圈的电流方向相反,产生的电磁力相互抵消,电磁开关在回位弹簧的作用下,使活动铁心迅速回位,切断了电动机的主电路,同时驱动齿轮在拨叉的作用下

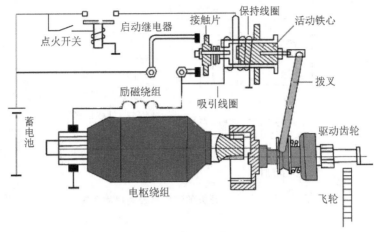

图 9-15 起动机工作过程

与飞轮齿圈脱离啮合,启动过程完成。

3. 汽车启动系统控制电路

我们将从最原始的启动系统,一直讲解到现代最高级的启动系统,全面介绍汽车启动系统控制电路。

1)继电器控制启动系统

如图 9-16 为最原始的汽车启动系统控制电路,维修过程中,先检查保险丝,启动保险都比较大,接着用试灯测量起动机端子是否有信号,如果有信号,就判断为起动机损坏,如果没有信号,就检查启动继电器,最后检查启动开关。经以上检修基本就可以排除启动系统问题。

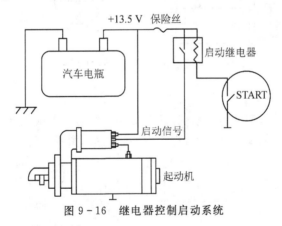

图 9-16 继电器控制启动系统

2)带空挡开关的继电器控制启动系统

图 9-17 为带空挡开关的继电器控制启动系统,在维修的过程中,要考虑挡位开关,挡位开关安装在变速器上面,这种开关在大货车上用的比较多。小轿车上,很多有离合器开关,控制原理类似。

3)车载电脑控制启动系统

图 9-18 为车载电脑控制启动系统,它的启动继电器由车身电脑或者发动机电脑等控制,

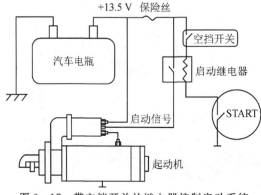

图 9-17　带空挡开关的继电器控制启动系统

电脑会分析各种启动条件是否满足,如果满足,才会给启动继电器供电,否则不给信号。在维修这类系统时,要仔细检查启动条件是否满足。或者查阅维修资料,了解更具体的启动条件,不同的车型,启动条件略有差异。

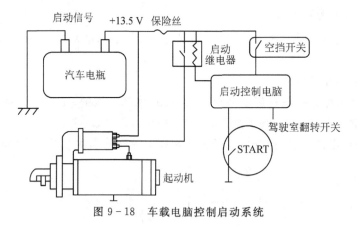

图 9-18　车载电脑控制启动系统

4) 带防盗的启动系统

如图 9-19 所示为带防盗的启动系统,发动机需要跟防盗电脑相互通信,确认启动钥匙合法后,才可以启动。所以,如果启动不了,先检查一下防盗,图示为防盗了锁止启动系统。

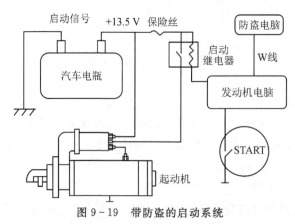

图 9-19　带防盗的启动系统

如图 9-20 所示,如果开启了防盗,起动机可以转,但是没有喷油、点火信号,同时仪表防盗指示灯会点亮。

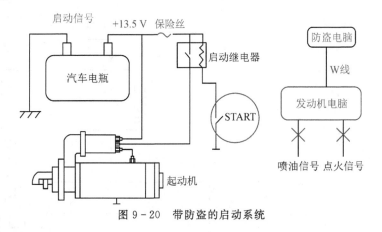

图 9-20 带防盗的启动系统

5) 全车模块都需要的通信启动系统

如图 9-21 所示的启动系统,发动机电脑除跟防盗通信核对数据外,还会跟车辆其他模块 CAN 通信核对数据,确认无误后,才会启动或者控制喷油点火。目前这种启动系统只用在一些中高档汽车上面,如果出现汽车无法启动,就不只是启动系统的问题了,在维修这种车时,需要对汽车进行全面系统的研究。

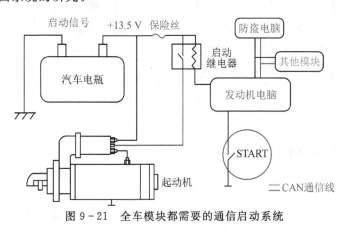

图 9-21 全车模块都需要的通信启动系统

4. 迈腾汽车起动机控制线路

迈腾汽车起动机控制线路如图 9-22 所示,其电路特点为:起动机的电磁开关由供电继电器 J682 和起动机继电器 J710 控制。供电继电器的电源来自 J329,故其线圈又受发动机控制单元控制。发动机控制单元从点火开关、自动变速器挡位状态和制动踏板处取得信号。

当点火开关未发出起动信号、制动踏板没有被踩下、自动变速器挡位不在 P/N 挡时,供电继电器 J682 和起动机继电器 J710 的线圈将不能通电,起动机的电磁开关将不通电,也就不能接通起动机的主电路,发动机便不能启动,从而实现对起动机电磁开关的控制。

启动发动机时,将自动变速器置于 P 或 N 挡,同时踩下制动踏板,将点火开关置于起动挡(对于无钥匙起动的汽车,按下起动按钮),起动机继电器 J710 电磁线圈通电。继电器常开触点闭合,电源的电流便经继电器的触点通往起动机电磁开关的起动机接线柱,电磁开关通电后,接通起动机的主电路,带动发动机运转。

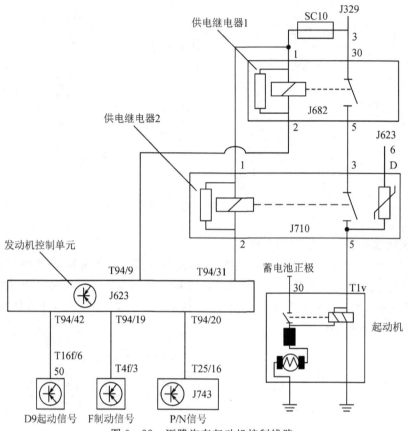

图9-22 迈腾汽车起动机控制线路

(三)起动机型号及类型

1. 起动机的型号

根据我国汽车行业推荐标准 QC/T73—1993《汽车电气设备产品型号编制方法》规定,汽车起动机的型号组成如图9-23所示。

(1)产品代号:有 QD、QDJ、QDY 3种,分别表示普通起动机、减速起动机、永磁起动机或永磁减速起动机。字母"Q""D""J""Y"分别为"起""动""减""永"字汉语拼音的第一个大写字母。

(2)电压等级代号:用一位阿拉伯数字表示,如果是1表示电压等级为12 V,2表示电压等级为24 V。

(3)功率等级代号:用一位阿拉伯数字表示,含义见表9-1。

(4)设计序号:按产品设计先后顺序,由1~2位阿拉伯数字组成。

(5)变型代号:主要电气参数和基本结构不变的情况下,一般电气参数的变化和结构某些改变称为变型,以汉语拼音大写字母 A、B、C、……,顺序表示。

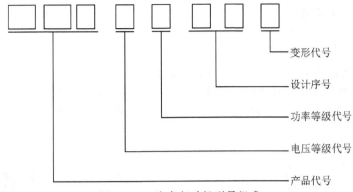

图 9-23 汽车起动机型号组成

如 QD1225：表示额定电压为 12 V、功率为 1~2 kW，第 25 次设计的起动机。

表 9-1 起动机功率等级代号的含义

功率等级代号	1	2	3	4	5	6	7	8	9
普通起动机功率/kW	≤1	>1~2	>2~3	>3~4	>4~5	>5~6	>6~7	>7~8	>9
减速起动机功率/kW									
永磁起动机功率/kW									

2. 起动机的类型

起动机是启动系统的核心装置，其技术状态的好坏，直接影响汽车的机动性。汽车用起动机种类繁多，其分类方法如下：

1）按总体结构不同

（1）普通起动机：无特殊结构和装置，如东风 EQ2102 型汽车配用的 24 V 4.5 kW 起动机、解放 CA1121J 型汽车配用的 QD261 型、24 V 5 kW 起动机以及桑塔纳轿车配用的 QD1225 型等起动机均为普通起动机。

（2）永磁起动机：电动机磁极用永磁材料（铁氧体或钕铁硼等）制成。如切诺基吉普车和奥迪 100 型轿车配用的起动机。

（3）减速起动机：传动机构设有减速装置的起动机。电动机可采用高速、小型、低转矩电动机，质量和体积比普通起动机可减小 30%~35%。如切诺基吉普车配用的 DW1.4 型永磁式减速型起动机以及南京依维柯采用的 QDJ1317 型 12 V 2.5 kW 起动机。

2）按传动机构啮入方式不同

（1）强制啮合式：依靠电磁力拉动杠杆机构，拨动驱动齿轮强制啮入飞轮齿圈。工作可靠性高，现代汽车广泛采用。

（2）电枢移动式：依靠磁极磁通的电磁力使电枢产生轴向移动，从而将驱动齿轮啮入飞轮齿圈。结构比较复杂，东欧国家采用较多，如太脱拉 T111、T138，斯柯达 706R，却贝尔 D250、D420、D450 等汽车。

（3）齿轮移动式：依靠电磁开关推动电枢轴孔内的啮合推杆，使驱动齿轮啮入飞轮齿圈。如延安 SX1290 型汽车采用的 QD2608、QD2745 型 24 V 5.5 kW 起动机。

（四）起动机的拆装

1. 起动机的拆卸

以桑塔纳 2000 起动机为例,拆卸起动机的具体步骤如下:

(1)用扳手旋下电磁开关的接线柱"30"及"50"的螺母,取下导线,如图 9-24 所示。

(2)旋下起动机贯穿螺钉和衬套螺钉,取下衬套座和端盖,取出垫片组件和衬套,如图 9-25 所示。

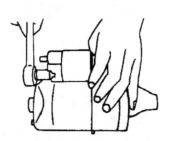   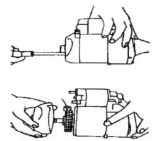

图 9-24　旋下接线柱"30"及"50"的螺母　　图 9-25　旋下起动机贯穿螺钉和衬套螺钉

(3)用尖嘴钳将电刷弹簧抬起,拆下电刷架及电刷,如图 9-26 所示。

(4)取下磁场绕组后,用扳手旋下螺栓,从驱动端盖上取下电磁开关总成,如图 9-27 所示。

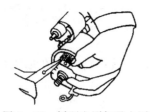   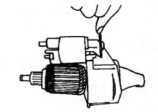

图 9-26　拆下电刷架及电刷　　图 9-27　取下电磁开关总成

(5)在取出转子后,从端盖上取下传动叉,然后取出驱动齿轮与单向离合器,再取出去驱动齿轮端衬套。

2. 起动机的安装

起动机的组装可按起动机分解的相反顺序进行,但应注意以下事项:

(1)如图 9-28 所示,安装时,衬套中应涂上润滑脂。

(2)如图 9-29 所示,安装电磁开关时,电磁开关应以倾斜的角度装入,以便电磁开关的铁心组件与拨叉装在一起,最后旋上螺栓。

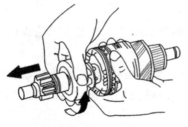   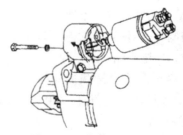

图 9-28　涂上润滑脂　　图 9-29　安装电磁开关

(3) 如图 9-30 所示,安装定子时,应将定子上的标记与驱动端端盖的标记对正后装入。

(4) 如图 9-31 所示,安装电刷及电刷架时,在换向器上装上电刷架,将电刷架装到适当的位置后,再在电刷架上装上电刷。

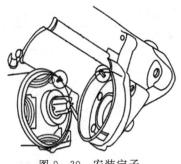
图 9-30 安装定子

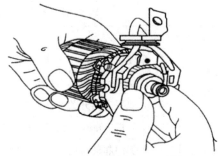
图 9-31 安装电刷及电刷架

三、项目实施

(一) 安全防护注意事项

1. 个人安全防护

(1) 维修操作人员必须穿工作服、戴工作帽、穿工作鞋、工作服纽扣与拉链及皮带扣不应暴露在衣服外侧、袖口不应挽起、领口扣紧、裤脚扣紧、佩戴手套、女生长头发要盘起在工作帽内。

(2) 维修操作人员在进入车间时不应佩戴手表、戒指、项链等金属首饰,女生不应佩戴耳环。

(3) 维修人员在进行车辆维修操作时,应防止车轮轧伤脚部、车门夹伤手部,手部不能靠近热的发动机及旋转的发动机皮带。

(4) 在搬运重物及尖锐器物时应注意动作姿势,防止扭伤腰部、砸伤脚部、划伤手部。

2. 车辆/台架等设备安全

(1) 车辆进入车间内,不应随意摆放,熄灭发动机后,将变速器置于空挡位置,并拉紧驻车制动;台架应将滑轮锁死或用木块固定。

(2) 维修操作前,应铺设三件套及翼子板布,发动机启动前应连接尾排,且其他实训人员不应围绕在车辆周围。

(3) 任何时间操作电气设备时,都应注意用电安全。作业结束之后,应及时切断一切用电设备的电源。

(4) 维修操作前应熟读维修手册中的操作标准和台架、仪器、设备使用标准,并做好日常维护工作。

3. 车间场地安全防护

(1) 车间应配有干粉灭火器及相应消防措施,易燃油品不能暴露于空气中。

(2) 工作时车间内的任何工具、零部件、设备、车辆都不能随意摆放,工作结束后摆放于指定地点保管。

(3) 车间内设备或车辆周围的人行道或工作区域不能过于拥挤。

(4) 操作过程中应做到油品、工具、配件三不落地,作业完毕后应及时清理车间工作场地,做到现场 5S 管理。

（二）分解起动机

分解起动机的具体工作步骤及内容见表9-2。

表9-2　分解起动机工作步骤及内容

步骤	项目	顺序	工作内容
1	拆卸磁力开关	1	使用13 mm套管拆卸磁力开关尾部线路连接螺母
		2	使用十字螺丝刀拆卸磁力开关与起动机壳体连接螺栓
		3	取下磁力开关及回位弹簧
2	分解起动机	1	使用8 mm套管拆卸起动机尾部穿心螺栓
		2	拆卸起动机电端盖及电刷
		3	拆卸转子（电枢）、定子及外壳
		4	取下拨叉、单向离合器及挡块

（三）组装起动机

组装起动机的具体工作步骤及内容见表9-3。

表9-3　组装起动机工作步骤及内容

步骤	项目	顺序	工作内容
1	组装起动机	1	安装单向离合器及拨叉，并放入挡块
		2	安装定子及壳体
		3	安装转子（电枢）、电刷及端盖
		4	安装起动机尾部穿心螺栓
2	安装磁力开关	1	安装回位弹簧及磁力开关
		2	安装磁力开关与起动机壳体连接螺栓
		3	安装磁力开关尾部线路连接螺母

（四）更换起动机

更换起动机的具体工作步骤及内容见表9-4。

表9-4　更换起动机工作步骤及内容

步骤	项目	顺序	工作内容
1	安全防护与准备工作	1	将车辆驶入工位停好，变速器置于空挡，熄火并拉紧驻车制动器
		2	铺设三件套
		3	打开机舱盖，铺设翼子板布并，用吹尘枪简单清洁发动机舱
		4	在正确位置摆放举升臂
2	举升车辆	1	举升车辆距地面约10 cm，检查举升臂与车辆的相对位置，若位置存在偏差，则降下车辆重新摆放举升臂
		2	将车辆举升至合适高度，并挂上保险

续表

步骤	项目	顺序	工作内容
3	拆卸起动机前工作	1	使用10 mm套管松开电瓶负极桩头紧固螺母,并取下桩头卡箍
4	拆卸起动机	1	拆卸起动机供电端子保护盖,使用13 mm套管拆卸供电端子固定螺栓,取下供电线,并拔下尾部插接器
		2	使用13 mm套管拆卸起动机上部线束铁架固定螺栓,将铁架移开,并用16 mm套管拆卸起动机上部固定螺栓
		3	安装发动机吊件,并使用15 mm套管拆卸发动机前支架固定螺栓
		4	举升车辆至合适高度,并挂上保险,举升时车下严禁站人
		5	使用13 mm套管拆卸助力泵油管支架固定螺栓,并移开支架
		6	使用16 mm和17 mm套管拆卸起动机下部固定螺栓,并取下起动机
5	安装起动机	1	将起动机安装到固定位置,并使用16 mm和17 mm套管部紧固起动机下部螺栓至65 Nm
		2	安装助力泵油管支架,并使用13 mm套管紧固至25 Nm
		3	将车辆降至合适的高度,并挂上保险,下降时车下严禁站人
		4	安装发动机前支架固定螺栓,使用15 mm套管紧固至65 Nm,并拆卸发动机吊件
		5	安装起动机上部固定螺栓,用16 mm套管紧固至65 Nm,将起动机上部线束铁架安装到固定位置,使用13 mm套管紧固至25 Nm
		6	插回起动机尾部插接器,并安装尾部供电线及固定螺栓,用13 mm套管紧固

(五) 实施记录

按要求完成起动机铭牌识读及拆装操作并填写实施记录表9-5。

表9-5 起动机铭牌识读及拆装操作实施记录

序号	项目	具体内容		结果
1	识读起动机铭牌	型号		
		产品代号		
		电压等级		
		功率等级代号		
		设计序号		
		变形代号		
2	起动机拆装	分解起动机		
		组装起动机		

四、思考与练习

(一) 判断题

1. 发动机启动电动机每次工作时间应不大于 15 s。（ ）
2. 发动机启动运转无力,其主要原因在起动机与点火系。（ ）
3. 握住外座圈,转动驱动小齿轮,应能自由转动,反转时不应转动。否则单向离合器存在故障。（ ）
4. 起动机由串励直流电动机、传动机构和操纵机构三个部分组成。（ ）
5. 起动机按操纵机构分为惯性啮合式起动机、强制啮合式起动机、电枢移动式起动机、齿轮移动式起动机、减速式起动机。（ ）
6. 起动机每次启动时间不超过 5 s,再次启动时应停止 2 min,使蓄电池得以恢复。（ ）
7. 发动机启动后,因为有单向离合器的存在,可以不立即切断起动机控制电路。（ ）
8. 起动机的吸拉线圈只在吸拉过程中起作用。（ ）
9. 从车上拆下起动机前应首先关断点火开关,拆下蓄电池搭铁电缆。（ ）
10. 永磁定子式电动机比电磁定子式电动机体积小、质量轻。（ ）

(二) 选择题

1. 发动机起动运转无力,其主要原因在（ ）。
   A. 蓄电池与起动机 B. 起动机与点火系
   C. 蓄电池与供油系 D. 蓄电池点火系
2. 发动机在启动时,曲轴的最初转动是（ ）。
   A. 借助于活塞与连杆的惯性运动来实现的
   B. 借助于气缸内的可燃混合气燃烧和膨胀作功来实现的
   C. 由起动马达通过皮带传动直接带动的
   D. 由于有一个外力去转动了发动机飞轮而引起的
3. 电磁操纵式起动机主开关接通后,电磁开关中的铁心被（ ）线圈电磁力保持在吸合位置。
   A. 吸引   B. 保持   C. 吸引与保持   D. 都不是
4. 技师甲说:电刷与换向器的接触面积不低于 75%。技师乙说:电刷高度低于标准高度的 1/3 时,需更换电刷。谁正确?（ ）
   A. 技师甲对   B. 技师乙对   C. 都对   D. 都错
5. 技师甲说:传动机构部件有驱动齿轮、单向离合器拨叉和电磁开关。技师乙说:直流电动机主要由机壳、磁极、转子、换向器及电刷等组成。谁正确?（ ）
   A. 技师甲对   B. 技师乙对   C. 都对   D. 都错
6. 技师甲说:功率较大的起动机可在轻载或空载下运行。技师乙说:发动机在启动时需要的转矩较大,而起动机所能产生的最大转矩只有它的几分之一,因此,在结构上就采用了通过小齿轮带动大齿轮来增大转矩的方法解决。谁正确?（ ）
   A. 技师甲对   B. 技师乙对   C. 都对   D. 都错
7. 技师甲说:起动机开关断开而停止工作时,保持线圈的电路便改道,经吸拉线圈、电动机开

关回到蓄电池的负极。技师乙说:在发动机刚启动的瞬间电磁开关两线圈均产生磁场且方向相同。谁正确?( )

  A. 技师甲对 B. 技师乙对 C. 都对 D. 都错

8. 技师甲说:换向器的作用是使直流电动机维持定向旋转。技师乙说:功率较小的起动机上广泛使用的离合器是摩擦片式。谁正确?( )

  A. 技师甲对 B. 技师乙对 C. 都对 D. 都错

9. 常见的起动机驱动小齿轮与飞轮的啮合靠( )强制拨动完成。

  A. 拨叉 B. 离合器 C. 轴承 D. 齿轮

10. 需传递较大转矩且起动机尺寸较大时,应用( )式单向离合器。

  A. 滚柱 B. 摩擦片 C. 弹簧 D. 都不是

(三) 问答题

1. 汽车起动机由哪些部分组成?各部分的作用是什么?

2. 电磁开关上有哪三个端子?各个端子连着什么?

项目十 检修起动机

一、任务描述

发动机无法启动多与起动机故障有关。如何确定是起动机故障？又如何检测？要掌握这些知识,就进入下面的学习内容吧!

二、相关知识

(一) 起动机零件检测

1. 电枢轴的检测

用千分表检查起动机电枢轴是否弯曲,如图10-1所示。若摆差超过0.1 mm,应进行校正。电枢轴上的花键齿槽严重磨损或损坏时,应进行修复或更换。

电枢轴轴颈与衬套的配合间隙不得超过0.15 mm,若间隙过大,应更换新套,进行铰配。

2. 换向器的检测

检查换向器有无脏污和表面烧蚀,若出现此情况,应用"400"号砂纸打磨或在车床上修整。

检查换向器的径向圆跳动量,如图10-2所示。将换向器放在V形铁上,用百分表测量圆周上的径向跳动量,最大允许径向圆跳动量为0.05 mm。若径向圆跳动量大于规定值,应在车床上校正。

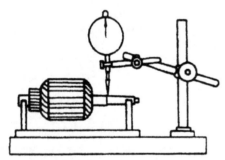

图10-1 检查起动机电枢轴是否弯曲

图10-2 检查换向器的径向圆跳动量

用游标卡尺测量换向器的直径,如图10-3所示。其标准值为30.0 mm,最小直径为29.0 mm,若直径小于最小值,应更换电枢。

检查底部凹槽深度,应清洁无异物,边缘光滑。测量如图10-4所示,标准凹槽深度为0.6 mm,最小凹槽深度为0.2 mm。若凹槽深度小于最小值,应用手锯条修正。

3. 电枢绕组的检查

1)电枢绕组搭铁的检查

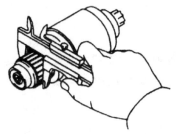
图 10-3　测量换向器的直径

图 10-4　检查底部凹槽深度

电枢绕组搭铁的检查是用万用表的欧姆挡检测,如图 10-5 所示,用一根表笔接触电枢,另一根表笔依次接触换向器铜片,万用表显示的电阻应为无穷大,否则说明电枢绕组与电枢轴之间绝缘不良有搭铁之处。

2）电枢绕组断路的检查

电枢绕组断路的检查可按图 10-6 所示进行,用万用表的欧姆挡,将两个表笔分别接触换向器相邻的铜片,测量每相邻两换向片间是否相通,如相通,说明电枢绕组无断路故障,若万用表显示的阻值为无穷大,说明此处有断路故障,应更换电枢。

图 10-5　电枢绕组搭铁的检查

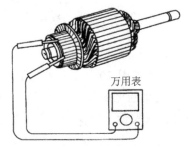
图 10-6　电枢绕组断路的检查

4. 励磁绕组的检查

1）励磁绕组搭铁的检查

用欧姆表检查磁场绕组末端与磁极框架之间的导通性,应不导通,如图 10-7 所示。若导通,应修理或更换磁极框架。

2）励磁绕组断路的检查

用欧姆表检查引线和磁场绕组电刷引线之间的导通性,应导通,如图 10-8 所示。否则,应更换磁极框架。

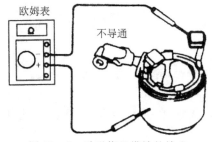
图 10-7　励磁绕组搭铁的检查

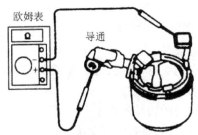
图 10-8　励磁绕组断路的检查

5. 电刷架总成的检查

1）电刷弹簧的检查

检修电刷弹簧,如图 10-9 所示,首先用手依次按压各弹簧,检查弹力是否一致,是否能在电刷架内活动自如。如果弹簧弹力不足,可将电刷弹簧向螺旋相反的方向拨动,以增加其弹力;如无效则应更换。

2）电刷架的检查

用欧姆表检查电刷架正极(＋)与负极(－)之间的导通性,应不导通,如图 10-10 所示。若导通,应修理或更换电刷架。

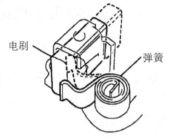

图 10-9 电刷弹簧的检查

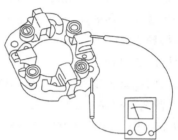

图 10-10 电刷架的检查

3）电刷的检查

电刷长度检查如图 10-11 所示,用卡尺检查电刷长度,电刷长度应不低于新电刷长度的 2/3（国产起动机新电刷长度一般为 14 mm）,即 7～10 mm,否则应予以更换。电刷与换向器的接触面积应大于 75% 以上,否则应研磨电刷。电刷在电刷架内应活动自如,无卡滞现象。

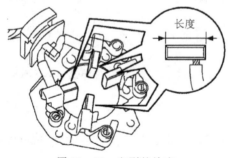

图 10-11 电刷的检查

6. 传动机构的检查

1）检查拨叉

拨叉应无变形、断裂、松旷等现象,回位弹簧应无锈蚀、弹力正常,否则应更换。

2）驱动齿轮的检查

驱动齿轮的齿长不得小于全齿长的 1/3,且不得有缺损、裂痕,否则应予以更换;齿轮磨损严重或扭曲变形时,也应予以更换。

3）单向离合器的检查

将单向离合器及驱动齿轮总成装到电枢轴上,握住电枢,当转动单向离合器外座圈时,驱动齿轮总成应能沿电枢轴自如滑动。在确保驱动齿轮无损坏的情况下,握住外座圈,转动驱动齿轮,应能自由转动;反转时不应转动,否则就有故障,应更换单向离合器。

4)检查离合器是否打滑

将离合器驱动齿轮夹在台虎钳上,在花键套筒中套入花键轴,将扳手接在花键轴上,测得力矩应大于规定值(24～26 N m),否则说明离合器打滑。反向转动离合器应不卡滞,否则应修理或更换离合器总成。

7. 电磁开关的检查

1)吸引线圈的检查

用万用表 R×20 挡测量"50"端子与"C"端子的电阻,如图 10-12 所示。如测得阻值小于 1 Ω,则说明吸引线圈正常,如为零则说明短路,如为无穷大则说明断路。

2)保持线圈的检查

用万用表 R×20 挡测量"50"端子与"搭铁"之间的电阻,如图 10-13 所示。如测得阻值小于 1 Ω,则说明保持线圈正常,如为零则说明短路,如为无穷大则说明断路。

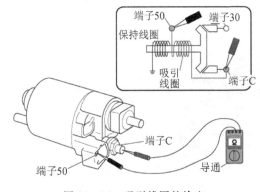

图 10-12　吸引线圈的检查

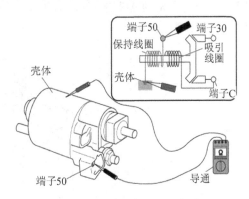

图 10-13　保持线圈的检查

(二) 起动机性能检测

1. 起动机空载试验

试验时,先将蓄电池充足电,每项试验应在 3～5 s 内完成,以防线圈被烧坏。

如图 10-14 所示,用线路将起动机与蓄电池和电流表(量程为 0～100 A 以上的直流电流表)连接。蓄电池正极与电流表正极连接,电流表负极与起动机"30"端子连接,蓄电池的负极与起动机外壳连接。

如图 10-15 所示,用带夹电缆将"30"端子与"50"端子连接起来,此时驱动齿轮应向外伸出,起动机应平稳运转。当蓄电池电压大于或等于 11.5 V 时,消耗电流应不超过 50 A,用转速表测量电枢轴的转速应不低于 5000 r/min。

如电流大于 50 A 或转速低于 5000 r/min,说明起动机装配过紧或电枢绕组和磁场绕组有短路或搭铁故障。如电流和转速都低于标准值,说明电动机电路接触不良,如电刷与换向器接触不良或电刷弹簧弹力不足等。

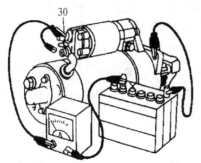 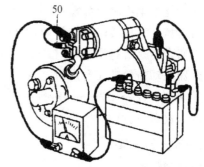

图 10-14　将起动机与蓄电池和电流表连接　　图 10-15　将"30"端子与"50"端子连接

2. 电磁开关试验

1）吸拉动作试验

将起动机固定到台虎钳上，拆下起动机端子"C"上的磁场绕组电缆引线端子，用带夹电缆将起动机"C"端子和电磁开关壳体与蓄电池负极连接，如图 10-16 所示。用带夹电缆将起动机"50"端子与蓄电池正极连接，此时驱动齿轮应向外移动。如驱动齿轮不动，说明电磁开关有故障，应予修理或更换。

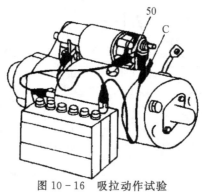

图 10-16　吸拉动作试验

2）保持动作试验

在吸拉动作的基础上，当驱动齿轮保持在伸出位置时，拆下电磁开关"C"端子上的电缆夹，如图 10-17 所示，此时驱动齿轮应保持在伸出位置不动。如驱动齿轮回位，说明保持线圈断路，应予修理。

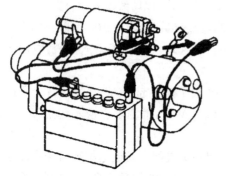 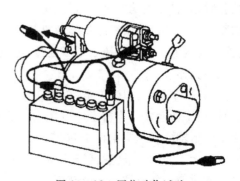

图 10-17　保持动作试验　　　　　　　　图 10-18　回位动作试验

3) 回位动作试验

在保持动作的基础上,再拆下起动机壳体上的电缆夹,如图 10-18 所示,此时驱动齿轮应迅速回位。如驱动齿轮不能回位,说明回位弹簧失效,应更换弹簧或电磁开关总成。

3. 起动机全制动试验

全制动试验又称为负载试验,是在空载试验通过后,再通过测量起动机全制动时的电流和转矩来检验起动机的性能良好与否,试验方法如图 10-19 所示。将起动机夹持在试验台上,接通起动机电路,观察单向离合器是否打滑,并迅速记下电流表、电压表及弹簧秤的读数,其全制动电流和制动转矩应符合规定值。

如果电流大而转矩小,则表明磁场绕组或电枢绕组有短路或搭铁故障;如果转矩和电流都小,则表明起动机内接触电阻过大;若试验过程中电枢轴有缓慢转动,则说明单向离合器有打滑现象。

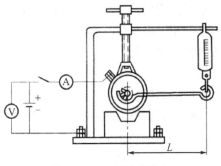

图 10-19 全制动试验

(三) 起动机常见故障及排除方法

正常启动车辆时,将点火开关旋转至起动位置,电流经蓄电池正极流出,经起动开关"30"端子进入点火开关,后经点火开关"50"端子流出,到达起动机电磁开关,此时电磁开关闭合,由蓄电池正极连接线流出的大电流,经电磁开关接通起动机内部的励磁绕组,产生磁场,使起动机旋转。

汽车起动机最常见的故障一般有以下 6 种:

1) 打火时没反应

这种情况一般是由钥匙门起动触点接触不良、钥匙门下方插头接触不好、保险丝熔断、起动机继电器损坏、起动机电磁开关损坏、起动机电磁开关接线柱线头脱落、起动机电机损坏、电瓶极柱接触不良和电瓶亏电等原因导致的。

诊断方法是首先打开发动机盖,用一根电线把起动机火线和电磁开关上的细接线柱短接一下,若起动机能工作,说明从钥匙门到起动机之间电路出现了故障。

短接时如果没有任何反应,再用螺丝刀把电磁开关的两个粗接线柱短接,如果电机转动,说明起动机电磁开关损坏。如果没反应或者只有很小的火花出现,原因可能是起动机内部碳刷被卡住或碳刷磨损严重,或者是电瓶亏电。此时,开大灯观察大灯亮度,如果大灯亮度正常,说明电瓶有电。这种情况下,找一个小锤或者砖头敲击马达几下即可临时解决问题。

2) 打火时发出"嗒"的一声

在打火的时候,能听到轻微"嗒"的一声而起动机不工作,这种情况一般是起动机继电器触点烧蚀或起动机电磁开关接触盘烧蚀、起动机电机损坏或电瓶电量不足所引起的。

诊断的方法是用一根电线短接电瓶火线和电磁开关细接线柱,若起动机能工作,说明起动机继电器触点烧蚀不过电,若જ出现"嗒"的一声响,再用螺丝刀短接电磁开关上的两根粗接线柱,如果电机工作,说明电磁开关接触盘烧蚀严重,此时用螺丝刀短接电磁开关两个粗接线柱即可解决临时着火问题。

3)打火时有连续的"哒哒哒"声

打火的时候如果出现连续的"哒哒哒"声,主要原因就是电瓶严重亏电或电瓶损坏。解决办法是借用同伏数的电瓶把车打着,观看仪表盘上充电指示灯是否熄灭,若没熄灭说明是发电机不发电而造成电瓶亏电,如果指示灯熄灭,说明电瓶损坏需更换新的电瓶。

4)打火时有打齿声

打火时有铁磨铁的打齿声而且只有起动机转而发动机不转,这种情况主要是起动机单向齿轮和发动机飞轮齿圈磨损严重所造成的。临时解决方法是踩下离合器随便挂一个挡位再挂回空挡,这样重复几次即可。另一种解决办法是把钥匙门关闭,挂上高挡把车向前或向后推动,感觉发动机跟着转动时,再次打火即可。

5)起动机空转

打火时只听到起动机转而发动机不转,这是由于起动机单向齿轮打滑所造成的,这种情况一般在凉车打火时最为严重,出现起动机齿轮打滑时,应及时到专业的修理厂更换新的齿轮,以免发生半路抛锚事故。

6)打火时起动机无力

打火的时候发现起动机无力或根本就带不动发动机,这种情况的原因一般分为两种,一种是电瓶电量不足,另一种是起动机本身的原因。

(四)起动机的正确使用与维护

起动机在汽车上是至关重要的,却经常被车主们所忽视,有些车主认为只要能打车就行,而一旦发生抛锚他们就傻眼了,所以我们平时要注重汽车起动机的维护和保养。怎样去正确使用和维护起动机呢?

1. 起动机的正确使用

为了延长起动机的使用寿命,并保证能迅速、可靠、安全地工作,使用起动机时必须注意以下6点:

(1)起动机是按短时间大电流工作设计的,因此,使用起动机时,每次工作时间不得超过5 s,重复启动时必须间隔15 s以上。

(2)在低温下启动发动机时,应先预热发动机后再启动(柴油机)。

(3)起动机电路的导线连接要牢固,导线的截面积不应太小。

(4)使用不具备自动保护功能的起动机时,应在发动机启动后迅速断开起动开关。在发动机正常运转时,切勿随便接通起动开关。

(5)应尽可能使蓄电池处于充足电的状态,保证起动机正常工作时的电压和容量,减少起动机重复工作的时间。

(6)应定期对起动机进行全面的保养和检修。

2. 起动机的使用注意事项

(1)启动前应将变速器挂上空挡,自动变速器的汽车应将变速杆置于 P 挡或 N 挡,启动同时踩下离合器踏板。

(2)每次接通起动机的时间不得超过 5 s,两次之间应间歇 15 s 以上。

(3)当发动机启动后应立刻松开点火开关,使起动机停止工作。

(4)经过三次起动,发动机仍没有启动着火时,应停止启动,进行简单的检查,如蓄电池的容量、极柱的连接、油电路等,否则将使蓄电池的容量严重下降,启动发动机变得更困难。

3. 起动机的维修注意事项

(1)在车上进行启动检测之前,一定要将变速器挂上空挡,并实施驻车制动。

(2)在拆卸起动机之前,应先拆下蓄电池的搭铁电缆线。

三、项目实施

(一)安全防护注意事项

1. 个人安全防护

(1)维修操作人员必须穿工作服、戴工作帽、穿工作鞋、工作服纽扣与拉链及皮带扣不应暴露在衣服外侧、袖口不应挽起、领口扣紧、裤脚扣紧、佩戴手套,女生长头发要盘起在工作帽内。

(2)维修操纵人员在进入车间时不应佩戴手表、戒指、项链等金属首饰,女生不应佩戴耳环。

(3)维修人员在进行车辆维修操作时,应防止车轮轧伤脚部、车门夹伤手部,手部不能靠近热的发动机及旋转的发动机皮带。

(4)在搬运重物及尖锐器物时应注意动作姿势,防止扭伤腰部、砸伤脚部、划伤手部。

2. 车辆/台架等设备安全

(1)车辆进入车间内,不应随意摆放,熄灭发动机后,将变速器置于空挡位置,并拉紧驻车制动;台架应将滑轮锁死或用木块固定。

(2)维修操作前,应铺设三件套及翼子板布,发动机起动前应连接尾排,且其他实训人员不应围绕在车辆周围。

(3)任何时间操作电气设备时,都应注意用电安全。作业结束之后,应及时切断一切用电设备的电源。

(4)维修操作前应熟读维修手册中的操作标准和台架、仪器、设备使用标准,并做好日常维护工作。

3. 车间场地安全防护

(1)车间应配有干粉灭火器及相应消防措施,易燃油品不能暴露于空气中。

(2)工作时车间内的任何工具、零部件、设备、车辆都不能随意摆放,工作结束后摆放于指定地点保管。

(3)车间内设备或车辆周围的人行道或工作区域不能过于拥挤。

(4)操作过程中应做到油品、工具、配件三不落地,作业完毕后应及时清理车间工作场地,做到现场 5S 管理。

(二) 检查起动机

检查起动机的具体工作步骤及内容见表 10-1。

表 10-1　检查起动机工作步骤及内容

步骤	工作内容
1	检查定子永久磁铁的固定情况,有无损坏、松动
2	检查转子(电枢)绕组:用万用表 R×20 kΩ 挡检测电枢轴与换向器的每个铜片,阻值应为无穷大
3	检查磁力开关:用万用表 200 Ω 挡测量吸引线圈阻值应在 1 Ω 左右,保持线圈阻值应在 1.9 Ω 左右(具体车型有所不同),如果阻值无穷大说明线圈断路,如果阻值过小说明线圈匝间短路
4	检查单向离合器应具备单向锁止功能
5	检查行星齿轮机构磨损情况
6	检查电刷高度:电刷应不低于新电刷高度的一半,一般不小于 10 mm;电刷在电刷架内应活动自如,无卡滞现象;电刷与换向器接触面积应不小于 80%

(三) 测试起动机

测试起动机的具体工作步骤及内容见表 10-2。

表 10-2　测试起动机工作步骤及内容

步骤	项目	顺序	工作内容
1	测试起动机磁力开关	1	将起动机放置在台钳上,并锁死
		2	将正极搭线夹住电瓶正极,另一端夹住起动机磁力开关控制端子
		3	将负极搭线夹住电瓶负极,另一端触碰台钳(起动机为壳体搭铁),同时用手握住夹住磁力开关端子的夹子,测试磁力开关性能。磁力开关应吸合,起动机齿轮弹出
2	测试起动机电机	1	断开电瓶负极的搭线,将磁力开关端子上的正极线取下,接在起动机供电端子上
		2	连接电瓶负极的搭线,将搭线的另一端夹在台钳上
		3	使用跨接线,连接供电端子与磁力开关控制端子,测试起动机电机性能。起动机磁力开关应吸合,齿轮弹出,并高速旋转
3	整理	1	将跨接线整理好,放置在工作台上
		2	断开连接在电瓶负极与台钳上的搭线,整理好并放置在工作台上
		3	断开连接在电瓶正极与起动机的搭线,整理好并放置在工作台上
		4	将起动机从台钳上取下,放置在工作台上

(四) 检查起动机电路

检查起动机电路的具体工作步骤及内容见表 10-3。

表 10-3 检查起动机电路工作步骤及内容

步骤	项目	顺序	工作内容
1	安全防护与检查前准备工作	1	打开引擎盖铺设三件套及翼子板布
		2	打开机舱盖,用吹尘枪简单清洁发动机舱
		3	用万用表合适挡位检查蓄电池是否有电,如有则进行下一步
2	起动机电路检查	1	拆卸起动机供电端子保护盖,使用万用表 20 V 挡位(或试灯)检查起动机供电线路是否有 12 V 电压。如有 12 V 电压则进行下一步,若无 12 V 电压则检查起动机供电线路是否断路,起动机供电线路固定螺栓是否松脱腐蚀,电瓶桩头正极是否松动腐蚀
		2	检查变速器搭铁点是否存在虚接或脱落现象,电瓶负极桩头是否存在松动腐蚀现象。若存在虚接或脱落现象,重新清理并固定搭铁点。若无虚接或脱落现象,则说明搭铁点至电瓶负极桩头线路断路
		3	拔下起动机磁力开关后部插接器,助手进入车辆,转动点火开关至点火挡并保持住,使用万用表 20 V 挡测量该插接器是否有 12 V 电压,如有则进行下一步,如无则检查点火开关电路
3	检查点火开关线路	1	拔下起动机磁力开关后部插接器,转动点火开关至点火挡,使用万用表测量该插接器,若无电,使用万用表 20 V 挡或试灯检查插接器端子"30"有无 12 V 电压
		2	若无 12 V 电压,则说明点火开关"30"端子与蓄电池正极线之间存在断路,应检查蓄电池正极柱和负极柱的连接情况和蓄电池上方保险丝有无熔断。若"30"端子有 12 V 电压,则进行下一步检查
		3	打开点火开关至点火挡,使用万用表蜂鸣挡检查点火开关后方"30"端子与"50"端子是否导通,若不导通,说明点火开关损坏,应更换点火开关
		4	若导通,则说明点火开关插接器插接不良或点火开关的"50"端子与磁力开关插接器线路存在断路。使用万用表电阻挡测量"50"端子至磁力开关插接器间线路,若电阻无穷大则线路断路
		5	使用万用表蜂鸣挡测量跨接线导通,则用跨接线连接磁力开关插接器,用万用表蜂鸣挡测量"50"端子至磁力开关插接器线路,若无反应则该线路断路(以上检查均正常则起动机损坏,更换起动机)
4	工具整理	1	将工具设备整理归位
		2	将车辆复位
		3	清理地面卫生

(五) 实施记录

1. 检查起动机

按要求检查起动机并填写实施记录表10-4。

表10-4 检查起动机实施记录

序号	项目	检查结果	备注
1	检查定子永久磁铁的固定情况	正常、损坏、松动	
2	检查转子(电枢)绕组阻值	无穷大、零	
3	检查磁力开关吸引线圈阻值	测量阻值：_____Ω	标准阻值：_1_ Ω
4	检查磁力开关保持线圈阻值	测量阻值：_____Ω	标准阻值：_1.9_ Ω
5	检查单向离合器	正常、损坏	
6	检查行星齿轮机构	正常、磨损、损坏	
7	检查电刷	正常、卡滞、磨损	

2. 检查起动机电路

按要求检查起动机电路并填写实施记录表10-5。

表10-5 检查起动机电路实施记录

序号	项目	检查结果	备注
1	拔下点火开关插接器插头，检查插接器插头"30"端子有无12 V电压	有、无	
2	拔下点火开关插接器，将点火开关旋至启动挡。检查点火开关后方"30"针脚与"50"针脚之间是否导通	导通、不导通	
3	检查起动机磁力开关	正常、无法吸合	
4	检查起动机电机	正常、损坏	

四、思考与练习

(一) 判断题

1. 起动系只是在发动机启动的时刻起作用，在发动机启动后起动系就没作用了。（　）
2. 起动系将机械能变成电能。（　）
3. 只要将点火开关拧到启动挡，电磁开关两个线圈都会被激磁。（　）
4. 电磁开关两个线圈分别叫保持线圈和吸引线圈。（　）
5. 启动系统常见故障有起动机不转、起动机空转、起动机运转无力等。（　）

6. 当起动机电磁开关继电器线圈通过电流时,铁心被磁化而吸闭触点,致使吸引线圈和保持线圈之间的电路被接通。( )

7. 起动机启动时,应先将驱动齿轮啮入飞轮齿圈,然后再将起动机接通主电路。( )

8. 经过研磨的起动机电刷,如果它与换向器接触弧度符合要求,但接触面积小于80%,则最好重新研磨。( )

(二) 选择题

1. 在讨论起动机无法启动故障时,技师甲说:这是起动机或其控制线路故障,与电源系没有关系,不需要检测蓄电池。技师乙说:怀疑启动系统部件故障,应先检查蓄电池。谁正确?( )
   A. 技师甲对　　B. 技师乙对　　C. 都对　　D. 都错

2. 在讨论启动系统部件时,技师甲说:传动皮带是启动系统部件。技师乙说:起动机操作机构和驱动小齿轮,都是启动系统部件。谁正确?( )
   A. 技师甲对　　B. 技师乙对　　C. 都对　　D. 都错

3. 已重新组装好起动机并准备装到汽车上,技师甲说:在将起动机装到汽车之前应进行空转实验。技师乙说:在拆卸起动机之前应将蓄电池负极电缆拆下。谁正确?( )
   A. 技师甲对　　B. 技师乙对　　C. 都对　　D. 都错

4. 技师甲说:在检测启动系之前对蓄电池进行检测很重要。技师乙说:发动机内部状况对启动系统的工作影响很小。谁正确?( )
   A. 技师甲对　　B. 技师乙对　　C. 都对　　D. 都错

5. 在讨论启动系时,技师甲说:在4S店中,若检测为起动机内部故障,一般来说技师会采用更换起动机的方法来进行维修。技师乙说:起动机到蓄电池和发电机之间导线很粗,一般是不会发生导线断路故障的。谁正确?( )
   A. 技师甲对　　B. 技师乙对　　C. 都对　　D. 都错

6. 进行全制动试验时,每次启动试验时间不超过( )s。
   A. 3　　B. 5　　C. 20　　D. 30

7. 起动机电刷的高度不得低于标准尺寸( )。
   A. 1/3　　B. 1/2　　C. 2/3　　D. 3/3

8. 起动机换向器的圆柱度偏差超过规定值时,应精加工其表面,经加工后的换向器外径超过使用极限标准时,应更换。一般规定起动机换向器的圆柱度偏差不能超过( )。
   A. 0.15 mm　　B. 0.25 mm　　C. 0.35 mm　　D. 0.45 mm

9. 用千分表检查起动机电枢轴是否弯曲,如需校正时,其径向跳动值应超过( )。
   A. 0.15 mm　　B. 0.25 mm　　C. 0.35 mm　　D. 0.45 mm

10. 起动机产生正常转矩是在( )。
    A. 按下启动按钮后　　　　　　B. 驱动齿轮运动前
    C. 驱动齿轮运动中　　　　　　D. 驱动齿轮与飞轮齿环啮合后

(三) 问答题

1. 简述电磁开关中吸引线圈和保持线圈的电阻值检测方法。

2. 启动打火时发出"嗒"的一声是什么原因？

3. 维修起动机时有哪些注意事项？

项目十一　认知灯光系统

一、任务描述

随着汽车技术的不断发展,汽车照明技术越来越先进,从最早的煤油灯发展到现在的激光大灯。那么你了解汽车上的灯光系统吗?要掌握这些知识,就进入下面的学习内容吧!

二、相关知识

(一) 汽车大灯发展历程

要问汽车上什么电器最重要,毫无疑问灯光绝对无出其右。如果没有汽车大灯,我们驾驶着汽车在夜间会寸步难行,而有了优质的光源之后,我们的夜间行驶之路会更有保障,所以追求更优质的光源就成了车主和厂商共同的目标。从最初的汽灯到电灯,从灯泡到 LED,再到激光大灯,从最开始单纯用于照明,到现在用于夜视、装饰等各种用途。下面我们就来了解一下汽车大灯的发展历程。

1. 煤油灯

汽车刚诞生时,几乎什么功能都没有,更别谈车灯了。据说 1887 年,一个驾驶员在黑暗的旷野上迷路时,是一只民用手提灯把他引回了家,这也是汽车上最早的照明工具。

但是煤油灯的发光强度太低,并不能满足照亮车前足够远路面的要求。所以为了提高前方路面照度,人们采用的办法是将克鲁平反光镜安置在煤油灯后,使煤油灯成为世界上第一只聚光大灯,这也是车灯的最早雏形,如图 11-1 所示。

图 11-1　煤油灯

2. 乙炔灯

因为发光效率低下的缘故,煤油灯很快就被乙炔灯所替代。可能有人会质疑,早在 1879 年,白炽灯便已经被发明了,为何乙炔灯会捷足先登应用在汽车上呢?这是因为,当时的真空白炽灯泡的灯丝是由碳丝做成的,太脆弱的灯丝禁不起路上的颠簸,因此无法应用在车灯上。

而且当时乙炔灯所能达到的亮度几乎比电灯亮一倍,所以乙炔灯当仁不让成为了当时车灯的首选。在这之后也出现了其他光源,但都因为种种原因未获成功,最终只有乙炔灯成为早期车灯的稳定光源,而且一直沿用到1925年前后。

当然,随着汽车的发展,乙炔灯的缺点也逐渐暴露出来了。首先,乙炔灯依靠燃烧发光,很容易被路上的雨水浇灭,在恶劣天气下行车简直成为了司机们的噩梦。其次,乙炔灯的耐用度与刚刚面世的白炽灯相比强不到哪里,加之燃烧后的乙炔会产生大量碱石灰($Ca(OH)_2$),这种对蛋白质有溶解效果的有害物质落在皮肤上会产生强烈的刺激性和腐蚀性,严重的会致使人产生休克、胃穿孔等不良反应。

乙炔灯如图11-2所示,其工作原理是利用装置在汽车脚踏板或车架上的轻便型乙炔发生器由碳化钙和水发生化学反应而发光的。在行车的过程中,晃动的车身刚好为乙炔的产生提供了便利条件,但缺点在于,一旦车停下来,反应便没有那么强烈,随着产生乙炔的减少,车灯也就会逐渐变暗。

3. 白炽灯、卤素灯

随着电灯的发展,耐用度的提升,乙炔灯连同着它的缺点逐渐退出了车灯的历史舞台,取而代之的是日渐成熟的白炽灯。螺旋钨丝白炽灯相比于原来的碳丝白炽灯的照射强度提升了50%,螺旋钨丝白炽灯的出现可以说是真正开始了汽车照明电气化发展的历史,之前的煤油灯和乙炔灯姑且算是野史吧。

图11-2 乙炔灯

虽然早在1898年,哥伦比亚电动公司就推出了一辆搭载钨丝灯的电动车。但就如前文所说,纤细的灯丝很容易在颠簸的路面断裂,再加之没有聚焦装置,电灯的首秀并不能算是成功,这也正是乙炔灯能够沿用到1925年的原因。

由于普通白炽灯的发光效率不高,于是更节能的卤素灯诞生了,初期用作车灯的卤素灯诞生于1960年,厂商是后来大名鼎鼎的海拉。

卤素灯其实就是生活中我们使用的白炽灯的升级版,加入卤族元素后,能使得白炽灯的亮度提高1.5倍,同时使用寿命也是普通白炽灯的2～3倍。为了提高白炽灯的发光效率,首先,必须提高钨丝的温度,但相应地也会造成钨的升华,并凝华在玻璃壳上使之发黑。在白炽灯中充入卤族元素或卤化物,利用卤钨循环的原理可以消除白炽灯的玻壳发黑现象,这就是卤素灯的来由。螺旋钨丝白炽灯和卤素灯如图11-3所示。

图11-3 螺旋钨丝白炽灯和卤素灯

如果晚上观察行驶的车辆,一般大灯发黄的就是装配了卤素大灯的车型,由于色温偏低,所以光线颜色偏暖黄。

优点:卤素灯成本低,制作比较简单;比普通白炽灯使用寿命长、发光效率高、灯光穿透力强。

缺点:亮度不够高、产热多、温度高、光源不够集中。

4. 氙气大灯

伴随着交通环境的变化以及汽车安全性、环保性的提高,白炽灯已经不能满足需要了。首先,白炽灯系列亮度不够,由于车速越来越快,夜间以及低能见度的环境下,亮度不够会直接影响车辆和行人的安全。其次是不环保,一个卤素车灯的功率就达到了 50~70 W,能量消耗比较大,而且因为白炽灯发光是以钨丝通电为基础,钨丝高温发光必然会有损耗,虽然 200~300 h 的寿命比燃料灯具长很多,但是和汽车的整体寿命相比,白炽灯系列的寿命还是太短。

针对白炽灯系列亮度低、费电、寿命短等不足,20 世纪 90 年代,专业的车灯制造商海拉将技术成熟的氙气车灯推向了市场。氙气灯采用了在石英灯管内填充高压惰性气体,取代传统的灯丝,以 23000 V 高压电流刺激氙气发光,在两极间形成完美的白色电弧。氙气车灯亮度是卤素灯的 3 倍,能耗是其的一半,使用寿命更是卤素灯的 7 倍。简单的说,只要不人为损坏,车辆十余年的使用寿命内,不需要换车灯。氙气大灯如图 11-4 所示。

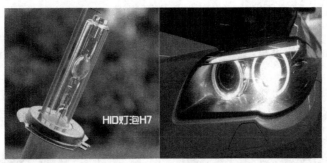

图 11-4 氙气大灯

不过刚开始应用于汽车的氙气大灯会给对面的司机造成眩光,这对于安全是一种隐患,随着后期自动大灯高度调节开始得到应用,逐渐解决了这方面的问题。

氙气灯的工作原理是利用配套的电子镇流器将蓄电池的 12 V 电压瞬间提升到 23 kV 以上的触发电压后,高压脉冲电在完全密闭的微型石英灯泡内的金属电极之间,激励灯泡内的物质(氙气、少量的水银蒸气以及金属卤化物)在电弧中电离产生光亮。

虽说氙气灯采用与日光相近的光色,但因含较多的绿色与蓝色成分,通常呈现蓝白色光,这种蓝白色光大幅提高了道路标志和指示牌的亮度。氙气汽车大灯的光通量是卤素灯的 2 倍以上,同时电能转化为光能的效率也比卤素灯提高 70% 以上,因此可以有效扩大车辆前方的可视视觉范围,从而营造出更为安全的驾驶条件。

优点:氙气灯泡拥有比普通卤素灯泡高 3 倍的光照强度,耗能却仅为其 2/3,寿命较长,节电性强,氙气灯泡采用与日光相近的光色,为驾驶者创造出了更佳的视觉条件。

缺点:价格比较昂贵,启动需要时间,有延迟性,需要内部气体达到一定温度,色温高导致穿透性不强。

5. LED 大灯

LED 灯俗称发光二极管,它集合了氙灯的所有优点,另外还有两个独特的优势,即单个二极管体积小,可以有多种车灯内部设计,更炫酷,同时一个灯腔内可放置数个光源,形成灯阵(奥迪的矩阵式、奔驰的多光束);另一个优势,也是氙灯无法比拟的,就是启动速度极快,频闪可在瞬间达到最大亮度。

LED 是一种能够将电能转化为可见光的固态的半导体器件,它可以直接把电转化为光。LED 的发光效率更高,能耗仅为卤素灯的 1/20,而其使用寿命长达 10 万小时,整车设计寿命里基本不用更换。另外其体积小巧、紧凑便于布置和造型设计。

LED 大灯的点亮仅需微秒级别,用在尾灯和转向灯上能够迅速达到警示效果。LED 大灯亮度高,其采用低压直流电即可驱动,对使用环境要求低,不像氙灯那样还需要升压装置。

现在越来越多的豪华品牌开始用 LED 做头灯光源,在倡导节能环保的大环境里,LED 的推广是大势所趋。

优点:节能环保,寿命长,可以瞬间点亮,不会有延迟性,耐用性好,低压安全,单个体积小,设计自由度高。

缺点:LED 集群散热高,容易损坏。

那么氙气大灯和 LED 大灯到底哪个光源照路更好用?因为大灯存在的最终意义是在夜晚照亮道路,减少光照死角,所以我们做了如下实际测试。

图 11-5 为氙灯的近光照路效果,可以看见两条很明显的光柱,亮度足够,宽度由两条光柱逐渐向两侧减弱变暗,如果搭配原车的随动转向系统,透镜会根据方向盘一致角度左右照射,效果更好。

再看 LED 大灯的近光照路效果,如图 11-6 所示,可见 LED 亮度更高,路面被照亮的是一大片,照路优于氙灯那种有明显明暗变化的效果,而且两侧的宽度和亮度也要更好。简单说,近光照路方面,LED 大灯完胜。

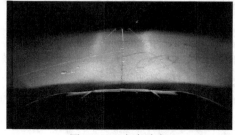 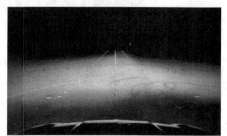

图 11-5　氙气大灯　　　　　　　　　图 11-6　LED 大灯

下面来看两种光源的远光效果,如图 11-7 和图 11-8 所示,虽然 LED 依旧照射得更远,亮度更宽,但较远的地方,明显不如氙灯,换句话说,氙灯色温比 LED 要低,穿透力更好,照得更远。另一个原因是实验中车型的 LED 大灯,虽然灯腔内由多个光源组成,但没有透镜(部分车型 LED 大灯有透镜设计),不如氙灯聚光。实际测量结果也验证了这个推论。

那么好车灯的标准是什么?

简单的说,就是要保证亮度(这也是卤素光源逐渐被淘汰的原因)、近光照的宽(LED 的优势)、远光射的远(有透镜的氙灯表现更出色)、照射死角越少越好(LED 单个光源体积小,灯腔内可以设计不同区域的照射,理论上,可以实现车头前方区域无死角)。还有特别重要的一点,无论哪种光源,不能给对向车辆造成眩光。

图 11-7　氙气大灯

图 11-8　LED 大灯

很多原厂大灯无法满足夜间行车的需求,这时可以选择对灯光进行改装。氙灯改装的技术已经很成熟了,海拉、小糸等大厂透镜表现也确实优秀,但是切记氙气灯泡必须搭配透镜一起使用,为道路上的其他车辆负责,同时也为自己负责。至于 LED 改装,网上有很多 LED 灯泡,宣称能提升 20% 的亮度,但如果换了一对没经过配光的杂牌 LED 大灯灯泡,虽然这种 LED 大灯灯泡很亮,但是如果他和原车的灯具匹配得不好,会造成光不聚,使得照射距离有限,甚至还不如卤素灯,可能越改越不亮,而且 LED 对散热要求很高,如果条件允许,更换原厂高配车型 LED 整套大灯更靠谱。

6. 激光大灯

激光,一听就具有十足的科技感。激光大灯的发光元件是激光二极管,和 LED 二极管有着千丝万缕的联系。继 LED 大灯之后,激光大灯被称为"合理的下一步",原理是激光发光二极管的蓝光灯将会贯穿前大灯单元内有荧光的荧光粉材料,将其转换成一个扩散的白光。它更加节能,更加省油,如图 11-9 所示。

图 11-9　激光大灯

在照射距离方面,激光大灯能照射到前方 600 m 的范围,而采用 LED 远光灯的车型则只能照射到 300 m 范围内,对比效果如图 11-10 所示。

激光大灯还没有被装配在任何一款量产车上,但宝马和奥迪这两家善于玩灯的品牌已经先后宣布激光大灯将装配于量产车。

优点:和 LED 大灯的优点相似,激光大灯具有节能、寿命长、亮度衰减低、体积小、响应速度快等优点。

缺点:近距离发散光不足。

(二) 汽车灯光系统的基本组成

汽车灯光系统是汽车安全行驶的必备系统之一。汽车灯光系统按照功能划分,主要有两个种类:汽车照明灯和汽车信号灯。

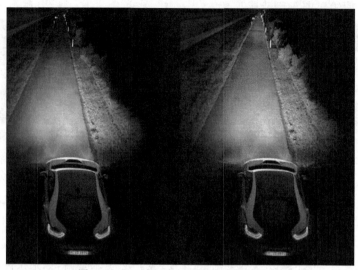

图 11-10 LED 大灯与激光大灯对比图

汽车照明灯按照其安装的位置及功用包括：前照灯、雾灯、牌照灯、仪表灯、顶灯、工作灯。汽车灯光信号灯又包括：转向信号灯、危险报警灯、示宽灯、制动灯、倒车灯。

1. 照明灯

1）前照灯

前照灯又叫前大灯，装于汽车头部两侧，用于夜间行车道路的照明。有两灯制和四灯制之分。每辆车安装 2 只或 4 只，装于外侧的一对应为近、远光双光束灯，装于内侧的一对应为远光单光束灯。

前照灯灯光光色为白色或白色偏黄，灯泡功率远光灯为 45～60 W，近光灯为 25～55 W。要求前照灯应能保证提供车前 100 m 以上路面明亮、均匀的照明，并且不应对迎面来车的驾驶员造成眩目。随着车速的不断提高，汽车上的前照灯的照明距离可达到 200～300 m。

2）雾灯

雾灯安装于汽车的前部和后部，用于在雨雾天气行车时照明道路和为迎面来车及后面来车提供信号。前雾灯安装在前照灯附近，一般比前照灯的位置稍低，因为雾天能见度低，驾驶员视线受到限制。红色和黄色是穿透力最强的颜色，前雾灯光色为黄色，这是因为黄色光光波较长，具有良好的透雾性能，灯泡功率一般为 35 W。后雾灯采用单只时，应安装在车辆纵向平面的左侧，与制动灯间的距离应大于 100 mm，后雾灯灯光光色为红色，以警示尾随车辆保持安全距离，灯泡功率一般为 21 W。

3）牌照灯

牌照灯用于照亮车辆牌照，要求夜间在车后 20 m 处能看清牌照号码。牌照灯装在汽车尾部牌照的上方或左右两侧，灯光光色为白色，灯泡功率为 5～15 W。它没有单独的开关控制，受示宽灯或前照灯开关控制。并有规定要求牌照灯必须与小灯同一个开关控制。

4）仪表灯

仪表灯安装于仪表盘内，用来照明汽车仪表。灯光颜色一般为白色，灯泡功率为 5～8 W，没有单独的开关，随小灯一起控制。

5)顶灯

顶灯一般安装在驾驶室或车厢内顶部,为驾驶室或车厢内的照明灯具。灯光颜色一般为白色,功率一般为5~8 W。控制方式有三种,分别是车门开关控制、顶灯开关单独控制和延时控制。

车门开关控:当顶灯挡位开关拨到门灯开关控制位置(DOOR)时,打开任何一侧车门,门灯开关闭合,点亮顶灯。

顶灯开关单独控制:顶灯开关拨到打开位置(ON)时,顶灯会点亮,开关拨到关闭位置(OFF)时,顶灯熄灭。这时,顶灯的工作状态与门灯开关是无关的。

延时控制:当顶灯挡位开关拨到门开关控制位置(DOOR)时,打开车门后顶灯会点亮,关闭车门后顶灯会延时10 s熄灭,延迟熄灭时间是由计时电路控制的。

6)工作灯

工作灯是车辆维修时可以移动使用的一种随车低压照明工具,电源来自发电机或蓄电池。常常带有挂钩或夹钳,插头有点烟器式或两柱插头式两种。

2. 信号灯

1)转向信号灯

装于汽车前、后、左、右角,用于汽车转弯时发出明暗交替的闪光信号,使前后车辆、行人、交警知其行驶方向。转向信号灯的灯光光色为琥铂色,灯泡功率一般为20 W。汽车转向信号灯的指示距离要求前、后转向信号灯白天距离100 m以外可见,侧转向信号灯白天距离30 m以外可见,转向信号灯的闪光频率应控制在1~2 Hz。

2)危险报警灯

危险报警信号灯用于车辆遇到紧急危险情况时,同时点亮前后左右转向灯以发出警告信号,与转向信号灯有相同的要求。

3)示宽灯

示宽灯安装在汽车前、后、左、右侧的边缘,用于夜间行驶时指示汽车宽度。示宽灯要求灯光标志在夜间300 m以外可见,前示宽灯的灯光光色为白色,后示宽灯的灯光光色多为红色,灯泡功率为8~10 W。

4)制动灯

制动灯用于指示车辆的制动或减速信号。制动灯安装在车尾两侧,两制动灯应与汽车的纵轴线对称并在同一高度上,制动灯灯光光色为红色,应保证白天距离100 m以外可见。制动灯多为组合灯具,一般与尾灯共用灯泡,功率为20 W左右。

5)倒车灯

倒车灯装于汽车尾部,用于倒车时汽车后方道路照明和警告其他车辆和行人,表示该车正在倒车,兼有灯光信号装置的功能。倒车灯灯光光色为白色,功率一般为28 W。

早些年,汽车上的倒车灯都是两个,现在的国产车上大部分还都是两个,但是合资车90%以上的车型都只有一个倒车灯,那为什么现在很多汽车都设计成一个倒车灯了呢?汽车厂家设计成这样到底又有何目的呢?

因为国家规定长度小于6 m的车辆强制安装1个倒车灯,可再选装1个,也就是说国家并没有强制要求必须安装两个倒车灯,所以汽车厂商自然是能少装一个就少装一个。

另外一种说法则是,倒车灯并不完全是为了照明,更多的是为了警示后方车辆或行人,该灯亮了是在倒车,注意躲避。在有路灯的地方倒车,倒车灯几乎起不到作用,所以一个和两个效果是一样的。后雾灯设计成一个也是有些道理的,由于后雾灯点亮时的颜色为红色、亮度也比较高,如果设计成左右两个,容易让后车误认为是前车已经刹车,从而造成一定的安全隐患。

另外,我国倒车灯普遍都安装在右侧,是因为我们国家都是左舵驾驶,安装在右侧可以弥补另一侧视线偏暗的问题。

其实单个倒车灯、单个后雾灯在客观上确实省去了一定的成本,不过这种设计在国外亦是如此,进入国内谈不上减配,当然单只倒车灯设计也不是固定不变的,有的车企会按照每一款车型的实际情况而定。

(三) 前照灯的要求和结构

1. 前照灯的基本要求

前照灯的照明效果直接影响夜间行车驾驶的操作和交通安全,因此世界各国交通管理部门一般都以法律形式规定了汽车前照灯的照明标准,以确保夜间行车的安全。

1)前照灯照明距离要求

前照灯应保证车前有明亮而均匀的照明,使驾驶员能辨明车前 100 m 以内路面上的任何障碍物,这个数据是依据汽车的行驶速度而定的。随着汽车行驶速度的提高,照明距离是要加大的。现在有些汽车的前照灯照明距离已达到 200~250 m。

2)前照灯防眩目要求

前照灯应具有防眩目装置,以免夜间两车相会时使对面汽车的驾驶员眩目而肇事。为了避免眩目作用,一般都采用双丝灯泡的前照灯。其中一根功率较大的灯丝为"远光",另一根功率较小的灯丝为"近光",远光灯丝位于反射镜焦点处,夜间行驶对面无来车时使用;近光灯丝位于焦点上方(或前方),夜间两车相会时使用,光束向下倾斜,照亮车前 50 m 内路面,从而避免使迎面来车的驾驶员眩目。

3)前照灯发光强度的要求

在用车远光发光强度为:二灯制不小于 15000 cd(坎德拉),四灯制不小于 12000 cd(坎德拉);新注册车远光发光强度为:二灯制不小于 18000 cd(坎德拉),四灯制不小于 15000 cd(坎德拉)。

二灯制:这种结构所采用的灯泡包含有两个分开的光源,通过一个反射镜投射近光和远光。每只前照灯都能分别发出近光和远光,通常用于轿车上。二灯制前照灯分为两种,一种开远光时近光同时亮,另一种只亮远光灯。

四灯制:一对前照灯产生远光和近光或仅产生近光,而另一对前照灯仅提供远光照明,远近光可以同时使用。常用于重型卡车和大型客车上以及中高档轿车上。

判断二灯还是四灯最简单的方法是开大灯(近光),然后看前面哪个灯泡亮了,然后转远光灯,再看一次,如果远近光是同一个灯泡亮着就是 2 灯,不同的灯泡亮的就是 4 灯。

随着车辆高速化的发展,有些国家开始试行三光束系统。三光束系统是高速远光、高速近光、近光。在高速公路上行驶时,用高速远光;在无迎面来车的道路上行驶或在高速公路会车时用高速近光;在有迎面来车和市区行驶时,使用近光。

2. 前照灯的结构

汽车前照灯一般由灯泡、反射镜、配光镜(散光镜)3 部分组成。

灯泡是前照灯的光源。前照灯的灯泡主要有卤素灯泡、氙气灯、LED 大灯和激光大灯 4 种。

反射镜的作用是最大限度地将灯泡发出的光线聚合成强光束,以增加照射距离。反射镜的表面形状呈旋转抛物面,一般由 0.6~0.8 mm 的薄钢板冲压而成或由玻璃、塑料制成。其内表面镀银、铝或镀铬,然后抛光处理;灯丝位于反射镜的焦点处,其大部分光线经反射后,成为平行光束射向远方,如图 11-11 所示。无反射镜的灯泡,其光度只能照清周围 6 m 左右的距离,而经反射镜反射后的平行光束可照清远方 100 m 以上的距离。经反射镜后,尚有少量的散射光线,其中向上的完全无用,向侧方和下方的光线则有助于照明 5~10 m 的路面和路缘。

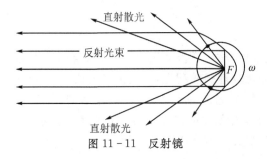

图 11-11 反射镜

配光镜又称散光玻璃,由透光玻璃压制而成,是多块特殊棱镜和透镜的组合,外形一般为圆形和矩形。配光镜的作用是将反射镜反射出的平行光束进行折射,使车前的路面有良好而均匀的照明,如图 11-12 所示。

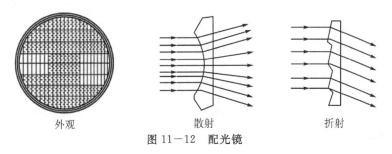

图 11-12 配光镜

3. 前照灯的防炫目

所谓"眩目"是指人的眼睛突然被强光照射时,由于视神经受刺激而失去对眼睛的控制,本能地闭上眼睛,或只能看到亮光而看不见暗处物体的生理现象。司机出现眩目时很易发生交通事故。汽车前照灯防眩目措施有如下几种方法:

1)用远、近光变换

近光灯光线经反射镜后,只照亮本车前约 50 m 范围内的路面,有一定的防眩目作用。

2)双丝灯泡

前照灯采用双丝灯泡,远光灯丝位于反射镜的焦点上,射出的光线远而亮;近光灯丝位于焦点前方且稍高出光学轴线,其下方装有金属配光屏,射出的光线大部分向下倾斜,且光线较弱,可防炫目,如图 11-13 所示。这样夜间行车时,当对面无来车时,使用远光灯,可照亮车前方 150 m 以上的路面;当对面来车时,使用近光灯,由于光线较弱,经反射后的光线大部分射向车前的下方,可以避免对方驾驶员炫目。

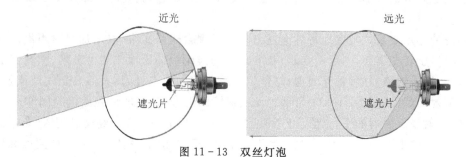

图 11-13 双丝灯泡

3) 采用不对称光形

这种非对称形的配光性能,称为欧洲式配光,符合联合国欧洲经济委员会制订的 ECE 标准,所以又称 ECE 方式,是比较理想的配光,已被世界公认,我国已采用。

近来,国外又发展了一种更优良的光形,其近光光形如图 11-14 所示,明暗截止线呈 Z 形,故称 Z 形配光。不仅可以避免迎面来车驾驶员的眩目,还可以防止迎面而来的行人和非机动车使用者的眩目,更加保证了汽车夜间行驶的安全。

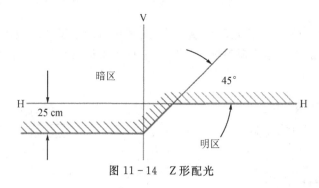

图 11-14 Z 形配光

(四) 正确使用灯光

1. 大灯组合开关的操作

目前市场上的在售车型,主要有两种样式的车灯开关:旋钮式和拨杆式。旋钮式开关开启车灯时需要将旋钮往顺时针方向拧;拨杆式开关开启车灯时需要将拨杆外侧旋钮向逆时针方向拧,如图 11-15 所示。

弄明白车灯开关的位置和操作方式后,接下来,我们就要弄明白车灯开关上各种图标符号的含义,如图 11-16 所示。需要注意的是,不管车辆的车灯开关是旋钮式还是拨杆式,远光灯开关都位于左侧拨杆(即转向灯拨杆)。

2. 灯光的正确使用

除了晚上不开车灯的不靠谱行为外,乱用车灯(特指远光灯和前后雾灯)也是一种很没素

图 11-15　旋钮式和拨杆式大灯组合开关

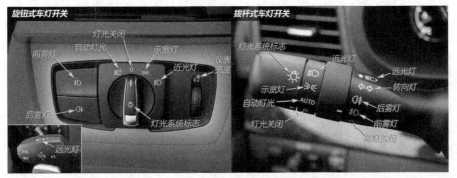

图 11-16　车灯开关上各种图标符号的含义

质并且很危险的行为。这两种灯的亮度都很高,而且雾灯还有穿透力强的特点,不分情况乱用这两种灯,不但会晃别人眼,还容易引发交通事故,简直是马路上的"移动炸弹"!

让人无奈的是,乱用车灯恰恰是很多新手都会犯的错误,他们在车内并不觉得自己的车灯有多晃眼,所以很难主动纠正错误。出现乱用车灯的现象,可能是驾驶员误开,也可能是其主动开启。那么,这些晃人眼的灯都是怎么开启的呢?

1)远光灯的开启

虽然远光灯往外一拨就开,但是开启远光灯需要一个前提条件:开启近光灯。在其他灯光挡位(关闭或示宽灯)时,是无法开启远光灯的。不过,如果往里拨动拨杆闪动一次远光灯则没有限制条件,即使在关闭车灯的状态下也可以操作,如图 11-17 所示。

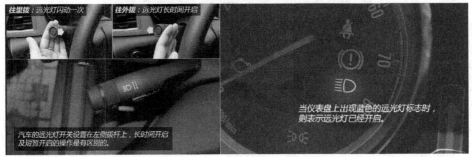

图 11-17　远光灯的开启

2)雾灯的开启

雾灯,顾名思义就是雨雾天气里使用的灯光信号,其主要特点是雾中穿透性强,在能见度低下的天气里,容易让车辆或行人及早注意到,从而有效预防事故的发生。不过需要注意的是,雾灯并不能当日常照明灯使用。在能见度好的夜间使用雾灯,其恶劣影响丝毫不亚于滥用远光灯。

需要使用雾灯的情况有:大雨倾盆而下时,开车人士的视线容易模糊,很难判断周围的情况,这时,就可以考虑亮起雾灯,提醒周围司机你的存在;大雾天为了避免交通事故一定要开启雾灯。不过需要注意的是,因为雾灯比一般车灯更明亮,并且具有很强的散射性,如果在没有必要的时候胡乱开启,只会干扰其他驾车人士的视线,尤其是对面来车的视线,严重的话,可能会造成车祸。

一般开启示宽灯之后,就可以开启雾灯了,也可以打开大灯之后再开启雾灯。其中,前雾灯是可以单独开启的,而后雾灯只能与前雾灯同时开启,无法单独开启。不同车型雾灯的开启方式如图 11-18 所示。

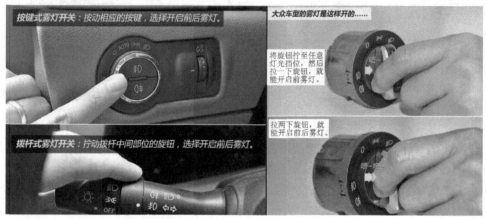

图 11-18　雾灯的开启

在车内如何判断是否开启了雾灯呢?很简单,我们只需要观察仪表盘上的图标就能判断出来,如图 11-19 所示。

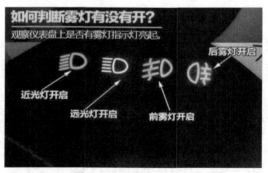

图 11-19　雾灯指示灯

3)转向灯的开启

转向灯是机动车辆在转向时提示周围车辆及行人注意避让的警示灯,开启转向灯时,灯会反复闪烁,这样是为了引起周围人们的注意,以免发生交通事故。车主们在开车上路时一定要养成打转向灯的习惯,不要盲目驾驶。

什么情况下需要开启转向灯?需要开启转向灯的具体情况见表11-1。

表11-1 需要开启转向灯的6种情况

需要开启转向灯的6种情况	
超车时	变道时
汽车掉头时	驶离环岛时
靠边停车、驶离时	进入高速、驶离时

打转向灯主要是为了告知后方车辆,自己要转向了,要注意避让。所以,在准备转向时,应提早10～20 s的时间打灯,给后面司机留出足够的时间反应。

在车内如何判断是否开启了转向灯?很简单,我们只需要观察仪表盘上的转向指示灯图标就能判断出来,如图11-20所示。该指示灯用来显示车辆转向灯所在的位置,通常为熄灭状态。当车主点亮转向灯时,该指示灯会同时点亮相应方向的转向指示灯,转向灯熄灭后,该指示灯自动熄灭。

转向灯开关通常安装于方向盘左边,其操作方法可归结为"上右下左"四个字,其中转向灯往上打(顺时针)表示向右转,往下打(逆时针)表示往左转,如图11-21所示。不过随着汽车的发展,现在不少汽车双闪灯开关上都增加了"一触三闪"的快拨功能。驾驶员只要轻轻"点"一下拨杆,转向灯就会闪三下然后自动熄灭。这样车主在变线超车时,就可以免去熄灭转向灯的麻烦。

图11-20 转向指示灯

图11-21 转向灯开关

注意:① 关闭双闪再打转向(无转向优先功能)。很多车型没有转向优先功能,所以在开启双闪的情况下如果要打转向的话,应先关闭双闪再打转向灯开关。② 能快速识别转向灯是否有故障。转向灯分为有触点式的和无触点式的,有触点式转向灯有故障时,仪表盘上对应的转向指示灯会不闪烁,而无触点式的转向灯出故障时,其对应的仪表指示灯闪烁频率会加快。所以,车主在行车过程中要多注意闪光指示灯的闪烁频率变化,如果出现以上的现象,则表明闪光灯出故障了。

4)双闪灯的开启

双闪灯全名叫危险报警闪光灯,也是我们常说的双蹦灯。它是汽车上的一个信号灯,主要作用是提醒其他车辆与行人注意本车发生了特殊情况,让大家及时避让。

哪些情况下才需要使用双闪灯?主要有四种情况,分别是临时停车时、车辆发生故障或交通事故时、牵引故障机动车时和组成交警部门允许组成的车队时,如图11-22所示。

图 11-22 使用双闪灯的四种情况

临时停车是很多车主最常做的事,也是最容易忽视安全的情况。现实生活中,很多车主临时停车时就是直接往边上一停,不开双闪也不放三角警示牌。其实,这是非常危险的一种行为,不开双闪很难让其他车辆第一时间发现停车,而当他发现时往往已经没有时间踩刹车了。所以,临时停车一定要记住:及时开启双闪。

车辆一旦发生故障或交通事故,车辆要么是停在道路中间,要么就是在缓慢地移车。如果不及时开启双闪,后面到来的车辆就无法判断前方车辆情况,尤其是在道路车辆比较拥挤的情况下,容易引发连环交通事故。另外,发生这种情况时,车主除了要亮起双闪灯,还要在车辆后方 200 m 左右的地方设立三角反光板,对后面来车做出警示,避免追尾事故的发生。

牵引车辆车速较慢,如果后方的车辆不能看出前方是在牵引,误以为是在正常行驶,可能会长时间跟在后面而不知前方道路其实很畅通,造成交通拥堵,甚至可能追尾。

车队开双闪相信大家都看过,最常见的就是婚车队、车友会活动等。但习以为常地开双闪是不对的,也是不被交警部门允许的,这种行为就是典型的成全自己,恶心别人。除非是交警部门允许组成的车队,否则不允许开启双闪灯。

那么双闪灯开关在哪里?怎么开启?与其他灯光开关集成在一起不同,双闪灯开关比较特别,它是独立存在的,而且双闪开关标识特别明显,是一个红色的三角,如图 11-23 所示。常见的双闪灯开关都是位于方向盘右边的中控台上,不过也有个别车型的双闪开关是位于中控台的下方。

图 11-23 双闪灯开关

5)示廓灯的开启

示廓灯也叫示宽灯,俗称小灯。从字面上看,"示"是警示的意思;"廓"有轮廓之意,所以示廓灯是一种起警示标志作用的车灯,用来提醒其他车辆注意,如图 11-24 所示。这种灯一般安装在汽车顶部的边缘处,这样既能表示汽车高度又能表示宽度。安全标准规定,在车高高于 3 m 的汽车上必须安装示廓灯。

前示廓灯一般为白色光源,方便与来车会车时可以清楚显示自己的车身宽度和车子位置,提高安全性。简单的说就是,示廓灯最大的功效不是在于美观,而是在于提高车辆的被辨识性,即让其他"道路使用者"更容易看清汽车,让其知道有一辆车开过来了。后示廓灯一般为红色光源以增加光源穿透性,可以让后车在视线不清晰的情况下更加容易发现前车,避免因视线不清无法及时发现前车而导致车祸发生。

在车内怎么看是否开启了示廓灯?大部分车型中,当车灯打到示廓灯挡位时,仪表盘上会亮起相应的标志,如图 11-25 所示。但也有些车型仪表盘上是没有示廓灯标志的,所以无法通过仪表盘判断是否正确点亮示廓灯。

图 11-24 示廓灯

图 11-25 示廓灯标志

什么情况下需要点亮示廓灯?示廓灯是一种起警示标志作用的车灯,主要功能是在能见度低下的天气里,用来提醒其他车辆注意。根据规定,具体使用范围有以下 4 种情况,见表 11-2。

表 11-2 需要开启示廓灯的 4 种情况

需要开启示廓灯的 4 种情况	
夜间开车时	傍晚行驶时
雨天视线不好时	雾天能见度低时

不过,由于大灯开启时,示廓灯也同样会开启。所以,在日常驾驶过程中,很多人都没有开示廓灯的习惯,通常是要么直接开大灯,要么就什么都不开。其实,在灰霾天气,傍晚行车,细雨绵绵时都可以单独开启示廓灯,而不需要开启近光灯(因为近光灯白天照射根本没用)就能方便前后车辨识。

在日常行车过程中,也有不少司机会用示廓灯代替近光灯在黑暗中行车,殊不知,这是很危险的。因为示廓灯只是用来提醒其他车辆,并不能照亮前方道路。

示廓灯开关有两种,分别是旋钮式和拨杆式,如图 11-26 所示。车主可以根据车上标志找到开启示廓灯的挡位,打开后前后亮的灯就是示廓灯。

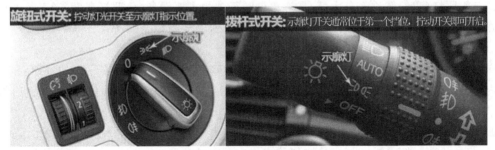

图 11-26 示廓灯开关

6)日间行车灯的开启

日间行车灯从字面意思理解,就是白天开车时开启的一种灯光。其主要作用提高车辆在白天的辨识度,让对面车辆或行人注意到有一辆车开过来了。

日间行车灯的概念是由欧盟国家提出的。因为欧盟地区国家经常下雪、起雾,能见度很低,所以一些国家规定白天行车也必须开灯。

白天开日间行车灯,一是可提高对运动中车辆的可视性,利于司机遇到情况及时采取措施;二是有利于集中司机、特别是疲劳驾车司机的注意力。此外,也可遏制行人和非机动车横穿公路的现象。据了解,行车时开启前灯,可减少12.4%的车辆意外,同时可降低26.4%的车祸死亡几率。

日间行车灯怎么开启?与其他汽车灯光不同,日间行车灯没有开关(除了后期改装的日间行车灯),不能随意开启或关闭。通常是随发动机启动而自动开启,随驾驶者打开常规照明灯后而自动熄灭,如图11-27所示。

图11-27 日间行车灯

当然,如果硬要关掉日间行车灯也是有办法的,就是将日间行车灯整个功能关掉。常见的办法是先插入汽车钥匙,然后把钥匙拨到第一挡,接着向左打转向灯,同时向上提拨杆打开远光灯。此时不要松手,接着将钥匙拨到第二挡(自检),等听到响声就可以了。

日间行车灯如果用在晚上,驾驶员既得不到应有的照明,还会因刺眼而影响行车安全。日间行车灯虽然从外面看很亮,但是它的实际照明效果很弱,对于车内的驾驶员来说几乎起不到照亮路面的作用。所以,晚上要记得开大灯。

(五)前照灯的调整

汽车前照灯(我们俗称汽车大灯)是汽车夜间行驶的主要设备,前照灯亮度、光束角度如果不正确,将影响夜间行车安全。前照灯光束的调整方法主要有以下两种。

1)使用前照灯测试仪调整前照灯

广泛使用的前大灯测试仪是聚光式。将轮胎气压正常的空车,停放在平坦的场地上,在驾驶室内坐一名驾驶员或将60kg的重物放在驾驶员位置上,使车前部对准前照灯测试仪,按测试结果进行调整。

如图11-28所示,灯光检测仪的使用方法为:

(1)将被检测车辆停放至灯光检测仪前方规定距离的位置。

(2)将检测设备调至水平并对被检测灯光进行定位。

(3)对被检测灯光进行检测。

(4)根据检测结果,按设备要求对车辆灯光进行检测。

(5)将设备平移至另一侧重复上述检测步骤。

图 11-28 前照灯测试仪

前照灯检测调整过程中的注意事项：
(1)检测前,应保证车辆处于空载状态,且 4 个车轮的轮胎气压正常,停放在水平地面上。
(2)检测过程中,应拉紧驻车制动器并踩紧制动踏板,保证被检测车辆与灯光检测仪的相对位置不变。
(3)对于手动式无轨道灯光检测仪,检测前应对检测仪进行水平校正,且在检测过程中严禁移动或晃动检测设备。

前照灯偏移量的调整方法：
车辆的前照灯偏移量可以通过前照灯后方的调节旋钮进行调节。调节时,需用手或使用工具转动调节旋钮来对前照灯的左右或高低偏移进行调节,如图 11-29 所示。

图 11-29 灯光调节旋钮

2)经验法

将轮胎气压正常的空车,停放在平坦的场地上,在驾驶室内坐一名驾驶员或将 60 kg 的重物放在驾驶员位置上,使车前部对幕墙保持一定的距离(正面相对 10 m),如图 11-30 所示。

接通灯光开关,调整其光束,调灯时以一只灯为单位逐个调整。首先,遮蔽其他前照灯;然后,拧动上下左右光束调整螺钉,使主光束(光度最高点)处于规定高度;前照灯上下左右调整

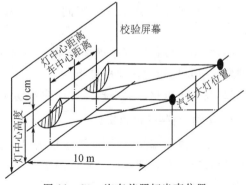

图 11-30 汽车前照灯光束位置

时,必须拧入调整,若需拧松调节时,应完全拧松后再拧入调整。

打开远光灯,同样利用内六角套筒对远光灯的高低和左右调节螺丝进行调整。由于远光灯没有切割线,投射在墙面上的是两块光斑,所以调整远光光斑的中心点(即最亮点)对准墙面上的远光标志。如果看花了眼,不能分辨出远光光斑的中心,建议带上墨镜看,这样明暗对比比较明显。

具体操作时,按照先调整上下,再调整左右的顺序进行,直至灯光投影与图 11-31 一致。

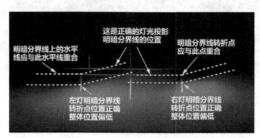

图 11-31　正确的灯光投影

先调整上下:找一个平整的地方,将车停在离墙 5 m 处(最好是贴磁砖的外墙,可以直接数磁砖,比较省事),将灯光调整至大灯罩中心点离地距离-5 cm 等于远光灯射在墙上最亮区域中心点离地距离。如果车离墙 10 m,就减 10 cm。车离墙距离不宜过远,太远找不准墙上的亮点。

再调整左右:用记号笔在前后风挡玻璃上划出垂直平分线,找一个平整的地方,将车停在离墙 5 m 处,开启远光灯,然后站在车尾透过两块风挡玻璃看墙上的灯光,墙上两个最亮区域之间的中心位置应与两条竖线调成"三点一线"。墙上两个最亮区域中心点之间的距离=两个大灯罩中心点之间的距离。

三、项目实施

(一)安全防护注意事项

1. 个人安全防护

(1)维修操作人员必须穿工作服、戴工作帽、穿工作鞋、工作服纽扣与拉链及皮带扣不应暴露在衣服外侧、袖口不应挽起、领口扣紧、裤脚扣紧、佩戴手套,女生长头发要盘起在工作帽内。

(2)维修操作人员在进入车间时不应佩戴手表、戒指、项链等金属首饰,女生不应佩戴耳环。

(3)维修人员在进行车辆维修操作时,应防止车轮轧伤脚部、车门夹伤手部,手部不能靠近热的发动机及旋转的发动机皮带。

(4)在搬运重物及尖锐器物时应注意动作姿势,防止扭伤腰部、砸伤脚部、划伤手部。

2. 车辆/台架等设备安全

(1)车辆进入车间内,不应随意摆放,熄灭发动机后,将变速器置于空挡位置,并拉紧驻车制动;台架应将滑轮锁死或用木块固定。

(2)维修操作前,应铺设三件套及翼子板布,发动机启动前应连接尾排,且其他实训人员不应围绕在车辆周围。

(3)任何时间操作电气设备时,都应注意用电安全。作业结束之后,应及时切断一切用电设备的电源。

(4)维修操作前应熟读维修手册中的操作标准和台架、仪器、设备使用标准,并做好日常维护工作。

3. 车间场地安全防护

(1)车间应配有干粉灭火器及相应消防措施,易燃油品不能暴露于空气中。

(2)工作时车间内的任何工具、零部件、设备、车辆都不能随意摆放,工作结束后摆放于指定地点保管。

(3)车间内设备或车辆周围的人行道或工作区域不能过于拥挤。

(4)操作过程中应做到油品、工具、配件三不落地,作业完毕后应及时清理车间工作场地,做到现场5S管理。

(二)前照灯检查调整

前照灯检查调整的具体工作步骤及内容见表11-3。

表11-3 前照灯检查调整工作步骤及内容

步骤	项目	顺序	工作内容
1	车辆入位并调整灯光检测仪	1	调整灯光检测仪下部车轮及中部螺栓,对灯光检测仪进行水平校正
		2	将车辆按照标线驶入测量位置,使仪器的光接收箱镜面与被检车辆的纵向中心线垂直(在汽车纵向中心线上找2个参考点,打开立柱上的激光瞄准仪,旋转瞄准仪,落在2个参考点上即可)
		3	将灯光检测仪对准需要检测的前照灯,打开灯光检测仪后部的激光器按钮,将光接收镜面两侧的激光对准灯罩,使两束激光光斑距离小于3 cm,且光斑中心点位于灯罩中心时即可(表示检测距离在(50±5)cm范围内)。若距离不合适可前后移动车辆进行调整
		4	将灯光检测仪车轮上锁
2	对前照灯进行测量及调整	1	按住开机键3 s,打开灯光检测仪,灯光检测仪屏幕上显示初始字样
		2	按方向键选择功能,选择测量远光,按住确认键3 s进入
		3	打开远光灯,开始测量。按照提示调整反光板位置,屏幕上显示该灯高低左右状况及发光强度。两灯制发光强度不小12000 cd,四灯制发光强度不小于10000 cd,若发光强度不够则更换
		4	按方向键选择调整远光,按住确认键3 s进入该功能
		5	将反光板调整至初始位置,并根据屏幕提示调整远光灯
		6	选择测量近光灯,并按以上步骤进行测量及调整
		7	调整结束后关闭车灯,按退出键至屏幕初始字样,按住关机键,再按确认键关闭灯光检测仪
3	整理	1	将灯光检测仪复位
		2	将车辆驶离工位

（三）实施记录

按要求进行前照灯检查调整并填写实施记录表 11-4。

表 11-4 前照灯检查调整实施记录

车辆型号			行驶里程	
前照灯数量		□两灯制	□四灯制	
灯光强度	项目	标准亮度	左前	右前
	远光灯			
	近光灯			
灯光调整	项目	最大偏移量	左前实际偏移量	右前实际偏移量
	远光灯			
	近光灯			

四、思考与练习

（一）判断题

1. 照明系统就是由照明灯组成的。（   ）
2. 照明系统的功能就是照明。（   ）
3. 前大灯的亮度是越亮越好。（   ）
4. 转向灯与危险警报灯共用灯泡。（   ）
5. 前示宽灯就是前小灯，后示宽灯就是后尾灯。（   ）
6. 制动开关装在变速器上。（   ）
7. 由于汽车用继电器都是标准件，因此大灯继电器和转向灯继电器可以互换。（   ）
8. 转向信号灯及报警器均由装在仪表板上的儿灯开关控制。（   ）
9. 倒车灯的颜色是黄色。（   ）
10. 制动灯只有左右两个。（   ）

（二）选择题

1. 灯具一般安装在（   ）。
   A. 车身前部　　B. 车身侧面　　C. 车身后部　　D. 以上各项都是
2. 车身侧面安装了（   ）。
   A. 转向信号灯　　B. 雾灯　　C. 示宽灯　　D. 制动灯
3. 哪种灯不装在车身后部。（   ）
   A. 制动灯　　B. 照明灯　　C. 倒车灯　　D. 牌照灯
4. 在城市夜间行驶，一般开启（   ）。
   A. 近光灯　　B. 示宽灯　　C. 远光灯　　D. 不用照明灯，依靠路灯照明
5. 示宽灯的作用是（   ）。

A. 夜间行驶时提醒对方车辆宽度　　　B. 夜间倒车时显示车辆宽度
C. 夜间进入车库时显示车辆宽度　　　D. 夜间在路边停车时显示车辆宽度
6. 倒车灯的灯光颜色是(　)。
    A. 红色　　　　B. 橙色　　　　C. 白色　　　　D. 淡黄色
7. 广泛使用的前大灯测试仪是(　)。
    A. 聚光式　　　B. 滤光式　　　C. 投光式　　　D. 背光式
8. 前大灯测试仪在测量前要做(　)检查。
    A. 轮胎气压　　B. 透镜污染情况　　C. 测试仪的水准　　D. 以上各项都是
9. 在讨论前照灯时,技师甲说:前照灯既是照明灯具又是信号灯具。技师乙说:两灯制前照灯的远光灯与近光灯共用一个灯泡。谁正确?(　)
    A. 技师甲对　　B. 技师乙对　　C. 都对　　　　D. 都错
10. 技师甲说:没有打开点火开关的情况下,大灯和小灯都不能点亮。技师乙说:没有打开点火开关的情况下,即使按下危险警报灯开关,危险警报灯也不会工作。谁正确?(　)
    A. 技师甲对　　B. 技师乙对　　C. 都对　　　　D. 都错
11. 在讨论日间行车灯时,技师甲说:安装日间行车灯最主要是为了美观。技师乙说:安装日间行车灯的目的是为了安全。谁正确?(　)
    A. 技师甲对　　B. 技师乙对　　C. 都对　　　　D. 都错
12. 在讨论倒车灯时,技师甲说:每台车的倒车灯都是一边一个,共两个。技师乙说:接通倒车灯的同时,也会接通倒车雷达与倒车影像。谁正确?(　)
    A. 技师甲对　　B. 技师乙对　　C. 都对　　　　D. 都错
13. 在讨论雾灯时,技师甲说:氙气大灯的亮度好,因此在雾天可以将氙气大灯与雾灯一起打开,以达到最好的照明效果。技师乙说:前雾灯是照明灯具,后雾灯是信号灯具。谁正确?(　)
    A. 技师甲对　　B. 技师乙对　　C. 都对　　　　D. 都错
14. 前照灯灯泡发光强度不大,一般只有 50~60 cd,但以反射镜集聚后,光强度可达(　)。
    A. 3000~4000 cd　　　　　　B. 4000~5000 cd
    C. 5000~6000 cd　　　　　　D. 6000 cd 以上
15. 卤钨大灯和常规大灯比较,能增加(　)的输出功率。
    A. 10%　　　　B. 25%　　　　C. 50%　　　　D. 75%。

(三) 问答题

1. 简述二灯制和四灯制的区别。

2. 简述氙气大灯的优缺点。

3. 前照灯由哪 3 部分组成？各个组成部分的作用又是什么？

项目十二　检修灯光系统

一、任务描述

了解完汽车灯光系统的基本知识,就要学习怎么排查灯光系统故障了。要掌握这些知识,就进入下面的学习内容吧!

二、相关知识

(一)制动灯故障诊断

1. 制动灯不亮故障电路图拆画

汽车制动灯安装在车辆后部,左右尾灯各一个,同时还配有一个高位制动灯,如图 12-1 所示。尾部的汽车刹车灯和高位制动灯的目的是为了便于后面行驶的车辆及时发现前方车辆刹车,起到防止追尾事故发生的目的。

图 12-1　制动灯安装位置图

12-2　汽车线束在车辆上的布置

如果制动灯不亮,说明制动灯电路出现了问题,应对制动灯电路进行检查。汽车的电路与普通电路一样,都是由电源、导线、开关、负载等组成的。但是汽车用电器繁多,导线也很多,为了更合理的利用和优化空间,汽车所有的导线都采用线束的方式捆扎起来,并布置在车辆上,如图 12-2 所示。

理论上每个用电器都需要使用两根导线来连接电源与用电器之间的电路,但为了节约成本和合理化空间,汽车都采用单线制,即所有的用电器回路都通过车身这根"导线"连接到蓄电池负极,如图 12-3 所示。

各汽车制造厂家在电路图的绘制上虽然没有统一的标准,风格各异,但都有各自统一规范的绘图标准,包括电器符号、电路图表达方法等。要看懂汽车电路图首先要知道汽车电路图图形符号表示的含义,图 12-4 是大众汽车电路上一些常用的汽车电路图图形符号及含义。

横坐标式电路图主要以德系车为主(自主品牌奇瑞车系亦采用该方式),其特点是纵向平行排列,不走折线,图上不出现导线交叉,在电路图的最下端通过编号坐标来标注图中各线路

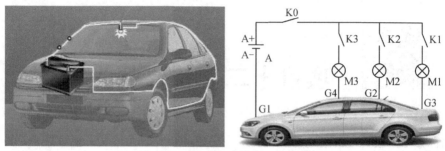

图 12-3　汽车电路特点—单线制

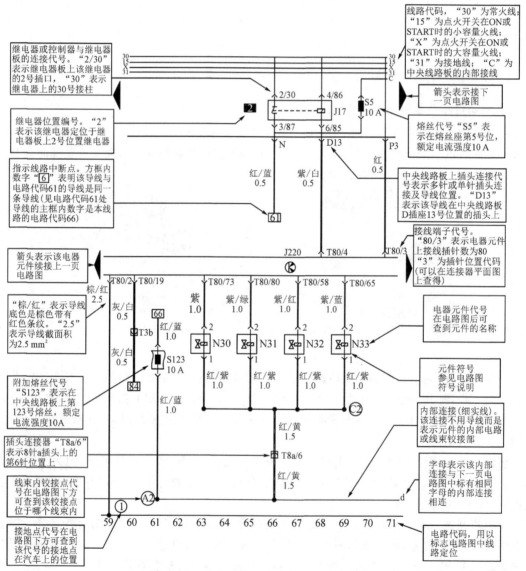

图 12-4　大众汽车电路图图形符号及含义

的位置,每条线路对准下框线上的一个编号。图中一般不允许横向交叉跨度较大的走线,横向连接的走线如图12-5所示。

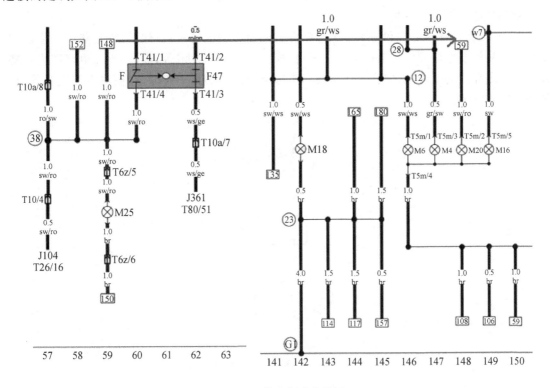

图12-5 横坐标式电路图

由于汽车电路中用电器较多,且都从电源正极引出然后再分流,因此我们不能采用电流走向的方法来分析辨别制动灯电路,只能从制动灯泡开始采用"逆推"法寻找电源的方式来识读倒车灯电路。具体步骤如下:

(1)先找到电路图中制动灯泡的位置,在电路图12-5中,位于横坐标148和152上方,分别为M20和M21。然后在M20和M21下方看到他们先通过连接点58后又经搭铁点G6搭铁。

(2)根据汽车电路单线制的特点,分别沿着M20与M21上方的电路,找到两个断口标注59和58,断口标注59下方所对应的横坐标为148,断口标注58下方所对应的横坐标为152,则我们应该去横坐标为58、59两处的上方寻找断口坐标148和152。

(3)在电路图横坐标58、59上方找到对应的断口标注后,发现此两根导线通过连接点38连接在一起,而且此连接点上还有其他导线相连,而这所有的导线中只有最右端的1.0黑红色导线是连接在制动开关F上的,因此这应该是电源的来头了。

(4)顺着制动开关F向上又有一个断口标注,指向横坐标51,在横坐标51处我们找到与此相连的断口标注60,继续向上到达保险丝S46(10 A),再向上到达正极连接点19。通过多次查找发现所有向下的导线都是通向用电器的,另对比导线直径,可发现直径为6.0的红白导线才可能是电源正极过来的总电源线。于是继续向上查找。

(5)在横坐标10上方,找到断口标注为49的导线连接,继续向上查找不难发现,经连接点105后,又经蓄电池上方的保险丝架的S02保险后,与蓄电池正极相连。

制动灯电路图拆画方法:

首先,现在纸张最上端和最下端画两条代表电源和搭铁的直线;然后,将电路中所涉及的所有电器元件按电流顺序从上往下一一画出,如保险、开关、灯泡等;最后,参照电路图将这些元件用代表导线的直线连接起来,注意要标明每个插接器的插脚符号,以便对电路进行分析,如图12-6所示。

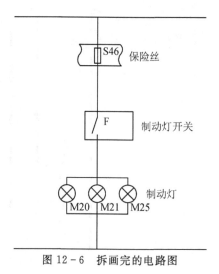

图12-6 拆画完的电路图

2. 制动灯不亮检查修理

当制动灯不亮时,应根据制动灯电路图,结合电流走向分析得出制动灯不亮的原因。故障可能出在蓄电池、保险S46、制动灯开关F、制动灯泡、搭铁点G6、连接导线上。

1)保险丝的检查方法

在保险丝架上找到制动灯保险丝,将其拔下后,目视判断保险丝内部是否熔断,或者使用万用表的电阻挡检查其通断,若万用表显示"1",则说明保险丝熔断,应更换新的保险丝。

2)制动灯开关的检查方法

拆下制动灯开关插头,使用万用表电阻挡测量其1号与4号针脚之间的阻值,踏下制动踏板时,其阻值应小于0.5Ω,松开制动踏板时,万用表应显示"1"。

3)灯泡的检查方法

拆下后尾灯灯架,取下制动灯灯泡,检查灯泡灯丝是否熔断,或使用万用表检查制动灯灯丝电阻值,若万用表显示"1",说明制动灯灯丝熔断,应更换制动灯灯泡。

4)搭铁点的检查方法

拆下后尾灯灯架上的连接插头,检查插头的T5m/4或T5n/4号脚与车辆任一搭铁点之间的电阻值,电阻应小于0.5Ω,若万用表显示"1"或阻值大于0.5Ω,则说明搭铁线路断开或搭铁不良。

制动灯不亮的实车排故检查流程如图12-7。

项目十二 检修灯光系统

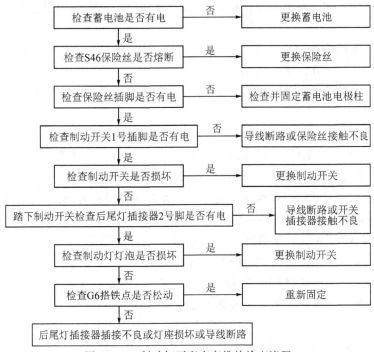

图 12-7 制动灯不亮实车排故检查流程

(二) 近光灯故障诊断

1. 近光灯不亮故障电路图拆画

近光灯是夜间行车时前照明灯的一种。它的主要作用是用来照亮前方道路和行人车辆,以保证我们在夜间行车时的安全。近光灯与行车灯、远光灯及转向灯等信号灯一起安装在前照灯的灯罩中,前照灯的灯罩安装在车辆前方的机舱盖与保险杠之间,左右各一个,如图 12-8 所示。

图 12-8 近光灯安装位置

近光灯电路拆画方法与制动灯相同,先从近光灯入手,找到近光灯的电路回路。唯一不同的地方是在近光灯电路中,控制近光灯工作的不再是单纯的开关,而采用了继电器。所以,在对近光灯电路拆画时,还应将继电器的电路一并拆画出来。具体步骤如下:

(1)先在电路图《基本装备目录》中找到近光灯位置,绘制近光灯符号。

(2)通过对近光灯电路"顺藤摸瓜"找出近光灯的搭铁点 G1 和 G10,绘制搭铁点 G1 和 G10。

(3)近光灯电路向上,经过 S1 和 S2 两个保险丝,到达近光灯继电器 J12,然后经继电器搭到蓄电池正极连接线,并与蓄电池正极相连,绘制保险 S1、S2、近光灯继电器、J12 和蓄电池电源线路。

(4)继电器电磁线圈通过 G3 搭铁点搭铁,向上则先经过变光开关 E4,到达大灯旋转开关,绘制搭铁点 G3、变光开关 E4 和旋钮开关。

(5)然后经过保险丝 S24 到达点火开关 D,最后与蓄电池正极相连,绘制保险丝 S24 和点火开关 D。

(6)将绘制的电路符号按顺序进行连接完成电路图绘制。

由拆画出的近光灯电路可知,近光灯电路主要由蓄电池、点火开关、大灯旋转开关、变光开关、大灯继电器、近光灯保险丝及近光灯等组成。

近光灯控制原理:当我们打开点火开关并打开大灯旋转开关时,蓄电池正极电流首先经过蓄电池上方的主保险丝架 P 上的 S02 保险丝,到达点火开关 D 的"30"端子,再由点火开关 D 的"X"端子流出,经过 S24 保险丝到达大灯旋转 E1 开关的 1 号端子,后经大灯旋转开关 E1 的 4 号端子流出,到达变光开关 E4 的 3 号端子,再经变光开关 E4 的 2 号端子流出,到达大灯继电器 J12 的 9 号端子,最后通过继电器 J12 的 5 号端子于 G3 搭铁点搭铁,使大灯继电器 J12 工作,接通大灯继电器 J12 的 2 号与 4 号端子之间的开关。

大灯继电器的 2 号端子与 4 号端子接通后,蓄电池中的电流经蓄电池上方的主保险丝架 P 上的 S02 保险丝到达电源正极连接线 19,然后经过其中一根导线到达大灯继电器 J12 的 4 号端子,再经继电器的 2 号端子流出,分别通过保险丝 S1 和保险丝 S2 连接左右前照灯插接器的 7 号端子,最后经两前照灯插接器的 4 号和 8 号端子流出,分别经 G1 和 G10 搭铁点搭铁,两前照灯灯泡工作。

近光灯电路图及控制原理如图 12-9 所示。

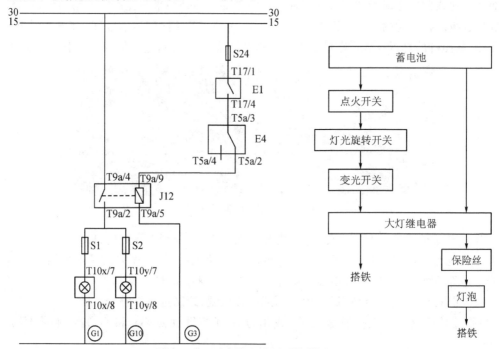

图 12-9 近光灯电路图及控制原理

2. 近光灯不亮检查修理

由拆画出的近光灯电路可知,近光灯电路主要由蓄电池、点火开关、大灯旋转开关、变光开关、大灯继电器、近光灯保险丝及近光灯、车身搭铁点等组成。近光灯电路中所有部位损坏都可能会引起近光灯不亮,在检查时需要遵循由简到繁、由表及里的原则。

近光灯故障通常可分为两部分进行排查,其一为灯光电路部分检查,其二为继电器电路部分检查。排查故障的顺序为:保险丝、灯泡、搭铁点、继电器、大灯开关、点火开关、线路检查。

近光灯故障检查流程如图12-10所示。

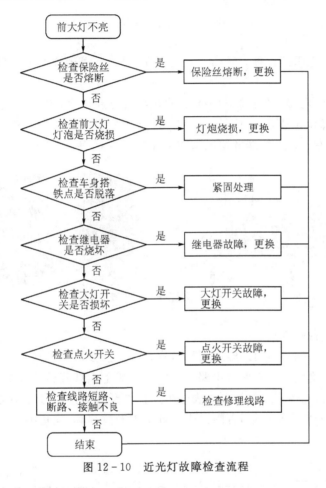

图12-10 近光灯故障检查流程

保险丝、灯泡、搭铁点以及线路的检查方法同制动灯排故相同。

1) 大灯继电器近光灯部分检查方法

因近光灯工作电流较大,如用灯光开关直接控制近光灯,灯光开关易烧坏,因此在近光灯电路中设有近光灯继电器。近光灯继电器SW端子接灯光开关,E端子搭铁,B端子接电源,L端子接近光灯。当接通灯光开关(近光灯位置)时,继电器线圈通电,触点闭合,蓄电池直接为近光灯供电。大灯继电器如图12-11所示。

在检查时,将大灯继电器从继电器座上拔下,打开点火开关和大灯旋转开关,然后检查继电器座上9号插孔有无电源电压,若无电源电压,说明继电器前方控制电路中有元件损坏或断

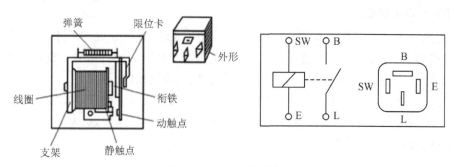

图 12-11 大灯继电器

路。还应使用万用表电阻挡检查 5 号插孔对地之间应导通,否则说明继电器座 5 号插孔对地线路断路。

拔下继电器,将继电器 7 号针脚和 1 号针脚用导线分别与蓄电池的正负极相连,使用万用表电阻挡测量 4 号脚和 5 号脚应由不导通变为导通,否则说明继电器损坏。同时测量继电器线圈电阻应在 75Ω 左右。大灯继电器针脚定义如图 12-12 所示。

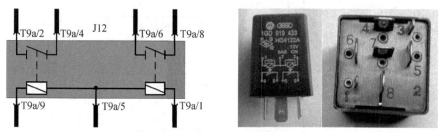

图 12-12 大灯继电器针脚定义

2) 大灯旋转开关检查方法

拔下大灯旋转开关插接器,打开点火开关,检查大灯插接器 1 号端子应有电源电压,否则说明大灯旋转开关保险丝 S24 熔断或电路中有断路。拔下大灯旋转开关插接器,将大灯旋转开关旋转至大灯开启位置,然后使用万用表电阻挡检测开关后方 1 号针脚与 4 号针脚是否导通,若导通说明灯光开关没有损坏,否则说明大灯旋转开关损坏,应更换。大灯旋转开关原理如图 12-13 所示。

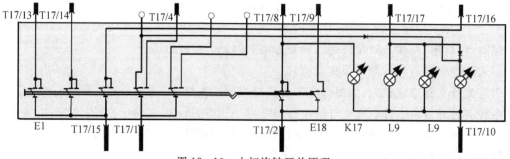

图 12-13 大灯旋转开关原理

3) 点火开关检查方法

拔下点火开关插接器,使用万用表电压挡检查点火开关插接器"30"端子与接地线之间应有电源电压,否则说明点火开关前方电路断路;将点火开关旋转至打开位置,使用万用表电阻挡测量点火开关后方的 30 针脚与 15 和 X 脚都应处于导通状态,否则说明点火开关损坏。点火开关原理如图 12-14 所示。

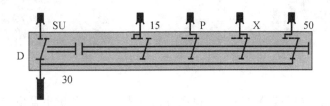

图 12-14 点火开关原理

4) 变光开关检查方法

拔下变光开关插接器插头,打开点火开关和大灯旋转开关至大灯位置,然后使用万用表检查变光开关插接器插头上 3 号端子应有电源电压,否则说明前方线路出现断路。拔下变光开关插接器,检查变光开关后方 3 号针脚与 2 号针脚是否导通,若不导通,则向上扳动一下开关,再进行一次检查,若还不导通,则说明变光开关损坏。变光开关原理如图 12-15 所示。

5) 灯泡检查方法

拆开大灯灯壳后方的防水盖板,拆下大灯近光灯灯泡,目视检查近光灯灯丝有无熔断。近光灯灯泡如图 12-16 所示。

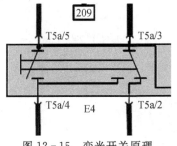

图 12-15 变光开关原理

图 12-16 近光灯灯泡

(三) 远光灯故障诊断

1. 远光灯不亮故障电路图拆画

远光灯与近光灯相同,安装在车辆前方的大灯罩壳中。远光灯的主要作用是在夜间行车时,照亮远处路面情况,以方便驾驶员根据远方路况,及时采取应对措施,如图 12-17 所示。

远光灯除了夜间照明使用,在会车和超车时还作为信号灯光使用,以提醒对面行驶车辆或前方行驶车辆注意避让,如图 12-18 所示。

图 12-17 车辆远光灯

图 12-18 车辆会车

远光灯电路拆画方法与近光灯相似,也是分为远光灯电路与继电器电路两部分来完成。

远光灯电路拆画步骤:先在电路图《基本装备目录》中找到远光灯位置,通过对远光灯电路"顺藤摸瓜"找出远光灯的搭铁点 G1 和 G10,沿远光灯电路向上,经过 S11 和 S12 两个保险丝,到达大灯继电器 J12,然后经继电器搭到蓄电池正极连接线,并与蓄电池正极相连,将此电路中相关的电器元件按照原图在草图纸上画出,再将其关系连接出来即可。

继电器电路拆画步骤:先找到继电器位置,其电路通过 G3 搭铁点搭铁,向上则先经过变光开关 E4,然后经过保险丝 S29 到达点火开关 D,最后与蓄电池正极相连。

拆画完的远光灯电路图如图 12-19 所示。

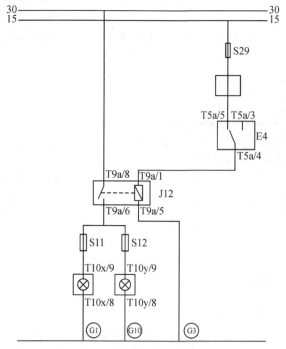

图 12-19 拆画完的远光灯电路图

远光灯电路控制原理:同近光灯电路相同,远光灯电路同样受到大灯继电器的控制。不同的是,远光灯受大灯继电器中远光继电器的控制,而远光继电器的电源供给主要受变光开关的控制。由于远光灯有夜间行车远光和会车或超车信号两种功能,因此这两种功能打开远光的方式也不一样。

夜间行车远光的控制方法：夜间行车远光灯是在打开大灯近光灯时，将近光灯切换为远光灯。它的控制原理与近光灯相同，只是电路在经过变光开关时，变光开关由近光开启位置接通到远光开启位置，将变光开关插接器中原来与2号针脚相通的3号针脚，切换为4号针脚。从而断开大灯继电器中的近光继电器电路，接通大灯继电器中的远光继电器电路。

当远光灯继电器电路接通后，将继电器插接器上由蓄电池正极连接线8号端子过来的电流，接通至继电器插座的6号端子。并分别通往保险丝架的S11、S12号保险丝，接通两侧大灯插接器的9号端子。经过两个远光灯灯泡后，由大灯插接器的4号和8号端子，分别与接地连接点1和10接通并与蓄电池组成回路。

超车和会车信号灯的控制方法：超车和会车信号灯其实就是利用远光灯作为信号，照射前方或对面车辆驾驶员的视角，以提醒前方车辆或对面车辆注意避让。

超车和会车时，将变光开关轻抬，变光开关中的控制开关闭合，接通变光开关插接器的5号和4号端子，将由蓄电池到达变光开关5号端子的正极连接线中的电流，接通至大灯继电器中的远光继电器，远光继电器中的开关闭合，从而实现点亮远光灯。

2. 远光灯不亮检查修理

1）变光开关检查方法

拔下变光开关插接器插头，打开点火开关和大灯旋转开关至大灯位置，然后使用万用表检查变光开关插接器插头上3号端子应有电源电压，否则说明前方线路出现断路。

拔下变光开关插接器，使用万用表检查变光开关插接器插头上5号端子应有电源电压，否则说明S29号保险丝熔断，或5号端子前方线路存在断路情况。

拔下变光开关插接器，检查变光开关后方3号针脚与4号针脚是否导通，若不导通，则向上扳动一下开关，再进行一次检查，若仍不导通，则说明变光开关损坏。

在向上轻抬变光开关的情况下，检查变光开关后方5号针脚与4号针脚是否导通，若不导通，则说明变光开关损坏，应更换变光开关，变光开关原理如图12-20所示。

2）大灯继电器检查方法

将大灯继电器从继电器座上拔下，打开点火开关和大灯旋转开关并将变光开关切换至远光，然后检查继电器座上1号插孔有无电源电压，若无电源电压，说明继电器前方控制电路中有元件损坏或断路。还应使用万用表电阻挡检查5号插孔对地之间应导通，否则说明继电器座5号插孔对地线路断路。

拔下继电器，将继电器7号针脚和3号针脚分别与蓄电池的正负极相连，使用万用表电阻挡测量6号脚和8号脚应导通，否则说明继电器损坏，大灯继电器原理如图12-21所示。

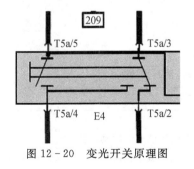

图12-20 变光开关原理图

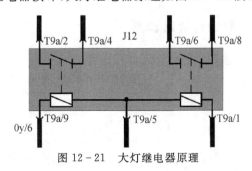

图12-21 大灯继电器原理

3) 远光灯灯泡检查方法

拆开大灯灯壳后方远光灯的防水盖板,拆下远光灯灯泡,目视检查远光灯灯丝有无熔断。

三、项目实施

(一) 安全防护注意事项

1. 个人安全防护

(1) 维修操作人员必须穿工作服、戴工作帽、穿工作鞋、工作服纽扣与拉链及皮带扣不应暴露在衣服外侧、袖口不应挽起、领口扣紧、裤脚扣紧、佩戴手套,女生长头发要盘起在工作帽内。

(2) 维修操作人员在进入车间时不应佩戴手表、戒指、项链等金属首饰,女生不应佩戴耳环。

(3) 维修人员在进行车辆维修操作时,应防止车轮轧伤脚部、车门夹伤手部,手部不能靠近热的发动机及旋转的发动机皮带。

(4) 在搬运重物及尖锐器物时应注意动作姿势,防止扭伤腰部、砸伤脚部、划伤手部。

2. 车辆/台架等设备安全

(1) 车辆进入车间内,不应随意摆放,熄灭发动机后,将变速器置于空挡位置,并拉紧驻车制动;台架应将滑轮锁死或用木块固定。

(2) 维修操作前,应铺设三件套及翼子板布,发动机启动前应连接尾排,且其他实训人员不应围绕在车辆周围。

(3) 任何时间操作电气设备时,都应注意用电安全。作业结束之后,应及时切断一切用电设备的电源。

(4) 维修操作前应熟读维修手册中的操作标准和台架、仪器、设备使用标准,并做好日常维护工作。

3. 车间场地安全防护

(1) 车间应配有干粉灭火器及相应消防措施,易燃油品不能暴露于空气中。

(2) 工作时车间内的任何工具、零部件、设备、车辆都不能随意摆放,工作结束后摆放于指定地点保管。

(3) 车间内设备或车辆周围的人行道或工作区域不能过于拥挤。

(4) 操作过程中应做到油品、工具、配件三不落地,作业完毕后应及时清理车间工作场地,做到现场5S管理。

(二) 制动灯故障诊断

制动灯故障诊断具体工作步骤及内容见表12-1。

表12-1 制动灯故障诊断工作步骤及内容

步骤	项目	顺序	工作内容
1	安全防护与检查前工作准备	1	铺设三件套
		2	打开机舱盖,铺设翼子板布,并用吹尘枪简单清洁发动机舱
		3	用万用表合适挡位检查蓄电池电压是否充足,如是,进行下一步,正常为12 V左右

续表

步骤	项目	顺序	工作内容
2	制动灯开关电路检查	1	拔下 S46 保险丝,检查保险丝有无熔断,若熔断则更换保险丝,若保险丝正常,进行下一步检查
		2	使用万用表或试灯检查 S46 号保险插脚有无 12 V 电压。若无 12 V 电压,则说明保险插脚与蓄电池正极线之间存在断路,应检查蓄电池正极柱和负极柱的连接情况和蓄电池上方 S2 号保险丝有无熔断;若保险丝插脚电源电压正常,则插回保险丝,进行下一步
		3	拆下仪表板下方装饰板,拔下制动灯开关插接器,使用万用表或试灯检查插接器插头 1 号端子有无 12 V 电压,若无 12 V 电压,说明保险丝到制动器开关之间导线断路或保险丝插接不良,若有 12 V 电压,进行下一步检查
		4	使用跨接线将制动灯开关 1 号针脚和 4 号针脚引出,踏下制动踏板,并使用万用表最小电阻挡检查 1 号针脚与 4 号针脚之间是否导通。若不导通,说明制动开关损坏,更换制动开关;若导通,将制动开关插接器插回制动开关,进行下一步检查
		5	分别拔下两侧后尾灯上的插接器,踏下制动开关,使用万用表或试灯检查插接器插头 2 号端子是否有 12 V 电压,若无 12 V 电压,说明后尾灯插接器与制动灯开关之间的导线存在断路或制动灯开关插接器插接不良;若有 12 V 电压,则进行下一步检查
3	制动灯灯座及灯泡检查	1	拆下后尾灯灯座,检查制动灯灯泡有无损坏。若损坏,更换灯泡;若灯泡正常,进行下一步检查
		2	找到 G6 搭铁点,检查搭铁点是否存在松动或脱落现象。若松或脱落,则重新对搭铁点进行固定,若无松动或脱落,则进行下一步检查
		3	使用万用表最小电阻挡检查后尾灯插接器插头 4 号端子与搭铁点 G6 是否导通。若不导通,说明后尾灯插接器 4 号端子与搭铁点之间的导线之间断路。若导通,则说明插接器插接不良或后尾灯灯座损坏,须更换

(三) 近光灯故障诊断

近光灯故障诊断的具体工作步骤及内容见表 12-2。

表 12-2 近光灯故障诊断工作步骤及内容

步骤	项目	顺序	工作内容
1	安全防护与检查前工作准备	1	铺设三件套及翼子板布
		2	打开机舱盖,铺设翼子板布,并用吹尘枪简单清洁发动机舱
		3	用万用表合适挡位检查蓄电池是否有电,如有,进行下一步
		4	打开点火开关,将大灯开关旋至大灯开启位置

续表

步骤	项目	顺序	工作内容
2	近光灯电路检查	1	拔下 S1 和 S2 保险丝,检查保险丝有无熔断,若熔断则更换保险丝,若保险丝正常,使用万用表检查 S11 和 S12 号保险插脚有无电源电压(或使用试灯检查)。若无电源电压,则应进行继电器和继电器座检查。若有电源电压,则插回保险丝,进行下一步
		2	拆下近光灯灯泡,检查灯泡有无损坏,若灯泡损坏,更换灯泡。若灯泡正常,装回灯泡进行下一步检查
		3	拔下大灯后方的插接器,检查其 7 号端子有无电源电压,若无电源电压,则说明保险丝与大灯插头之间的线路存在断路或保险丝插接不实,若有电源电压,则进行下一步检查
		4	取下空气滤清器壳,检查搭铁点 G1、G10 是否有虚接或脱落现象。若存在虚接或脱落现象,重新清理并固定搭铁点。若无虚接或脱落现象,则说明搭铁点与大灯插接器之间线路存在断路,或插接器接触不良
3	继电器及继电器座检查	1	若在大灯电路检查中,检查保险丝 S1、S2 处无电源电压,则应拔下继电器,检查继电器是否损坏。若继电器损坏,则更换继电器,若继电器正常,则进行下一步检查
		2	使用万用表 200 Ω 电阻挡测量 3 号脚与 7 号脚间电阻,正常为 75 Ω 左右
		3	使用跨接线分别连接 1 号脚与 7 号脚,然后分别连接电瓶正负极,使继电器吸合
		4	用万用表蜂鸣挡测量 6 号脚与 8 号脚是否导通
		5	使用万用表蜂鸣挡检查继电器座的 T9a/2 号脚与保险丝插脚是否导通,若不导通,则说明保险丝与继电器之间的导线存在断路现象。若导通,则进行下一步检查
		6	打开点火开关及大灯开关,变光开关选择近光灯位置,使用万用表(或试灯)检查继电器座的 T9a/9 号脚是否有 12 V 电压,若无 12 V 电压则检查灯光开关电路;若有 12 V 电压则进行下一步检查
		7	使用万用表蜂鸣挡检查继电器座的 T9a/5 号脚与车身任意搭铁点是否导通,若不导通,则说明 G3 搭铁点存在虚接或脱落现象,或者 T9a/5 号脚与 G3 搭铁点的导线存在断路现象。若导通,则进行下一步检查
		8	打开点火开关,使用万用表或试灯检查继电器座 T9a/4 号脚有无 12 V 电压,若无 12 V 电压则说明 T9a/4 号脚与电源正极之间导线存在断路现象;若有 12 V 电压则说明继电器座与继电器存在插接不实现象

续表

步骤	项目	顺序	工作内容
4	近光灯开关电路检查	1	若在继电器座检查中,发现继电器座的T9a/9号脚无12 V电压,则应先检查保险丝S24有无熔断,若保险丝熔断,则应更换保险丝,若保险丝正常,使用万用表或试灯检查保险S24处有无12 V电压,若无12 V电压,则应检查点火开关电路;若有12 V电压则进行下一步检查
		2	打开点火开关,拆下大灯开关并拔下插接器,使用万用表或试灯检查插接器端子的T17/1号脚有无12 V电压,若无12 V电压说明插接器T17/1号脚与保险丝之间导线存在断路或保险丝插脚接触不良;若有12 V电压,则进行下一步检查
		3	将拆下的大灯开关旋至大灯开启位置,使用万用表蜂鸣挡检查大灯开关后方的1号针脚与4号针脚是否导通,若不导通说明大灯开关损坏,应更换。若导通则装回大灯开关,并旋至大灯开启位置,进行下一步检查
		4	打开点火开关及大灯开关,拆下方向盘下方的转向柱护壳,拔下变光开关插接器,使用万用表或试灯检查插接器端子的3号脚有无电源电压,若没有电源电压,说明变光开关的3号端子与灯光组合开关插接器的4号端子之间的导线存在断路或灯光组合开关插接器插接不良;若有电源电压,则进行下一步检查
		5	打开点火开关及大灯开关,将变光开关放在近光灯位置,使用万用表蜂鸣挡检查变光开关下方的3号针脚与大灯开关2号针脚是否导通,若不导通说明变光开关损坏,应更换。若导通则说明变光开关插接器2号脚与继电器T9a/9号脚之间的导线存在断路或变光开关插接器插接不良
5	点火开关电路检查	1	使用万用表20 V电压挡,在灯光开关电路检查中若发现保险丝S24处无电源电压,则应拔下点火开关插接器,使用万用表或试灯检查插接器端子"30"有无电源电压,若无电源电压,则说明点火开关"30"端子与蓄电池正极线之间存在断路,应检查蓄电池正极柱和负极柱的连接情况和蓄电池上方保险丝有无熔断。若"30"端子有电源电压,则进行下一步检查
		2	打开点火开关,使用万用表电阻挡检查点火开关后方"30"端子与"X"端子是否导通,若不导通,说明点火开关损坏,应更换点火开关。若导通,则说明点火开关插接器插接不良或点火开关的"X"端子与保险丝S24之间的导线出现断路
6	工具整理	1	将工具设备整理归位
		2	将车辆复位
		3	清理地面卫生

（四）远光灯故障诊断

远光灯故障诊断的具体工作步骤及内容见表 12-3。

表 12-3 远光灯故障诊断工作步骤及内容

步骤	项目	顺序	工作内容
1	安全防护与检查前工作准备	1	铺设三件套
		2	打开机舱盖，铺设翼子板布，并用吹尘枪简单清洁发动机舱
		3	用万用表合适挡位检查蓄电池是否有电，如有，进行下一步
		4	打开点火开关，将大灯开关旋至大灯开启位置，并将变光开关调至远光灯开启位置
2	大灯电路检查	1	拔下 S11 和 S12 保险丝，检查保险丝有无熔断，若熔断则更换保险丝，若保险丝正常，使用万用表检查 S11 和 S12 号保险插脚有无电源电压（或使用试灯检查）。若无电源电压，则应进行继电器和继电器座检查。若有电源电压，则插回保险丝，进行下一步检查
		2	拆下远光灯灯泡，检查灯泡有无损坏，若灯泡损坏，更换灯泡。若灯泡正常，装回灯泡进行下一步检查
		3	拔下大灯后方的插接器，检查其 9 号端子有无 12 V 电压，若无 12 V 电压，则说明保险丝与大灯插头之间的线路存在断路或保险丝插接不实；若有 12 V 电压，则进行下一步检查
		4	取下空气滤清器壳，检查搭铁点 G1、G10 是否有虚接或脱落现象。若存在虚接或脱落现象，重新清理并固定搭铁点。若无虚接或脱落现象，则说明搭铁点与大灯插接器之间线路存在断路，或插接器接触不良
3	继电器及继电器座检查	1	若在大灯电路检查中，检查到保险丝 S11、S12 处无电源电压，则应拔下继电器，检查继电器是否损坏。若继电器损坏，则更换继电器，若继电器正常，则进行下一步检查
		2	使用万用表 200 Ω 电阻挡测量 1 号脚与 7 号脚间电阻，正常为 75 Ω 左右
		3	使用跨接线分别连接 1 号脚与 7 号脚，然后分别连接电瓶正负极，使继电器吸合
		4	用万用表蜂鸣挡测量 4 号脚与 5 号脚是否导通
		5	使用万用表蜂鸣挡检查继电器座的 T9a/6 号脚与保险丝插脚是否导通，若不导通，则说明保险丝与继电器之间的导线存在断路现象。若导通，则进行下一步检查
		6	使用万用表蜂鸣挡检查继电器座的 T9a/5 号脚与车身任意搭铁点是否导通，若不导通，则说明 G3 搭铁点存在虚接或脱落现象，或者 T9a/5 号脚与 G3 搭铁点的导线存在断路现象。若导通，则进行下一步检查
		7	打开点火开关，使用万用表或试灯检查继电器座 T9a/8 号脚有无 12 V 电压，若无 12 V 电压则说明 T9a/8 号脚与电源正极之间导线存在断路现象；若有 12 V 电压则说明继电器座与继电器存在插接不实现象

续表

步骤	项目	顺序	工作内容
4	灯光开关电路检查	1	若在继电器座检查中,发现继电器座的 T9a/1 号脚无 12 V 电压,则应先检查保险丝 S24 有无熔断,若保险丝熔断,则应更换保险丝,若保险丝正常,使用万用表或试灯检查保险 S24 处有无 12 V 电压,若无 12 V 电压,则应检查点火开关,若 12 V 电压则进行下一步检查
		2	打开点火开关,拆下方向盘下方的转向柱护壳,拔下变光开关插接器,使用万用表或试灯检查插接器端子的 T5a/5 号脚有无 12 V 电压,若无 12 V 电压说明插接器 T5a/5 号脚与保险丝之间导线存在断路或保险丝插脚接触不良,若有 12 V 电压,则进行下一步检查
		3	拆下变光开关,将变光开关调至远光灯开启位置,使用万用表蜂鸣挡检查变光开关后方的 4 号针脚与 3 号针脚是否导通,若不导通说明变光开关损坏,应更换。若导通则装回变光开关,进行下一步检查
		4	拔下变光开关插接器,使用万用表蜂鸣挡检查 4 号端子及大灯继电器 T9a/1 是否导通,若不导通则线路断路或插接器插接不良
		5	关闭点火开关,轻微扳动变光开关,若发现继电器座的 T9a/1 号脚无 12 V 电压,则应先检查保险丝 S29 有无熔断,若保险丝熔断,则应更换保险丝,若保险丝正常,使用万用表或试灯检查保险 S29 处有无 12 V 电压,若无 12 V 电压,则应检查蓄电池保险盒 S02 号保险,若保险完好则 S29 号保险至蓄电池保险盒 S02 号保险线路存在断路或虚接
		6	拆下变光开关,轻微扳动变光开关,使用万用表蜂鸣挡检查变光开关后方的 4 号针脚与 3 号针脚是否导通,若不导通说明变光开关损坏,应更换
5	点火开关电路检查	1	使用万用表 20 V 电压挡,在灯光开关电路检查中若发现保险丝 S24 处无电源电压,则应拔下点火开关插接器,使用万用表或试灯检查插接器端子"30"有无电源电压,若无电源电压,则说明点火开关"30"端子与蓄电池正极线之间存在断路,应检查蓄电池正极柱和负极柱的连接情况及蓄电池上方保险丝有无熔断。若"30"端子有电源电压,则进行下一步检查
		2	打开点火开关,使用万用表电阻挡检查点火开关后方"30"端子与"X"端子是否导通,若不导通,说明点火开关损坏,应更换点火开关。若导通,则说明点火开关插接器插接不良或点火开关的"X"端子与保险丝 S24 之间的导线出现断路
6	工具整理	1	将工具设备整理归位
		2	将车辆复位
		3	清理地面卫生

（五）实施记录

1. 制动灯故障诊断

按要求进行制动灯故障诊断并填写实施记录表12-4。

表12-4 制动灯故障诊断实施记录

序号	项目	检查结果	备注
1	测量蓄电池电压	电压值_____V	
2	检查保险丝S46	正常、熔断	
3	测量保险S46插脚电压	电压值_____V	
4	拔下制动灯开关插接器，使用万用表或试灯检查插接器插头1号端子有无12V电压	有、无	
5	踏下制动踏板，并使用万用表最小电阻挡检查1号针脚与4号针脚之间是否导通	导通、不导通	
6	踏下制动开关，使用万用或试灯表检查插接器插头2号端子是否有12V电压	有、无	
7	检查制动灯灯泡	正常、损坏	
8	检查G6搭铁点	接触良好、接触不良	
9	检查后尾灯插接器插头4号端子与搭铁点G6是否导通	导通、不导通	

2. 近光灯故障诊断

按要求进行近光灯故障诊断并填写实施记录表12-5。

表12-5 近光灯故障诊断实施记录

序号	项目	检查结果	备注
1	测量蓄电池电压	电压值_____V	
2	检查保险S1	正常、熔断	
3	测量保险S1插脚电压	电压值_____V	
4	检查保险S2	正常、熔断	
5	测量保险S2插脚电压	电压值_____V	
6	检查近光灯灯泡	正常、损坏	
7	检查近光灯插件7号针脚电压	电压值_____V	
8	检查搭铁点G1、G10	接触良好、接触不良	
9	检查近光灯继电器	正常、损坏	

续表

序号	项目	检查结果	备注
10	继电器座的 T9a/2 号脚与保险丝插脚是否导通	导通、不导通	
11	打开点火开关及大灯开关,变光开关选择近光灯位置,使用万用表(或试灯)检查继电器座的 T9a/9 号脚是否有 12 V 电压	有、无	
12	使用万用表蜂鸣挡检查继电器座的 T9a/5 号脚与车身任意搭铁点是否导通	导通、不导通	
13	打开点火开关,使用万用表或试灯检查继电器座 T9a/4 号脚有无 12 V 电压	有、无	
14	检查保险 S24	正常、熔断	
15	测量保险 S24 插脚电压	电压值_____V	
16	打开点火开关,拆下大灯开关并拔下插接器,使用万用表或试灯检查插接器端子的 T17/1 号脚有无 12 V 电压	有、无	
17	将拆下的大灯开关旋至大灯开启位置,使用万用表蜂鸣挡检查大灯开关后方的 1 号针脚与 4 号针脚是否导通	导通、不导通	
18	打开点火开关及大灯开关,拔下变光开关插接器,使用万用表或试灯检查插接器端子的 3 号脚有无 12 V 电压	有、无	
19	打开点火开关及大灯开关,将变光开关放在近光灯位置,使用万用表蜂鸣挡检查变光开关下方的 3 号针脚与大灯开关 2 号针脚是否导通	导通、不导通	
20	打开点火开关,使用万用表电阻挡检查点火开关后方"30"端子与"X"端子是否导通	导通、不导通	

3. 远光灯故障诊断

按要求进行远光灯故障诊断并填写实施记录表 12-6。

表 12-6 远光灯故障诊断实施记录

序号	项目	检查结果	备注
1	测量蓄电池电压	电压值_____V	
2	检查保险 S11	正常、熔断	
3	测量保险 S11 插脚电压	电压值_____V	
4	检查保险 S12	正常、熔断	
5	测量保险 S12 插脚电压	电压值_____V	
6	检查远光灯灯泡	正常、损坏	
7	测量远光灯插件 9 号针脚电压	电压值_____V	
8	检查搭铁点 G1、G10	接触良好、接触不良	
9	检查远光灯继电器	正常、损坏	
10	使用万用表蜂鸣挡检查继电器座的 T9a/6 号脚与保险丝插脚是否导通	导通、不导通	
11	使用万用表蜂鸣挡检查继电器座的 T9a/5 号脚与车身任意搭铁点是否导通	导通、不导通	
12	打开点火开关,使用万用表或试灯检查继电器座 T9a/8 号脚有无 12 V 电压	有、无	
13	检查保险 S24	正常、熔断	
14	测量保险 S24 插脚电压	电压值_____V	
15	打开点火开关,拔下变光开关插接器,使用万用表或试灯检查插接器端子的 T5a/5 号脚有无 12 V 电压	有、无	
16	拆下变光开关,将变光开关调至远光灯开启位置,使用万用表蜂鸣挡检查变光开关后方的 4 号针脚与 3 号针脚是否导通	导通、不导通	
17	拔下变光开关插接器,使用万用表蜂鸣挡检查 4 号端子及大灯继电器的 T9a/1 号脚是否导通	导通、不导通	

续表

序号	项目	检查结果	备注
18	关闭点火开关,轻微扳动变光开关,使用万用表或试灯检查继电器座的 T9a/1 号脚有无 12 V 电压	有、无	
19	检查保险 S29	正常、熔断	
20	测量保险 S29 插脚电压	电压值_____V	
21	拆下变光开关,轻微扳动变光开关,使用万用表蜂鸣挡检查变光开关后方的 4 号针脚与 3 号针脚是否导通	导通、不导通	
22	打开点火开关,使用万用表电阻挡检查点火开关后方"30"端子与"X"端子是否导通	导通、不导通	

四、思考与练习

(一) 判断题

1. 汽车信号装置是通过声光等信息向其他车辆或行人发出警告,来确保行车安全的。( )
2. 为了引起注意,转向灯的颜色都采用红色。( )
3. 一般来说汽车有 4 个刹车灯,它们安装在车辆的前后左右。( )
4. 现代有些汽车前照灯照明距离已达到 200～250 m。( )
5. 卤钨灯泡内的工作电压比其他灯泡高得多。( )
6. 小灯属于照明用的灯具。( )
7. 仪表灯属于信号及标志用的灯具。( )
8. 警告灯属于信号及标志用的灯具。( )
9. 前照灯远光灯丝位于焦点上。( )
10. 转向信号灯属于照明用的灯具。( )

(二) 选择题

1. 在讨论自动大灯时,技师甲说:将车灯打至远光灯挡时,在检测到对面来车时,汽车会自动关闭远光灯。技师乙说:自动远光功能目的是为了防止对方车辆眩目,而高速公路是没有对面来车的,因此自动远光功能在高速公路是无效的。谁正确?( )
   A. 技师甲对　　B. 技师乙对　　C. 都对　　D. 都错
2. 技师甲说:在急加速时,车辆会出现抬头现象,为了避免车灯光束偏离路面,水平调节装置会调整大灯照射角度。技师乙说:若 CAN 网络出现故障,近光灯/远光灯都无法工作。谁

正确?（ ）

　　A. 技师甲对　　　B. 技师乙对　　　C. 都对　　　　　D. 都错

3. 在讨论配光镜时,技师甲说:配光镜的作用就是将灯泡的光线聚合并导向前方。技师乙说:配光镜是由透镜和棱镜组合而成的散光玻璃。谁正确?（ ）

　　A. 技师甲对　　　B. 技师乙对　　　C. 都对　　　　　D. 都错

4. 在讨论车灯灯泡时,技师甲说:LED 大灯将会替代传统大灯。技师乙说:氙气大灯工作电压可达 2 kV 以上。谁正确?（ ）

　　A. 技师甲对　　　B. 技师乙对　　　C. 都对　　　　　D. 都错

5. 在讨论危险报警装置时,技师甲说:即使关闭点火开关,危险警报灯仍可以正常工作。技师乙说:由于危险警报灯比较重要,因此它的闪烁频率比转向灯闪烁频率高些。谁正确?（ ）

　　A. 技师甲对　　　B. 技师乙对　　　C. 都对　　　　　D. 都错

6. 当车辆遇到危险时,可将危险警告灯开关打开,使（ ）同时闪烁。

　　A. 示宽灯和雾灯　B. 近光灯和远光灯　C. 全部转向灯　　D. 雾灯和前照灯

7. 技师甲说:制动灯为了醒目采用红色。技师乙说:危险警报灯为了醒目也采用红色。谁正确?（ ）

　　A. 技师甲对　　　B. 技师乙对　　　C. 都对　　　　　D. 都错

8. 在讨论打左右转向开关和按下紧急报警开关时转向灯都不工作故障时,技师甲说:故障可能是转向/紧急报警灯保险。技师乙说:故障可能是闪光继电器。谁正确?（ ）

　　A. 技师甲对　　　B. 技师乙对　　　C. 都对　　　　　D. 都错

9. 下列不属于转向灯系统的是（ ）

　　A. 转向信号灯　　B. 转向指示灯　　　C. 闪光器　　　　D. 变光开关

10. 在讨论转向灯故障时,技师甲说:若打左右转向时,转向灯都不工作而危险报警工作正常,则应该重点检查转向灯开关电路。技师乙说:只有一个转向灯故障时,重点检查该灯泡及其线路。谁正确?（ ）

　　A. 技师甲对　　　B. 技师乙对　　　C. 都对　　　　　D. 都错

(三) 问答题

1. 简述制动灯灯泡的检测方法。

2. 简述保险丝的检测方法。

项目十三　检修电动车窗

一、任务描述

实训室的车辆出现电动车窗不能升降的故障,故障现象为副驾驶位置电动车窗主开关可以正常操作,但是副驾驶位置的副开关不能正常操作。这是怎么回事呢?想了解这方面知识,就进入下面的学习内容吧!

二、相关知识

(一) 电动车窗的作用及工作原理

1. 电动车窗的作用及结构

1) 电动车窗的作用

电动车窗可以方便驾驶员及乘客操作,使驾驶员更加集中精力驾车。驾驶员操作时,可以使 4 个车窗中的任意一个上升或下降,乘员只能使所在位置的车窗上升或下降。

电动车窗装置主要由车窗、车窗升降器、电动机、继电器、升降控制开关等组成。电动车窗使用的电动机一般采用双向转动的永磁电动机,也有的采用双绕组串激型电动机。

电动车窗由升降机和电动机来完成升降功能,每个车窗各有一个电动机,通过开关控制其电流方向来控制车窗的上升或下降。通常装备电动车窗的车型在车内有两套车窗控制系统,一套位于驾驶位,能够控制所有车窗的升降;另一套位于每个乘客门上,乘客可以单独控制该门车窗升降。电动车窗逐渐取代了传统的转动摇柄升降玻璃,使玻璃升降更加轻便化、舒适化、自动化。驾驶位的玻璃升降控制区还有后窗隔离功能,后座的孩子或宠物如果误碰升降按钮是一项很危险的操作,驾驶员可以根据情况对后车窗电动调节进行锁止以避免后排的误操作。驾驶位的玻璃升降控制区如图 13-1 所示。

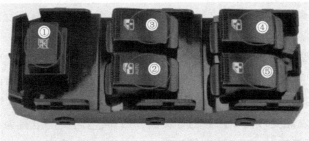

1—锁定键,按下此按键后其他几个门的按键不能单独使用;
2—左前控制键,控制左前门玻璃升降器上下升降;
3—右前控制键,控制右前门玻璃升降器上下升降;
4—右后控制键,控制右后门玻璃升降器上下升降;
5—左后控制键,控制左后门玻璃升降器上下升降。

图 13-1　驾驶位的玻璃升降控制区

为了防止电路过载,电路或电动机内装有一个或多个热敏断路开关,用以控制电流。当车窗完全关闭或由于结冰等原因使车窗玻璃不能自如运动时,即使操纵开关没有断开,热敏开关也会自动断路。有的车上还专门装有一个延迟开关,在点火开关断开后约 10 min 内,或在车门打开以前,仍有电源供电,使驾驶员和乘客能有时间关闭车窗。

有些汽车的后车车窗设有安全装置,带有这种装置的汽车,后车车窗玻璃一般仅能下降至 2/3~3/4 处,不能全部下降到底,以防止后座位上的小孩将头、手伸出窗外发生事故。

2)普通电动车窗的结构

常见的电动车窗玻璃升降器传动机构有绳轮式和交臂式两种。交臂式玻璃升降器电动机的输出部分是一个小齿轮,经啮合的扇形齿轮片,通过交臂式升降机构,带动玻璃沿导轨上、下运动。绳轮式玻璃升降器电动机的输出部分是一个塑料绳轮,绳轮上绕有钢丝绳,钢丝绳上装有滑块,电动机驱动绳轮,带动钢丝绳卷绕,钢丝绳上的滑块带动玻璃,使之沿导轨上下运动,如图 13-2 所示。

图 13-2 交臂式和绳轮式传动机构

电动玻璃升降器实质上等价于同类型的手动玻璃升降器加上电动机和减速器的组合,因此安装手动玻璃升降器的轿车配装相应的电动机和减速机构组件后,可以改成电动玻璃升降器。

2. 电动车窗控制电路

电动车窗的控制电路主要由电源、易熔线、断路器、主继电器、开关、电动机和指示灯组成。

电源为电气设备提供电能,以使电气设备工作。汽车的电源主要是发电机和蓄电池。

易熔线的作用是防止电流过大而损坏电气设备。

电路或电动机内装有一个或多个热敏断路器,用以控制电流,防止电动机过载。当车窗完全关闭或由于结冰等原因使车窗玻璃不能自如运动时,即使操纵开关没有断开,热敏开关也会自动断路。其基本原理是:当电动机过载时,其阻抗减小,甚至为零,此时输入的电流过大,引起断路器的双金属片发热变形而断路。当开关断开后,其电路中的电流为零,断路器的双金属片因无电流通过,便逐渐冷却,触点又恢复接触状态,以备再次接通门窗的电路。

主继电器的作用是接通或断开车窗电路。当接通点火开关电路时,同时也接通了主继电器的线圈电路,主继电器接通车窗的电路。当关断点火开关时,主继电器同时也断开车窗的电路,以防损坏电气组件和发生意外。

开关用来控制车窗玻璃升降。一般电动车窗系统都装有两套控制开关。一套装在仪表板或驾驶员侧车门扶手上（即方便于驾驶员操纵位置），为主开关，它由驾驶员控制每个车窗的升降。另一套分别装在每一个乘员的车门上，它为分开关，可由乘员操纵。一般在主开关上还装有窗锁开关。如果将其断开，则分开关就不起作用。有的车上还专门装有一个延迟开关，在点火开关断开后约 10 min 内，或在打开车门以前，仍有电源供电，使驾驶员和乘员能有时间关闭车窗。

指示灯用来指示车窗电路的工作状态。它主要有电源指示灯、乘员车窗电路指示灯和驾驶员侧车窗升降状态指示灯 3 种。电源指示灯的点亮或熄灭表示电源电路的通断。即车窗电路导通时，电源指示灯点亮，电源断开时指示灯熄灭。当接通窗锁开关时，乘员车窗电路指示灯点亮，断开时熄灭。

3. 车窗升降器工作原理

电动车窗的控制电路如图 13-3 所示。当点火开关转至点火挡时，电动车窗主继电器工作，触点闭合，给电动车窗电路提供了电源，此时，电源指示灯点亮。若将主开关上的窗锁开关闭合，那么所有车窗都可随时进入工作状态，乘员车窗的指示灯点亮。

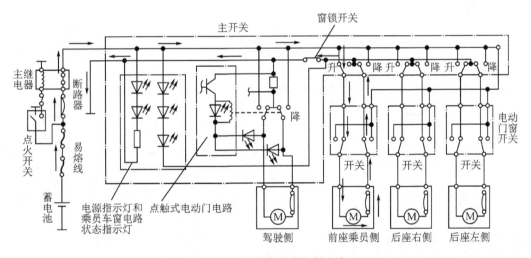

图 13-3 电动车窗的控制电路

1) 前右侧车窗升降

(1) 驾驶员操纵。当驾驶员按下主开关相应的前乘员车窗上升开关时，其电流流经蓄电池的正极→易熔线→断路器→主继电器→主开关→前乘员开关左触点→电动机→断路器→前乘员开关右触点→窗锁开关→搭铁→蓄电池的负极，构成闭合回路。该电路中的电动机通电而工作，使车窗上升。当需要车窗下降时，驾驶员按下主开关上的下降开关，因电动机是永磁双向电动机，其电动机的电流方向相反，电动机通电而反转使车窗下降。

(2) 乘员操纵。乘员接通前乘员车窗上升开关时，其电流流经蓄电池的正极→易熔线→断路器→乘员开关左触点→电动机→断路器→乘员开关右触点→窗锁开关→搭铁→蓄电池的负极，构成闭合电路。该电路中的电动机通电而工作，使车窗上升。当需要车窗下降时，乘员按下下降开关，其电动机的电流方向相反，电动机通电而反转使车窗下降。

2)驾驶员侧的车窗升降

若主开关上的窗锁开关断开,则只有驾驶员侧车窗具备工作条件。另外,驾驶员侧的车窗开关由点触式电路控制。车窗在下降过程中,如果要使其停止在某一位置,只要再点触一下开关即可。其工作电路为:当驾驶员侧的车窗需要下降时,可按下主开关上的下降按钮,其电流流经蓄电池的正极→断路器→电动机→驾驶员侧开关的另一触点→窗锁开关→蓄电池的负极,构成闭合电路。与此同时,触点式开关的电路也同时接通,下降指示灯点亮,继电器线圈因通电而产生吸力,保持开关处于下降工作状态直至下降到极限位置。在下降过程中,如果要使车窗停在某一位置,驾驶员可再点触一下开关,则继电器线圈断路,车窗下降停止。

其他后座乘员左、右车窗的升降操纵与前乘员侧的操纵方法相同,在此不再赘述。

(二)迈腾 B7L 轿车电动车窗电路分析

1. 迈腾 B7L 轿车驾驶员侧电动车窗开关电路原理

迈腾 B7L 轿车驾驶员侧前部与后部电动车窗电路图如图 13-4 所示,控制原理如图 13-5 所示。电动车窗升降具体工作状态分为车窗上升、快速上升;车窗下降、快速下降。其工作过程如下。

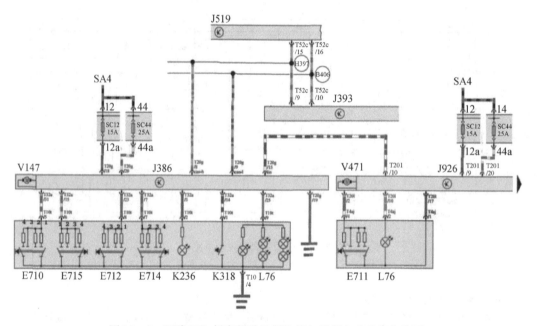

图 13-4 迈腾 B7L 轿车驾驶员侧前部与后部电动车窗电路图

驾驶员侧左前电动车窗开关(E710)内部有三个电阻和一个导线,其各电阻阻值均不相同,来自驾驶员侧车门控制单元(J386)的信号送到车窗开关(E710)处,当左前车窗开关(E710)部分提升(保持提升动作)(图 13-4 中开关向右移动,与第 1 个电阻接触),经过电阻接地,信号产生变化,告知驾驶员侧车门控制单元(J386)是左前车窗上升;如果驾驶员侧左前电动车窗开关(E710)全部提升(提升一次后松开)(图 13-4 中开关向右移动,与第 2 个电阻接触),经过不同阻值的电阻接地,信号产生变化,告知驾驶员侧车门控制单元(J386)是左前车窗快速上升。同理,左前车窗下降是图 13-4 中开关与第 4 个电阻接触,左前车窗快速下降是图

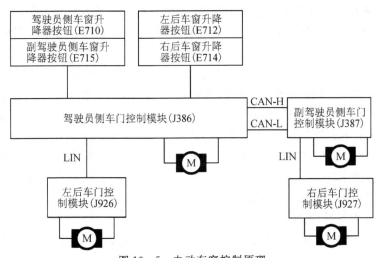

图 13-5 电动车窗控制原理

13-4 中开关与第 3 个导线接触。其余车窗开关的原理与此相同。

驾驶员侧电动车窗工作原理：打开点火开关后，舒适/便捷系统的中央控制单元(J393)工作，通过 CAN 总线向车门控制单元(J386)发送信息，接通车门控制单元(J386)的供电(来自 SC12 与 SC44 保险)，将驾驶员侧左前车窗开关(E710)部分提升(全部提升、部分按下、全部按下)，车窗开关将来自驾驶员侧车门控制单元(J386)的信号经过电阻 1(电阻 2、电阻 4、导线 3)接地，驾驶员侧车门控制单元(J386)通过舒适 CAN 总线向舒适/便捷系统的中央控制单元(J393)传送请求信号，中央控制单元(J393)经计算后，通过 CAN 总线向驶员侧车门控制单元(J386)传送许可信号，驾驶员侧车门控制单元(J386)控制内部的车窗电机(V147)工作，车窗上升(快速上升、车窗下降、快速下降)。

关闭点火开关时，中央控制单元(J393)向驾驶员侧车门控制单元(J386)发送信息，延迟供电一段时间后，再切断电源。

2. 迈腾 B7L 轿车其余电动车窗工作原理

1) 左后电动车窗工作原理

(1) 通过驾驶员侧左前车窗开关(E712)控制。将驾驶员侧左前车窗开关(E712)部分提升(全部提升、部分按下、全部按下)，车窗开关将来自驾驶员侧车门控制单元(J386)的信号经过电阻 1(电阻 2、电阻 4、导线 3)接地，驾驶员侧车门控制单元(J386)通过舒适 CAN 总线向舒适/便捷系统的中央控制单元(J393)传送请求信号，中央控制单元(J393)经计算后，通过 CAN 总线向驶员侧车门控制单元(J386)传送许可信号，驶员侧车门控制单元(J386)将此许可信号通过 LIN 总线传送给驾驶员侧后部车门控制单元(J926)，后部车门控制单元(J926)控制内部的车窗电机(V471)工作，车窗上升(快速上升、车窗下降、快速下降)。

(2) 通过驾驶员侧后部车窗升降器按钮(E711)控制。注意通过后部车窗升降器按钮(E711)控制时，车窗上升与下降、车窗快速上升与下降控制过程不同。

车窗上升与下降。打开点火开关后，舒适/便捷系统的中央控制单元(J393)工作，通过 CAN 总线向车门控制单元(J386)发送信息，车门控制单元(J386)再通过 LIN 总线将信息传送给驾驶员侧后部车门控制单元(J926)，车门控制单元(J926)接通供电(来自 SC12 与 SC44

保险),此时将驾驶员侧后部车窗开关(E711)部分提升(部分按下),车窗开关经过电阻1(电阻4)接地,将信号传给车门控制单元(J926),车门控制单元(J926)控制内部的车窗电机(V471)工作,车窗上升(车窗下降)。

车窗快速上升与下降。将驾驶员侧后部车窗开关(E711)全部提升(全部按下),车窗开关将来自驾驶员侧后部车门控制单元(J926)的信号经过电阻2(导线3)接地,车门控制单元(J926)通过 LIN 总线向车门控制单元(J386)传送信息,车门控制单元(J386)通过 CAN 总线向舒适/便捷系统的中央控制单元(J393)传送请求信号,中央控制单元(J393)经计算后,通过 CAN 总线和 LIN 总线向车门控制单元(J926)传送许可信号,控制内部的车窗电机(V471)工作,车窗快速上升(快速下降)。关闭点火开关时,中央控制单元(J393)向驾驶员侧后部车门控制单元(J926)发送信息,延迟供电一段时间后,再切断电源。

2)右前电动车窗工作原理

(1)通过驾驶员侧左前车窗开关(E715)控制。同理将驾驶员侧左前车窗开关(E715)部分提升(全部提升、部分按下、全部按下),车窗开关将来自驾驶员侧车门控制单元(J386)的信号经过电阻或导线接地,驾驶员侧车门控制单元(J386)通过舒适 CAN 总线向舒适/便捷系统的中央控制单元(J393)传送请求信号,中央控制单元(J393)经计算后,通过 CAN 总线向副驾驶员侧车门控制单元(J387)传送许可信号,副驾驶员侧车门控制单元(J386)控制内部的车窗电机(V148)工作,车窗上升(快速上升、车窗下降、快速下降)。

(2)通过副驾驶员侧车窗升降器按钮(E716)控制。通过副驾驶员侧车窗升降器按钮(E716)控制右前电动车窗工作,原理与左前车窗升降器按钮(E710)控制左前电动车窗原理相同,这里不再赘述。

3)右后电动车窗工作原理

(1)通过驾驶员侧左前车窗开关(E714)控制。将驾驶员侧左前车窗开关(E714)部分提升(全部提升、部分按下、全部按下),车窗开关将来自驾驶员侧车门控制单元(J386)的信号经过电阻或导线接地,驾驶员侧车门控制单元(J386)通过舒适 CAN 总线向舒适/便捷系统的中央控制单元(J393)传送请求信号,中央控制单元(J393)经计算后,通过 CAN 总线向副驾驶员侧车门控制单元(J387)传送许可信号,副驾驶员侧车门控制单元(J387)将此许可信号通过 LIN 总线传送给副驾驶员侧后部车门控制单元(J927),后部车门控制单元(J927)控制内部的车窗电机(V472)工作,车窗上升(快速上升、车窗下降、快速下降)。

(2)通过副驾驶员侧后部车窗升降器按钮(E713)控制。通过副驾驶员侧后部车窗升降器按钮(E713)控制右后电动车窗工作,原理与左后车窗升降器按钮(E711)控制左后电动车窗原理相同,这里不再赘述。

3. 大众迈腾 1.8T 电动车窗常见故障检修

电动车窗常见故障有:驾驶员侧车窗不升降、左后车窗不升降、左侧两车窗均不升降、副驾驶员侧车窗不升降、右后车窗不升降及右侧两车窗均不升降等。

1)驾驶员侧车窗不升降

故障现象是上、下拨动驾驶员侧车窗升降器按钮 E710 驾驶员侧车窗不升降,但上、下拨动驾驶员侧车门上的左后车窗升降器按钮 E712 左后车窗正常升降,说明驾驶员侧车门控制单元 J386 的供电电路、搭铁电路及其本身均正常;故障是驾驶员侧车窗升降器电机 V147、驾驶员侧车窗升降器按钮 E710 及线路故障。

2)左后车窗不升降

(1)故障现象是上、下拨动驾驶员侧车门上的左后车窗升降器按钮 E712,左后车窗正常升降,但上、下拨动左后车门上的左后车窗升降器按钮 E711,左后车窗不升降。说明左后车门控制单元 J926 的供电电路、搭铁电路、本身及左后车窗升降器电机 V471、驾驶员侧车门控制单元 J386 到左后车门控制单元 J926 的 LIN 线、驾驶员侧车门上的左后车窗升降器按钮 E712 及线路均正常,故障是左后车门上的左后车窗升降器按钮 E711 及线路故障。

(2)故障现象是上、下拨动驾驶员侧车门上的左后车窗升降器按钮 E712,左后车窗不升降,但上、下拨动左后车门上的左后车窗升降器按钮 E711,左后车窗正常升降。说明左后车门控制单元 J926 的供电电路、搭铁电路、本身、左后车窗升降器电机 V471、左后车门上的左后车窗升降器按钮 E711 及线路均正常,故障是驾驶员侧车门控制单元 J386 到左后车门控制单元 J926 的 LIN 线、驾驶员侧车门上的左后车窗升降器按钮 E712 及线路故障。

(3)故障现象是上、下拨动驾驶员侧车门上的左后车窗升降器按钮 E712 和左后车门上的左后车窗升降器按钮 E711,左后车窗都不升降。说明故障是左后车门控制单元 J926 的搭铁电路、本身及左后车窗升降器电机 V471 故障。

3)左侧两车窗均不升降

故障现象是上、下拨动驾驶员侧车窗升降器按钮 E710,驾驶员侧车窗不升降,并且上、下拨动驾驶员侧车门上的左后车窗升降器按钮 E712 及左后车门上的左后车窗升降器按钮 E711,左后车窗均不升降。说明故障是驾驶员侧车门控制单元 J386 和左后车门控制单元 J926 的公共供电电路故障。

4)副驾驶员侧车窗不升降

(1)故障现象是上、下拨动驾驶员侧车门上的副驾驶员侧车窗升降器按钮 E715,副驾驶员侧车窗正常升降,但上、下拨动副驾驶员侧车门上的副驾驶员侧车窗升降器按钮 E716,副驾驶员侧车窗不升降。说明副驾驶员侧车门控制单元 J387 的供电电路、搭铁电路、本身、副驾驶员侧车窗升降器电机 V148、CAN 线、舒适/便利功能系统的中央控制单元 J393、驾驶员侧车门上的副驾驶员侧车窗升降器按钮 E715 及线路均正常,故障是副驾驶员侧车门上的副驾驶员侧车窗升降器按钮 E716 及线路故障。

(2)故障现象是上、下拨动驾驶员侧车门上的副驾驶员侧车窗升降器按钮 E715,副驾驶员侧车窗不升降,但上、下拨动副驾驶员侧车门上的副驾驶员侧车窗升降器按钮 E716 时,副驾驶员侧车窗正常升降。说明副驾驶员侧车门控制单元 J387 的供电电路、搭铁电路、本身、副驾驶员侧车窗升降器电机 V148、副驾驶员侧车门上的副驾驶员侧车窗升降器按钮 E716 及其线路均正常,故障是 CAN 线、舒适/便利功能系统的中央控制单元 J393、驾驶员侧车门上的副驾驶员侧车窗升降器按钮 E715 及线路故障。

(3)故障现象是上、下拨动驾驶员侧车门上的副驾驶员侧车窗升降器按钮 E715,副驾驶员侧车窗不升降,并且上、下拨动副驾驶员侧车门上的副驾驶员侧车窗升降器按钮 E716,副驾驶员侧车窗也不升降。说明故障是副驾驶员侧车门控制单元 J387 的本身及副驾驶员侧车窗升降器电机 V148 故障。

5)右后车窗不升降

(1)故障现象是上、下拨动驾驶员侧车门上的右后车窗升降器按钮 E714,右后车窗正常升降,但上、下拨动右后车门上的右后车窗升降器按钮 E713,右后车窗不升降。说明右后车门控制单元 J927 的供电电路、搭铁电路、本身、右后车窗升降器电机 V472、CAN 线、舒适/便利功能系统的中央控制单元 J393、副驾驶员侧车门控制单元 J387 到右后车门控制单元 J927 的 LIN 线、驾驶员侧车门上的右后车窗升降器按钮 E714 及线路均正常，故障是右后车窗升降器按钮 E713 及线路故障。

(2) 故障现象是上、下拨动驾驶员侧车门上的右后车窗升降器按钮 E714，右后车窗不升降，但上、下拨动右后车门上的右后车窗升降器按钮 E713，右后车窗正常升降。说明右后车门控制单元 J927 的供电电路、搭铁电路、本身、右后车窗升降器电机 V472、右后车窗升降器按钮 E713 及线路均正常，故障是副驾驶员侧车门控制单元 J387 到右后车门控制单元 J927 的 LIN 线、CAN 线、舒适/便利功能系统的中央控制单元 J393、驾驶员侧车门上的右后车窗升降器按钮 E714 及线路故障。

(3) 故障现象是上、下拨动驾驶员侧车门上的右后车窗升降器按钮 E714，右后车窗不升降；上、下拨动右后车门上的右后车窗升降器按钮 E713，右后车窗也不升降。说明故障是右后车门控制单元 J927 的搭铁电路、本身及右后车窗升降器电机 V472 故障。

6) 右侧两车窗均不升降

(1) 故障现象是上、下拨动驾驶员侧车门上的副驾驶员侧车窗升降器按钮 E715，副驾驶员侧车窗不升降；上、下拨动驾驶员侧车门上的右后车窗升降器按钮 E714 时，右后车窗也不升降；其他按钮控制车窗均正常。说明故障是 CAN 线、舒适/便利功能系统的中央控制单元 J393 故障。

(2) 故障现象是上、下拨动副驾驶车门上的副驾驶员侧车窗升降器按钮 E716，副驾驶员侧车窗不升降；上、下拨动右后车门上的右后车窗升降器按钮 E713 时，右后车窗也不升降。说明故障是副驾驶员侧车门控制单元 J387 和右后车门控制单元 J927 的公共供电电路故障。

4. 电动车窗初始化设定

B7L 轿车装备了具有自动升降(开闭)和防夹功能的电动车窗和天窗系统。断开再连接蓄电池后，电动车窗升降器的自动上升和下降功能将失灵。因此在重新使用前必须对车窗升降器重新进行定位(初始化)。对于迈腾 B7L 及其他具有电动车窗自动升降功能的迈腾车型，其初始化的操作步骤如下：

(1) 打开点火开关；
(2) 完全关闭所有车窗和车门；
(3) 向上拉起车窗升降器按钮，并保持至少 1 s；
(4) 松开按钮，然后再次向上拉起车窗升降器按钮。

这样电动车窗的自动升降功能就恢复正常了。

(三) 迈腾电动车窗故障诊断案例

1. 故障现象

一辆 2015 年产的迈腾 B7L 车，据车主反映，操作驾驶员侧后部车窗升降器按钮无法控制左后电动车窗升降，操作左后车门上的车窗升降器按钮能够正常控制电动车窗升降。

2. 故障诊断

接车后，首先对故障现象进行验证，故障症状确如客户所述。结合该车的故障现象，分析

项目十三 检修电动车窗

认为造成故障的可能原因有驾驶员侧左后车窗升降器故障、驾驶员侧车门控制模块(J386)故障、相关线路故障。用故障检测仪检测驾驶员侧车门控制模块(J386)无相关故障代码存储。读取数据流,在操作驾驶员侧左后车窗升降器按钮时,有手动下降、手动上升和一键升降的信号输出(图13-6),初步排除驾驶员侧左后车窗升降器按钮故障的可能。

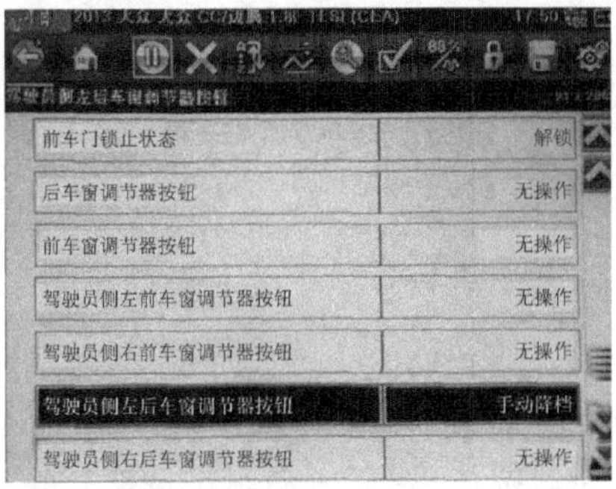

图13-6 数据流

操作驾驶员侧左后车窗升降器按钮,驾驶员侧车门控制模块(J386)接收到驾驶员侧左后车窗升降器按钮信号,并通过LIN总线将其传递给左后车门控制模块(J926),由J926控制左后电动车窗升降;操作驾驶员侧右后车窗升降器按钮,J386接收到信号,并通过CAN总线将信号传递给副驾驶员侧车门控制模块(J387),由J387通过LIN总线将信号传递给右后车门控制模块(J927),从而实现右后电动车窗升降。

查阅左后电动车窗控制电路(图13-7),拆卸驾驶员侧车门门边饰板和左后车门门边饰板,依次断开J386导线连接器T20g和J926导线连接器T201,检查导线连接器无损坏。用万用表测量导线连接器T20g端子15与导线连接器T201端子8之间的电阻,小于1Ω,正常。重新插上导线连接器,利用示波器测量J386导线连接器端子15的LIN总线波形,发现LIN总线的波形不正常(图13-8),该波形表明LIN总线存在对搭铁短路的故障。重点检查门边线束,发现紫白色导线(LIN总线)磨损破皮(图13-9)已和车门板接触在一起,从而出现J386和J926之间信号无法正常传递的故障,致使驾驶员侧后部车窗升降器按钮无法控制左后电动车窗升降。

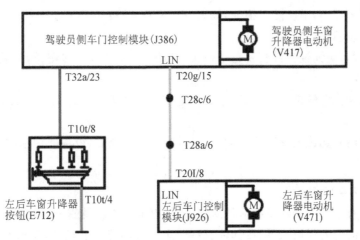

图13-7 左后电动车窗控制电路

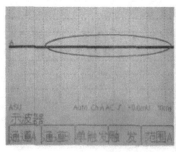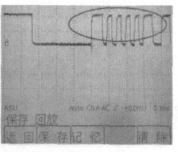

图 13-8　LIN 总线波形故障(左)正常(右)　　　　图 13-9　破损的 LIN 总线

3. 故障排除

用线束修理包修复破损的 LIN 总线，装上驾驶员侧车门门边饰板和左后车门门边饰板，多次操作驾驶员侧后部车窗升降器按钮，左后电动车窗玻璃升降正常，至此，故障彻底排除。

三、项目实施

(一) 安全防护注意事项

1. 个人安全防护

(1) 维修操作人员必须穿工作服、戴工作帽、穿工作鞋，工作服纽扣与拉链及皮带扣不应暴露在衣服外侧，袖口不应挽起，领口扣紧、裤脚扣紧、佩戴手套，女生长头发要盘起在工作帽内。

(2) 维修操作人员在进入车间时不应佩戴手表、戒指、项链等金属首饰，女生不应佩戴耳环。

(3) 维修人员在进行车辆维修操作时，应防止车轮压伤脚部、车门夹伤手部，手部不能靠近热的发动机及旋转的发动机皮带。

(4) 在搬运重物及尖锐物时应注意动作姿势，防止扭伤腰部、砸伤脚部、划伤手部。

2. 车辆/台架等设备安全

(1) 车辆进入车间内，不应随意摆放，熄灭发动机后，将变速器置于空挡位置，并拉紧驻车制动；台架应将车轮锁死或用木块固定。

(2) 维修操作前，应铺设三件套及翼子板布，发动机启动前应连接尾排，且其他实训人员不应围绕在车辆周围。

(3) 任何时间操作电气设备时，都应注意用电安全。作业结束之后，应及时切断所有用电设备的电源。

(4) 维修操作前应熟读维修手册中的操作标准和台架、仪器、设备使用标准，并做好日常维护工作。

3. 车间场地安全防护

(1) 车间应配有干粉灭火器及相应消防措施，易燃油品不能暴露于空气中。

(2) 工作时车间内的任何工具、零部件、设备、车辆都不能随意摆放，工作结束后摆放于指定地点保管。

(3)车间内设备或车辆周围的人行道或工作区域不能过于拥挤。

(4)操作过程中应做到油品、工具、配件三不落地,作业完毕后应及时清理车间工作场地,做到现场5S管理。

(二)检测电动车窗故障

检测电动车窗故障具体工作步骤及内容见表13-1。

表13-1 检测电动车窗故障工作步骤及内容

步骤	项目	顺序	工作内容
1	安全防护与准备工作	1	将车辆驶入工位停好,变速器置于空挡,熄火并拉紧驻车制动器
		2	铺设三件套
2	故障验证	1	将车辆安全停放在维修工位,铺好防护三件套,拉起手制动器或将变速器置于P/N挡
		2	检查蓄电池电压是否正常
		3	打开点火开关,操作司机侧车窗控制开关,检查是全部车窗不能升降,还是个别车窗不能升降故障
3	检查电动车窗故障和车窗开关检查	1	使用检测仪读取车门控制单元故障码,如果无法进入,检查诊断插座U31和网关J533保险、电源线、搭铁是否正常,检查控制单元J368、J387的CAN数据总线是否正常
		2	如有故障码,按照故障码提示进行故障排除;如无故障码,操作各车窗开关,读取车门控制单元数据流,检查各车窗开关信号是否正常
		3	如果无车窗开关信号,参考维修手册拆卸车门装饰板,检查开关端子和控制单元J386端子之间的连接导线是否正常;若线路故障,进行维修
		4	如果线路良好,检查控制单元J386端子和控制单元J533端子之间的CAN数据总线是否故障,若CAN数据线路良好,则车窗开关损坏,需更换
4	检查电动车窗故障电机和控制单元检查	1	操作司机侧各车窗开关,检查车窗电机是否正常运转,如果电机运转正常,则拆卸各车门装饰板,检查车窗升降器和机械传动机构是否故障
		2	如果车窗电机不工作,检查控制单元J386保险是否损坏,如损坏、更换故障保险;检查控制单元J386供电、搭铁是否正常
		3	如果车窗开关信号正常,检查控制单元J386供电、搭铁均正常,控制单元J386损坏,需更换
5	整理	1	撤去三件套及翼子板布
		2	整理工具及现场卫生

(三)实施记录

按要求进行电动车窗故障检测并填写实施记录表13-2。

表 13-2 电动车窗故障检测实施记录

序号	检查项目	故障检查	故障记录
1	故障验证及基础检查	蓄电池电压：　　　V 全部车窗不能升降 □　　　个别车窗不能升降 □ 电动机正常,车窗不升降 □　　　车窗升降异响 □ 车窗电动机不工作 □　　　车窗玻璃升降器损坏 □ 机械传动机构故障 □　　　车窗熔丝正常 □ 车窗熔丝损坏 □　　　后视镜调节正常 □ 损坏的熔丝：SC12 □　SC44 □　SC28 □　SC35 □	
2	电动车窗故障自诊断	正确连接诊断仪 □　　不能进入自诊 □　　可以进入自诊断 □ 诊断插座 U3 检查 □　　相关熔丝检查 □　　网关 J533 检查 □ 舒适系统中央控制单元 J393 电源、搭铁、熔丝检查 □ 网关 J533 电源、搭铁、熔丝检查 □ 检查诊断插座 U31 与网关 J533 之间的 CAN 数据总线连接是否正常 □ 电动车窗 CAN 数据总线波形正常 □ 电动车窗 CAN 数据总线波形错误 □ 读取故障码：有故障码 □　　　无故障码 □ 读取各车窗开关数据流：有车窗开关信号 □　　无信号 □ 故障码记录：	
3	电动车窗控制电路检查	检查左前门控制单元 J386：工作电源正常 □　工作电源不正常 □ 搭铁良好 □　　搭铁故障 □ 检查左前门控制单元 J386 到车窗开关之间的导线：线路良好 □ 线路故障 □ 检查左前门控制单元 J386 与舒适系统中央控制单元 J393 之间的 CAN 数据总线：线路良好 □　　　线路故障 □ 左前车窗开关检查：正常 □　　　故障 □ 左后车窗开关检查：正常 □　　　故障 □ 右前车窗开关检查：正常 □　　　故障 □ 右后车窗开关检查：正常 □　　　故障 □ 左前门控制单元 J386 检查：良好 □　　　损坏 □	

四、思考与练习

(一) 判断题

1. 电动车窗系统主要由车门控制模块、车窗玻璃、车窗玻璃升降器、电动机、霍尔传感器和控制开关等组成。（　　）

2. 为了防止电路过载,电路或电动机内装有一个或多个热敏断路开关,用以控制电流。（　　）

3. 所有车窗都具有"防夹"功能。（　　）

4. 当车窗关闭时,霍尔传感器侦测到夹到物体时,电动车窗玻璃将立即停止运动。( )
5. 所有车窗都具有手动升降功能和一键升降功能。( )
6. 车窗玻璃升降器,实际上是由手动玻璃升降器加上电动机和减速器构成的。( )
7. 某一个电动车窗不能升降是由于熔断器断路引起的。( )
8. 车窗控制基本电路主要由主控制开关,各车窗开关和车窗电机等组成。( )
9. 电动车窗系统中的热敏断路开关能防止电路过载。( )
10. 常见的电动车窗玻璃升降器传动机构有绳轮式和交臂式两种。( )

(二) 选择题

1. 当点火开关处于( )挡位,汽车电动车窗即可工作。
   A. lock　　　　B. acc　　　　C. on　　　　D. st

2. 在讨论车窗玻璃升降器时,技师甲说:"更换车窗玻璃升降器可以一个人完成"。技师乙说:"车窗玻璃升降器常见的有绳式和齿扇式两种"。谁正确?( )
   A. 技师甲对　　B. 技师乙对　　C. 都对　　　　D. 都错

3. 在讨论电动车窗电机时,技师甲说:"电动机的正反转控制其实就是电流流向的控制"。技师乙说:"电动车窗安装的电机就是普通的(双向带霍尔传感器的)12 V直流电动机"。谁正确?( )
   A. 技师甲对　　B. 技师乙对　　C. 都对　　　　D. 都错

4. 技师甲说:"电动车窗有主开关和分开关两套开关"。技师乙说:"对于普通车型而言,主开关可以控制各个车门,而分开关只能控制本车门"。谁正确?( )
   A. 技师甲对　　B. 技师乙对　　C. 都对　　　　D. 都错

5. 当窗锁开关置于 LOCK 位置时,技师甲说:"对于直接控制型电动车窗,驾驶员侧主控开关可以工作"。技师乙说:"对于网络控制型电动车窗,仅后排电动车窗开关失效"。谁正确?( )
   A. 技师甲对　　B. 技师乙对　　C. 都对　　　　D. 都错

6. 若主开关和分开关都不能控制某车窗,技师甲说:"故障可能是车窗电机烧坏"。技师乙说:"故障可能是电机保险熔断"。谁正确?( )
   A. 技师甲对　　B. 技师乙对　　C. 都对　　　　D. 都错

7. 技师甲说:"若热敏断路开关断开,会导致所有的车窗都不能正常工作"。技师乙说:"若整个窗控系统不工作,故障可能是左前玻璃升降器开关组故障"。谁正确?( )
   A. 技师甲对　　B. 技师乙对　　C. 都对　　　　D. 都错

8. 在右后窗开关无法控制右后车窗升降故障时,技师甲说:"故障可能在右后车窗电机"。技师乙说:"故障可能是主控开关"。谁正确?( )
   A. 技师甲对　　B. 技师乙对　　C. 都对　　　　D. 都错

9. 在讨论热敏断路开关时,技师甲说:"频繁的操作电动车窗可能导致热敏断路开关工作"。技师乙说:"若热敏断路开关工作,说明电路过载,修复时需更换热敏断路开关"。谁正确?( )
   A. 技师甲对　　B. 技师乙对　　C. 都对　　　　D. 都错

10. 以下关于电动车窗,那项说法是错误的?( )

A. 由车窗(玻璃)、升降器、继电器、开关组成。
B. 系统一般装有两套控制开关,主(总)开关可控制每个车窗的升降。
C. 在主开关上有断路开关,可切断分开关的电路。
D. 为防止电路过载,系统中装有热敏断路开关。

(三) 问答题

1. 电动车窗装置由哪些部件组成?

2. 简述热敏断路开关的作用。

3. 简述迈腾 B7L 电动车窗初始化设定步骤。

项目十四　检修电动雨刮及洗涤装置

一、任务描述

实训室的汽车雨刮器在关闭后不能停留在风窗底部,且雨刮片刮完后有带状条纹。这是怎么回事呢?想了解这方面的知识,就进入下面的学习内容吧!

二、相关知识

(一) 电动雨刮器的结构及工作原理

1. 电动雨刮器的结构

雨刮器系统属于汽车上的辅助电器。汽车在雨雪天气行驶时,该系统可以清洗前挡风玻璃,保证司机的视觉效果,使其看清路面。有的汽车前照灯也有雨刮器和清洗器系统,这样更能保证了雨雪天气,尤其是夜间的行车安全。

雨刮器系统主要由雨刮器电动机、雨刮器臂以及连杆等组成,如图 14-1 所示。

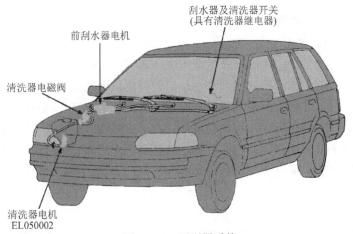

图 14-1　雨刮器系统

雨刮器根据安装位置的不同,可分为前风窗雨刮器和后风窗雨刮器两种;根据风窗雨刮器驱动机构的不同,可分为真空式、气动式和电动式 3 种;根据刮水片连动方式的不同,可分为平行连动式、对向连动式和单臂式 3 种,如图 14-2 所示。

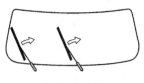
a) 平行连动式

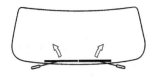
b) 对向连动式

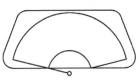
c) 单臂式

图 14-2　刮水片连动方式

现代汽车均使用电动机驱动平行连动式雨刮器,这样可以使其保持一定速度摆动,不受发动机转速与负荷变动的影响,且可以随驾驶人需要,视雨势大小调整动作速度。

一般情况下在汽车组合开关手柄上有雨刮器控制旋扭,设有低速、高速、间歇3个挡位。手柄顶端是洗涤器按键开关,按下开关有洗涤水喷出,配合雨刮器洗涤挡风玻璃,如图14-3所示。

雨刮器系统的电动机大多是永磁电动机,它具有结构简单、重量轻、体积小、噪音低、扭矩大、可靠性强等优点。

永磁式风窗雨刮器电动机的结构如图14-4所示。

图14-3 刮水开关与挡位位置

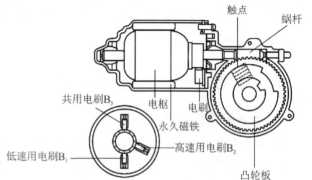

图14-4 雨刮器电动机的结构

2. 电动雨刮器的工作原理

1)永磁式雨刮器电动机的工作原理

为了满足实际使用的需要,风窗刮水电动机需有不同的工作转数,并且需要具备自动复位功能,能够在任意时刻刮水结束后使刮水片自动回到风窗玻璃的最下端。

(1)变速原理。永磁式风窗刮水电动机是利用三个电刷来改变正、负电刷之间串联线圈的个数实现变速的,如图14-5所示。其原理是:风窗刮水电动机工作时,在电枢内同时产生反电动势,其方向与电枢电流的方向相反。如要使电枢旋转,外加电压必须克服反电动势的作用。当电动机转速升高时,反电动势增高,只有当外加电压等于反电动势时,电枢的转速才能稳定。

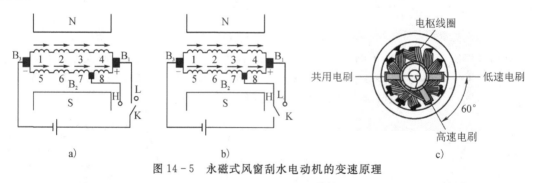

图14-5 永磁式风窗刮水电动机的变速原理

三刷永磁式风窗刮水电动机工作时,电枢绕组产生的反电动势的方向如图14-5中箭头所示。当将雨刮器开关 K 拨向 L(低速)时,电源电压 U 加在电刷 B_1 和 B_3 之间。在电刷 B_1 和 B_3 之间的两条并联支路中,每条支路中各有 4 个串联绕组,反电动势的大小与支路中反电动势的大小相等。由于外加电压需要平衡 4 个绕组所产生的反电动势,故电动机转速较低。

当将雨刮器开关 K 拨向 H(高速)时,电源电压 U 加在电刷 B_2 和 B_3 之间。绕组 1、2、3、4、8 同在一条支路中,其中绕组 8 与绕组 1、2、3、4 的反电动势方向相反,相互抵消后,使每条支路变为 3 个绕组。由于电动机内部的磁场方向和电枢的旋转方向没有变化,所以各绕组内反电动势的方向与低速时相同。但是,外加电压只需平衡 3 个绕组所产生的反电动势,故电动机的转速增高。

(2)电动雨刮器自动复位原理。铜环式雨刮器自动复位控制电路及自动复位装置结构如图 14-6 所示。雨刮器的开关有三个挡位,可以控制雨刮器的速度和自动复位。4 个接线柱分别接复位装置、电动机低速电刷、搭铁、电动机高速电刷。0 挡为复位挡,Ⅰ挡为低速挡,Ⅱ挡为高速挡。复位装置在减速蜗轮(由塑料或尼龙材料制成)上,嵌有铜环。此铜环分为两部分,其中一部分与电动机外壳相连(搭铁)。触点臂用磷铜片或其他弹性材料制成,其一端分别铆有两个触点。由于触点臂具有一定的弹性,因此在蜗轮转动时,触点与蜗轮的端面和铜滑环保持接触。

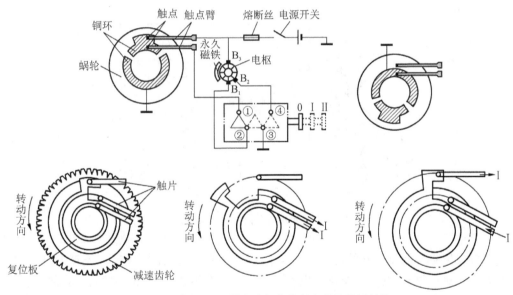

图 14-6 铜环雨刮器自动复位控制电路及装置结构

当接通电源开关,并把雨刮器开关拉出到Ⅰ挡(低速)位置时,电流从蓄电池正极→电源开关→熔断丝→电刷 B_3→电枢绕组→电刷 B_1→雨刮器开关接线柱②→接触片→雨刮器开关接线柱③→搭铁→蓄电池负极,构成回路,电动机以低速运转。

当把雨刮器开关拉出到Ⅱ挡(高速)位置时,电流从蓄电池正极→电源开关→熔断丝→电刷 B_3→电枢绕组→电刷 B_2→雨刮器接线柱④→接触片→雨刮器接线柱③→搭铁→蓄电池负极,构成回路,电动机以高速运转。

当把雨刮器开关退回到 0 挡时,如果刮水片没有停止到规定的位置,由于触点与铜环相接触,则电流继续流入电枢,其电路为蓄电池正极→电源开关→熔断丝→电刷 B_3→电枢绕组→

电刷 B_1→接线柱②→接触片→接线柱①→触点臂→铜环→搭铁→蓄电池负极。由此可以看出,电动机仍以低速运转,直至蜗轮旋转到复位位置,电路中断。由于电枢的运动惯性,电动机不能立即停止转动,此时电动机以发电动机方式运行。因此电枢绕组通过触点臂与铜环接通而短路,电枢绕组将产生强大制动力矩,电动机迅速停止运转,使刮水片复位到风窗玻璃的下部。

(3)电动雨刮器的间歇控制。现代汽车电动雨刮器上都加装了电子间歇控制系统,使雨刮器能按照一定的周期停止和刮水,这样汽车在小雨或雾天行驶时,玻璃上不至于形成发黏的表面,从而使驾驶员获得更好的视线。汽车雨刮器的间歇控制一般是利用自动复位装置和电子振荡电路或集成电路实现的,雨刮器的间歇控制按照间歇时间是否可调分为可调节型和不可调节型。

图 14-7 为同步间歇雨刮器内部控制电路。当雨刮器开关置于间歇挡位置(开关处于 0 位,且间歇开关闭合)时,电源将通过自动复位开关向电容器 C 充电,随着充电时间的增长,电容器两端的电压逐渐升高。当电容器 C 两端的电压升高到一定值时,晶体管 T_1 和 T_2 先后相继由截止转为导通,从而接通继电器磁化线圈的电路,在电磁吸力的作用下,继电器常闭触点打开,常开触点闭合,从而接通了风窗刮水电动机的电路,此时电动机将低速旋转。

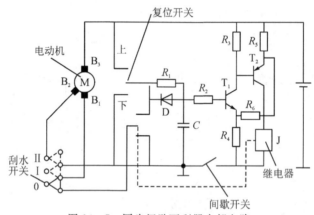

图 14-7 同步间歇雨刮器内部电路

当复位装置将自动复位开关的常开触点(下)接通时,电容器 C 通过二极管 D、自动复位装置常开触点迅速放电,此时风窗刮水电动机的通电回路不变,电动机继续转动。随着放电时间的增长,T_1 和 T_2 由导通转为截止,从而切断了继电器磁化线圈的电路,继电器复位,常开触点打开,常闭触点闭合。此时由于自动复位开关的常开触点处于闭合状态,电动机仍将继续转动,只有当刮水片回到原位(不影响驾驶员视线位置),自动复位开关的常开触点打开,常闭触点闭合时,电动机方能停止转动。继而电源将再次向电容器 C 充电,重复以上过程。如此反复,实现刮水片的间歇动作,其间歇时间的长短取决于 R、C 电路充电时间的常数的大小。

2)电动雨刮器的工作原理

电动雨刮器的工作过程如图 14-8 所示,曲柄、连杆和摆杆等杆件可以把蜗轮的旋转运动转变为摆臂的往复摆动,使摆臂上的刮水片实现刮水动作。当雨刮器电机转动时,使蜗轮上的曲臂旋转,经连杆使短臂以电枢为中心做扇形运动,此短臂上安装右侧的雨刮器臂,另一连杆与左侧的短臂连接,左右两侧的雨刮器臂以电枢为中心做同方向左右平行的运动。

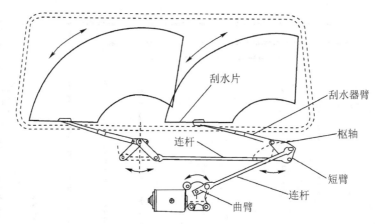

图 14-8 电动雨刮器的工作过程

(二) 传统电动雨刮器系统电路

传统刮水器系统由熔丝、刮水器开关、刮水器继电器、刮水器电动机等组成,下面以 2012 年产大众捷达轿车和 2009 年产大众桑塔纳志俊轿车为例,介绍传统雨刮器系统电路。

1. 捷达雨刮系统电路

1) 捷达刮水器控制系统电路

捷达刮水器控制系统电路如图 14-9 所示。

(1) 刮水器速度控制。将刮水器开关从关闭位置向下扳动一个位置,接通间歇挡,连接其插接器的 T5c/2 号端子和 T5c/5 号端子,从而向刮水器控制器 J31 的 1 号端子提供一个代表"间歇"信号的电源电压。控制器 J31 通过其 2 号端子向刮水器电动机的 1 号端子提供间歇脉冲式的电源电压,从而控制刮水器电动机间歇运转。

将刮水器开关从关闭位置向上扳动一个位置,接通低速挡,连通其插接器的 T5c/2 号端子和 T5c/3 号端子,从而向刮水器控制器 J31 的 9 号端子提供一个代表"低速"信号的电源电压。控制器 J31 依然通过其 2 号端子向刮水器电动机的 1 号端子提供连续的电源电压,使刮水器电动机开始低速运转。

将刮水器开关从关闭位置向上扳动两个位置,接通高速挡,连通其插接器的 T5c/2 号端子和 T5c/1 号端子,从而向刮水器控制器 J31 的 3 号端子提供一个代表"高速"信号的电源电压。控制器 J31 通过其 4 号端子向刮水器电动机的 2 号端子提供连续的电源电压,使刮水器电动机开始高速运转。

(2) 刮水器自动回位。当关闭刮水器开关时,若刮水片未回到其初始位置,则其内部的自动复位器滑环的两个触点处于接通状态,通过刮水器电动机的 3 号端子将控制器 J31 的 5 号端子与刮水器电动机的 4 号端子相连通并接地。此时控制器 J31 仍继续给刮水器电动机供电,使其继续转动。当刮水器电动机转动至初始位置时,其内部滑环的两个触点断开,控制器 J31 的 5 号端子不再接通搭铁,J31 也不再向刮水器电动机提供驱动电源,刮水器电动机停在初始位置。

(3) 洗泵控制。当沿转向盘转轴的轴向方向向上抬动刮水器开关时,其 T5c/2 号端子与

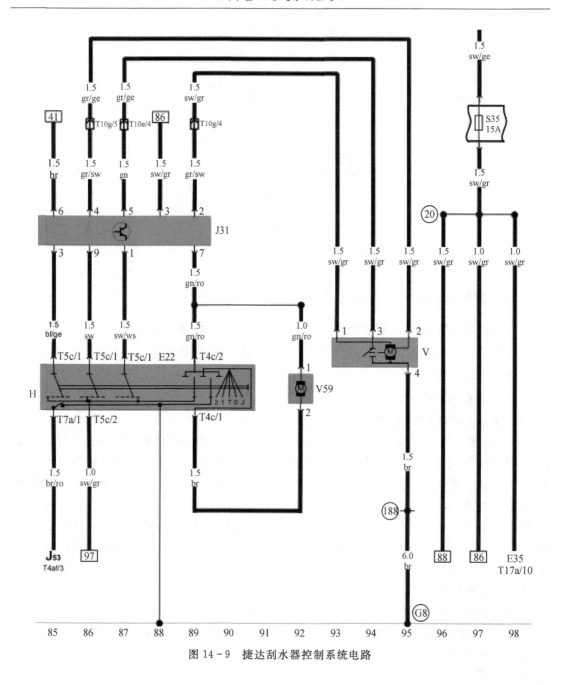

图 14-9 捷达刮水器控制系统电路

T4c/2 号端子接通,分别向刮水器控制器 J31 的 7 号端子和前风窗清洗泵 V59 提供电源电压。前风窗清洗泵 V59 通过刮水器开关的 T4c/1 号端子与搭铁接通,开始运转,并向风窗玻璃喷射清洗液。同时,刮水器控制器 J31 通过其 2 号端子向刮水器电动机提供低速转动的电源电压,刮水器电动机带动刮水片进行刮水。

2)刮水器的故障检查

若刮水器电动机出现故障,应首先检查刮水器开关及其控制器的熔断器 S35 是否正常,然后再分别对刮水器开关、刮水器控制器和刮水器电路进行检查。

(1)刮水器开关及开关线路的检查。若刮水器开关及其控制器的熔断器 S35 正常,则应拔下刮水器控制器,然后使用万用表分别在刮水器开关处于间歇挡、低速挡及高速挡的情况下检查刮水器控制器插座的 5 号、9 号和 3 号插孔有无电源电压。若插孔有电源电压,说明刮水器开关及线路正常;若无电源电压,则应拔下刮水器开关插接器,分别对刮水器开关及其后方线路进行检查。

若只是前风窗玻璃清洗功能失效或不喷水,则应打开刮水器开关的清洗功能,检查刮水器控制器插座的 7 号插孔有无电源电压,或检查前风窗清洗电动机是否正常,然后再检查刮水器开关及其后方线路是否正常。

(2)刮水器控制器及控制器线路的检查。若检查刮水器开关及开关线路正常,则应将刮水器控制器装回,然后使用万用表检查刮水器开关处于不同挡位时,刮水器电动机插接器的 1 号和 2 号插孔是否有正常的电源电压或脉冲电源电压。若插孔有相关的电源电压,则说明可能是刮水器电动机损坏;无相关的电源电压,则说明刮水器控制器或其后方线路损坏。可采用更换新的刮水器控制器的方法,判断刮水器控制器是否损坏。若更换新的刮水器控制器后仍无相关的电源电压,再对线路进行检查。

(3)刮水器电动机不能回位的检查。若刮水器电动机不能回位,可能是刮水器电动机损坏或刮水器控制器损坏,应先使用万用表检查刮水器电动机插接器的 3 号插孔与刮水器控制器插座的 5 号插孔之间的线路是否断路或短路,然后再通过更换新的刮水器控制器来判定刮水器控制器是否损坏。若更换新的刮水器控制器后仍不能回位,则说明可能是刮水器电动机损坏。

2. 桑塔纳志俊轿车雨刮系统电路

1)桑塔纳志俊轿车雨刮系统控制电路

由图 14-10 可知,2009 年产桑塔纳志俊轿车刮水器除高速挡外,低速挡和间歇挡均由刮水器继电器(J31,又叫 19 号继电器)控制。下面具体分析其各挡位的控制电路。

低速挡控制电路。当刮水器开关(E22)处于低速挡时,刮水器的控制电路为:75X 号电源→熔丝 S17→E22 端子 T8y/2→E22 端子 T8y/1→J31 端子 7/53S→J31 内部常闭触点→J31 端子 9/53M→刮水器电动机(V)端子 T5af/2→V 端子 T5af/1→搭铁。

高速挡控制电路。当 E22 处于高速挡时,刮水器的控制电路为:75X 号电源→熔丝 S17→E22 端子 T8y/2→E22 端子 T8y/3→V 端子 T5af/4→V 端子 T5af/1→搭铁。

间歇挡控制电路。当 E22 处于间歇挡时,刮水器的控制电路为:75X 号电源→熔丝 S17→E22 端子 T8y/2→E22 端子 T8y/7→J31 端子 10/I,此时 J31 工作,使常闭触点断开、常开触点闭合;75X 号电源→熔丝 S17→J31 端子 5/15→J31 内部常开触点→J31 端子 9/53M→V 端子 T5af/2→V 端子 T5af/1→搭铁,此时 V 低速工作 1 次,然后 J31 控制常闭触点接通、常开触点断开,V 停止工作。J31 周期性地控制常闭触点和常开触点断开与闭合,从而使 V 间歇工作。

洗涤挡控制电路。当接通洗涤器开关(E21)时,刮水器的控制电路为:75X 号电源→熔丝 S17→E22 端子 T8y/2→E22 端子 T8y/5→洗涤器电动机(V4)→搭铁,同时 E22 端子 T8y/5 输出的电压还传送至 J31 端子 6/T,J31 控制 V 低速工作 3 次。

复位电路。当 E22 处于 OFF 挡时,若刮水片尚未回到设定位置,V 的复位电路起作用,V 低速运转,直到刮水片回到设定位置,即 V 两端均搭铁,其控制电路为:75X 号电源→熔丝 S17→V 端子 T5af/5→V 端子 T5af/3→E22 端子 T8y/8→E22 端子 T8y/1→J31 端子 7/53S→J31

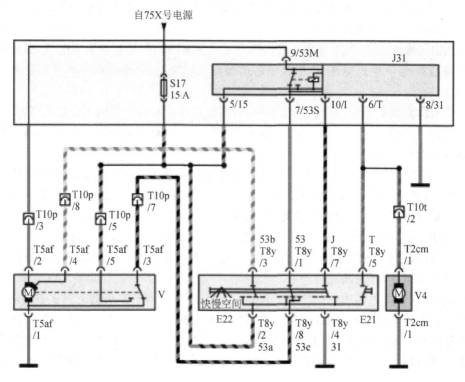

图 14-10 桑塔纳志俊轿车刮水器控制系统电路

E21—洗涤器开关；E22—刮水器开关；J31—刮水器继电器；V—刮水器电动机；V4—洗涤器电动机。

内部常闭触点→J31 端子 9/53M→V 端子 T5af/2→V 端子 T5af/1→搭铁。

2) 刮水器的故障检查

(1) 雨刮电机的检测。雨刮电机插座如图 14-11 所示，检测结果如表 14-1 所示。

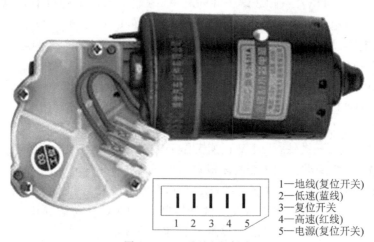

1—地线(复位开关)
2—低速(蓝线)
3—复位开关
4—高速(红线)
5—电源(复位开关)

图 14-11 雨刮电机插座

表 14-1 刮水电机线圈电阻与复位开关的检测表

检测项目		检测部位	标准电阻值/Ω
电机线圈	低速	1~2	1.5
	高速	1~4	1.2
复位开关	最低位	1~3	0
		5~3	∞
	除低位外	1~3	∞
		5~3	0

(2)刮水开关的检测。刮水开关的线束插头如图 14-12 所示。用数字万用表 200 Ω 电阻挡,拨动刮水器主开关的各挡位,按下如表 14-2 所示的各插头端子,检测它们之间的导通状态。若检测的电阻均为 0,则主开关总成的工作性能良好;若电阻较大或不通,则主开关要更换。检测结果如表 14-3 所示。

 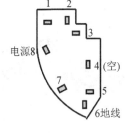

图 14-12 刮水开关的线束插头

表 14-2 刮水开关各挡的电路连通情况表

线路编码	53	53a	53b	53e	31	H	T	J
插座端子	1	8	7	2	6	4	3	5
高速	—	0	0	—	—	—	—	—
低速	0	0	—	—	—	—	—	—
OFF	0	—	—	—	0	—	—	—
间歇	0	—	—	—	—	—	0	—
洗涤	0	0	—	0	0	0	—	0

表 14-3 刮水开关各挡触点的导通情况检测表

挡位	检测端子	检测方法	标准值电阻/Ω	实测情况	结果分析
低速	1~8	数字万用表 200 Ω 电阻挡	0	电阻较大或不通	更换
各挡	&			0	合格

(三)自动刮水器电路组成与控制原理

1. 带车载电网控制单元的刮水器控制电路组成

在带有车载电网控制单元的车辆上,刮水器控制电路主要由刮水器开关、刮水器电动机控制单元J400、车载电网控制单元J519、转向柱电子装置控制单元J527、雨量和光照识别传感器G397、发动机舱盖接触开关F266等组成,如图14-13所示。

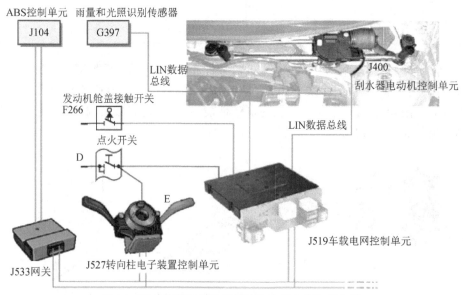

图14-13 带车载电网控制单元的刮水器控制电路

2. 刮水器电路控制原理

打开点火开关后,刮水器开关通过转向柱电子装置控制单元J527上的CAN数据总线,向车载电网控制单元J519传输刮水器开关状态信号,车载电网控制单元J519识别到刮水器开关的状态信号后,通过LIN数据总线向刮水器电动机控制单元J400发送操作指令,使其完成相关的间歇、低速、快速刮水动作。

3. 刮水器的自动控制

当打开点火开关,并将刮水器开关放在"间歇"位置时,激活自动刮水器系统的雨量和光照识别传感器;此时,车载电网控制单元J519根据来自雨量和光照识别传感器的信号,判断雨量大小,并根据车速信号控制刮水器电动机的运转速度。车速信号主要由ABS控制单元J104,通过网关J533与CAN数据总线向车载电网系统提供。

4. 刮水器风窗清洗控制

当沿转向盘轴线方向向上拨动刮水器开关时,刮水器喷水开关闭合,转向柱电子装置控制单元J527将此信号通过CAN数据总线传递至车载电网控制单元J519,车载电网控制单元J519向风窗清洗泵供电,使其运转,同时向刮水器电动机控制单元J400发送刮水指令,刮水器运转2~3次。

5. 刮水器控制系统的保护控制

发动机舱盖打开时,发动机舱盖接触开关会将发动机舱盖打开的信号传递给车载电网控制单元 J519,此时,车载电网控制单元 J519 将会终止刮水器电动机的动作。即无论刮水器开关处于什么位置,刮水器都不工作。此外,发动机舱盖接触线路短路也会导致此现象的发生。

6. 自动刮水器故障诊断流程

任何系统出现故障,都应按照先简后繁、先易后难的诊断顺序和流程进行诊断。

(1)验证故障现象,并使用检测仪分别查询转向柱电子装置控制单元与车载电网控制单元内有无相关故障码。

(2)若查询到故障码,应根据故障码内容对相关电气元件进行检查或检修。

(3)若系统中无任何故障码,则应检查相应机械装置有无损坏,或检查发动机舱盖接触线路有无故障等。

7. 刮水器"保养/冬季位置"的激活与回位

在点火开关关闭后 10 s 内,将车窗玻璃刮水器操纵杆拨到"点动刮水"位置,则激活"保养/冬季位置"。重新打开点火开关,再次拨动刮水器开关或车速大于 2 km/h 时,刮水器自动回位。

(四) 风窗洗涤装置与除霜装置

1. 风窗洗涤装置的结构及工作原理

1)风窗洗涤装置的作用

汽车行驶时,风窗玻璃上常附着灰尘、砂粒等,若不冲洗就直接使用风窗刮水器,会使风窗刮水器片损伤,并易使风窗玻璃刮伤;同时风窗玻璃太干燥时,也会使风窗刮水器片受到过大的阻力,从而易使风窗刮水器电机烧坏。故使用风窗刮水器前,应先使用洗涤器向风窗玻璃喷水,洗净玻璃上的灰尘、砂粒等,以减少对风窗刮水器片的阻力。

2)风窗清洗器的组成

目前汽车使用的风窗洗涤器均为电动式,其结构包括储水箱、喷水管及喷嘴等部分,如图 14-14 所示。

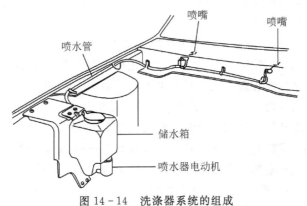

图 14-14 洗涤器系统的组成

3) 风窗清洗装置的工作原理

图 14-15 为风窗清洗装置的工作原理,当点火开关和喷水开关都闭合时,风窗清洗器喷水电机接通开始转动,并带动与其同轴的水泵旋转,将储水箱中的清洗液加压后通过水管由喷嘴喷出。

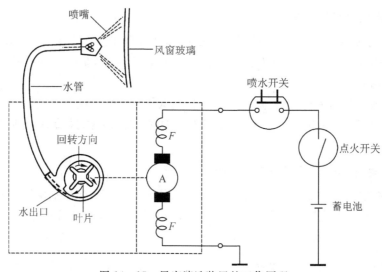

图 14-15 风窗清洗装置的工作原理

2. 风窗除霜器的结构及工作原理

冬天,由于车内温度和车外温度差别比较大,所以往往会在玻璃上形成一层霜,影响司机的视线,所以除霜器很重要,下面咱们就来先认识一下汽车除霜器的分类及组成。

1) 车载暖风除霜系统

前窗除霜装置:大多数汽车前窗除霜装置都采用了以暖风装置的热空气吹向玻璃的方法,来达到除霜的目的。它由鼓风机、进出暖风风管、除霜喷口等组成。除霜器喷口安装在风窗玻璃的下部,喷口长度应占挡风玻璃半边的 2/3 左右。

暖风的进口和车内暖风装置的风管相连,以便直接用暖风将覆盖于风窗玻璃外表面的霜和冰雪融化,消除风窗玻璃内表面的雾气。

2) 加有电阻丝的电热玻璃除霜系统

向风窗玻璃上吹热空气的除霜方法需要的时间较长,且不能快速将整个风窗玻璃上的霜融化,不少汽车采用电热式除霜装置。电热玻璃除霜原理是在挡风玻璃中均匀布置多条加热电阻丝,即用肉眼能看见的那几道红线。打开电阻开关后,电阻丝迅速加热玻璃,使玻璃温度升高,附着在玻璃上的霜雾则受热融化,从而达到除霜效果。

其缺点是:由于电阻丝的不透明性会影响驾驶员的视线,对安全行车造成隐患,故无法安装在汽车前挡风玻璃上,目前此种除霜方式较多应用在汽车后挡风玻璃上。

工作原理:后风窗玻璃电热线由镀在后风窗玻璃的内表面多条金属导电膜制成,有些车辆也以相同的电路加热外后视镜。因为除霜系统耗电很大(30 A 以上),所以系统采用了定时电路。当接通除霜器开关后,除霜器开关使除霜继电器的磁化线圈搭铁,继电器触点闭合,风窗玻璃及后视镜上的电热丝通电发热,使冰霜受热蒸发。除霜器开关中的时间继电器维持除霜继电器导通 10~20 min,然后自动切断除霜继电器的电路,使电热丝断电。若想继续除霜,可再次接通除霜开关。

(五) 雨刮器和洗涤器的维护

雨刮器推荐维护周期一般为 6 个月或 1 万公里,事实上,该数值恰好与大多数刮水片正常工作寿命相吻合。由于风挡洗涤器时常与雨刮器同时使用,所以要对洗涤器与雨刮器同时进行维护。

1. 雨刮器的维护

(1) 检查雨刮器电动机的固定及各传动杆的连接情况,如有松动,应予拧紧。

(2) 检查橡胶刮水片与玻璃贴附情况。橡胶刮水片应无老化、磨损、破裂或其他损伤现象,否则,应予更换。

注意:更换刮水片时,务必遵循成对原则,因为这有利于实现刮水片的同步磨损和视野清晰度的一致。不可用汽油清洗和浸泡刮水片,否则会引起变形,影响其工作效能。

(3) 打开雨刮器开关,雨刮器摇臂应摆动正常。转换开关工作挡位,雨刮器电机应以相应的转速工作。否则,应检查雨刮器电机与线路。

(4) 检查后,在各运动铰链处滴注 2~3 滴机油或涂抹润滑脂,并再次打开雨刮器电机开关使雨刮器摇臂摆动,待机油或润滑脂浸到各工作面后,擦净多余的机油或润滑脂。

2. 更换雨刮片

雨刮系统的核心组件——雨刮片具有柔软性(与前风挡玻璃紧密贴合)、抗噪性(使用过程中降低与前风挡玻璃摩擦产生的噪声),其主要功能部件胶条的材质选用了橡胶,橡胶条在使用中会逐渐磨损和老化,因此雨刮系统中的雨刮片属易损易耗品,具体应视使用情况更换。一般来说,按照雨刮器刮片不同,雨刮器可分为有骨雨刮器与无骨雨刮器。

1) 有骨雨刮器

(1) 有骨雨刮器的组成。所谓有骨雨刮器,简单地说就是刮片部分由支架与橡胶擦片组成。支架分为主支架与副支架,主支架根据空气流体力学设计,作用是防止风力浮举效应;而副支架为多支点及不锈钢衬条,其作用是使雨刮片与风挡玻璃间的压力分布均匀,如图 14-16 所示。

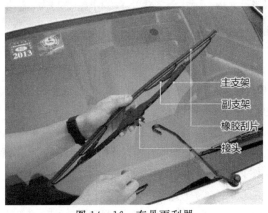

图 14-16 有骨雨刮器

有骨雨刮器的优点有：① 刮拭效果稳定、经济性高；② 连续可靠刮拭超过 300 小时；③ 金属支架可确保高抗腐蚀性。

（2）有骨雨刮器的拆装。首先，要将雨刮器完全立起来，为了避免在拆装过程中损伤风挡玻璃，建议车主拆装雨刮器时在风挡玻璃处垫上一块布，如图 14-17 所示。

之后，将雨刮器刮片改变角度，最好使其与雨刮器摆臂呈 90°。因为雨刮器刮片整体与摆臂是用卡子卡住的，因此在呈一定角度之后便于拆装，如图 14-18 所示。

图 14-17　支起雨刮器　　　　　　　图 14-18　改变刮片角度

按角度放好之后即可开始拆装，先要用一只手将橡胶刮片提起，让雨刮器摆臂与刮片的固定钩暴露出来。

最后，一只手横向掰开橡胶刮片，另一只手用力向下按主支架，使雨刮器刮片与摆臂分离，即可将雨刮器刮片整体拿下，如图 14-19 所示。

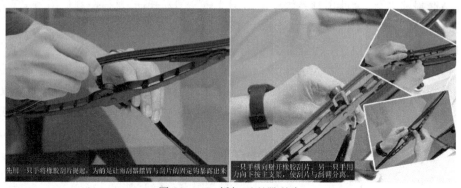

图 14-19　拆卸雨刮器刮片

注意：最好对风挡玻璃采取保护措施，避免损伤。拆装过程中要按步骤进行，勿使用蛮力，误伤自己。如果购买新的雨刷器要注意，在卡扣上要与原厂保持一致。

2）无骨雨刮器

（1）无骨雨刮器的组成。相比于有骨雨刮器，无骨雨刮器的拆装就要容易得多，因为无骨雨刮器没有主支架与副支架，且不存在硬接触，如图 14-20 所示。

（2）无骨雨刮器的拆装。首先，为了避免损伤风挡玻璃，拆装过程中要将雨刮器竖立起来，与有骨雨刮器不同的是，使无骨雨刮器的橡胶擦片与摆臂呈同一角度即可，如图 14-21 所示。

图 14-20　无骨雨刮器

随后,我们可以清晰地看见雨刮器刮片与刮臂是由带一定弹性的固定装置固定的。

最后,按下该按钮将雨刮器橡胶刮片向上推,即可取下橡胶刮片整体,这也就意味着拆卸工作圆满完成,如图 14-22 所示。

注意:安装时,注意方向,避免装反,注意对风挡玻璃的保护,有骨雨刮器换无骨雨刮器时要连摆臂一起更换,切记要匹配。

图 14-21　竖起雨刮器

图 14-22　按下固定按钮

3. 洗涤器系统的检查

洗涤器系统的检查应从以下方面进行。

(1)检查洗涤器系统的管路连接情况,如图 14-23 所示。如有松动或脱落,应予安装并固定好;塑料管路若有老化、折断或破裂,应予更换。

(2)检查洗涤器喷嘴,脏污时可用干净的毛刷清洗喷嘴,喷嘴喷射角度不合适时应进行调整,如图 14-24 所示。

图 14-23　风挡玻璃洗涤器

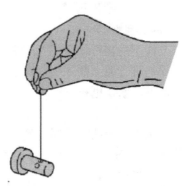

图 14-24　调整喷嘴喷射角度

(3)按动喷液开关,喷嘴应将洗涤液喷射到风挡玻璃上的适当位置。否则,应检查喷射部分或电路部分。

(4)洗涤液应按原车要求选用,若使用普通洗涤剂、清洁剂配制的洗涤液,在进入冬季时,应予以清除,以防冻裂储液罐和塑料管路。

4. 拆装风窗刮水系统

拆卸刮水器臂前,应确保刮水器电机在边缘位置。拆卸刮水器电机前,要先取下电器盒盖。

1)拆卸刮水器臂

(1)取下刮水片;

(2)用螺丝刀撬下刮水器臂上的2个盖帽;

(3)松开六角螺母箭头,但不要完全拧下,见图14-25;

(4)轻轻转动以松开刮水器臂1;

(5)完全拧下六角螺母并取下刮水器臂;

(6)拔下前罩板上的3个卡夹;

(7)撬下挡风玻璃边缘的前罩板2;

(8)取下前罩板。

2)拆卸带拉杆和电机的刮水器框

(1)拧下3个六角螺栓1,见图14-26;

(2)从后部向上翻转刮水器框2(箭头),然后向右将总成从压力舱内取出;

(3)拔下刮水器电机插头;

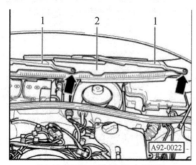
图14-25 拆卸刮水器臂

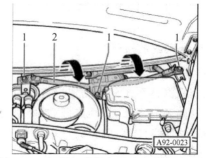
图14-26 拆卸带拉杆和电机的刮水器框

3)从连接杆上拆下刮水器电机

(1)从球头节上撬下连接杆3(箭头),见图14-27;

(2)拧下刮水器电机支架上的3个六角螺栓(SW10)2;

(3)从支架上取下刮水器电机。

4)更换刮水器电机

(1)将刮水器电机1连同曲柄一同拧到刮水器电机支架上;

(2)接上连接杆3,在图14-27中a处调整其停止位置;

(3)插上刮水器电机插头;

(4)安装刮水器框时,电机朝前,然后将框装入压力舱内;

(5)向前翻转框架并用8N·m的力矩拧紧螺栓;

(6)再往下安装可按与拆卸相反的顺序进行。

5)调整雨刮片的停止位置

(1)使刮水器电机回到停止位置;

(2)将雨刮片装到风挡玻璃上,校正后拧紧紧固螺母,见图14-28;

说明:调整停止位置时应保证尺寸 a 与 b 的最小距离:$a=15$ mm$+5$,$b=35$ mm$+5$。

(3)如需要,再次调整雨刮臂并拧紧紧固螺母,拧紧力矩为 16 N·m。

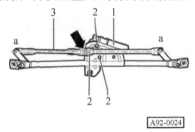

图14-27 从连接杆上拆下刮水器电机

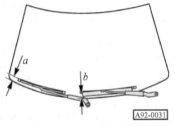

图14-28 调整雨刮臂

三、项目实施

(一)安全防护注意事项

1. 个人安全防护

(1)维修操作人员必须穿工作服、戴工作帽、穿工作鞋,工作服纽扣与拉链及皮带扣不应暴露在衣服外侧,袖口不应挽起,领口扣紧、裤脚扣紧,佩戴手套,女生长头发要盘起在工作帽内。

(2)维修操作人员在进入车间时不应佩戴手表、戒指、项链等金属首饰,女生不应佩戴耳环。

(3)维修人员在进行车辆维修操作时,应防止车轮轧伤脚部、车门夹伤手部,手部不能靠近热的发动机及旋转的发动机皮带。

(4)在搬运重物及尖锐器物时应注意动作姿势,防止扭伤腰部、砸伤脚部、划伤手部。

2. 车辆/台架等设备安全

(1)车辆进入车间内,不应随意摆放,熄灭发动机后,将变速器置于空挡位置,并拉紧驻车制动;台架应将车轮锁死或用木块固定。

(2)维修操作前,应铺设三件套及翼子板布,发动机启动前应连接尾排,且其他实训人员不应围绕在车辆周围。

(3)任何时间操作电气设备时,都应注意用电安全。作业结束之后,应及时切断所有用电设备的电源。

(4)维修操作前应熟读维修手册中的操作标准和台架、仪器、设备使用标准,并做好日常维护工作。

3. 车间场地安全防护

(1)车间应配有干粉灭火器及相应消防措施,易燃油品不能暴露于空气中。

(2)工作时车间内的任何工具、零部件、设备、车辆都不能随意摆放,工作结束后摆放于指定地点保管。

(3) 车间内设备或车辆周围的人行道或工作区域不能过于拥挤。

(4) 操作过程中应做到油品、工具、配件三不落地,作业完毕后应及时清理车间工作场地,做到现场 5S 管理。

(二) 捷达刮水器故障诊断与维修

捷达刮水器故障诊断与维修的具体工作步骤及内容见表 14-4。

表 14-4 捷达刮水器故障诊断与维修工作步骤及内容

步骤	项目	顺序	工作内容
1	安全防护与准备工作	1	铺设三件套
		2	打开发动机舱盖,铺设翼子板布
2	故障验证		打开点火开关,扳动刮水器开关,观察刮水器在各个挡位的工作情况。若刮水器不动,则确实存在故障
3	熔断器及其供电故障检查	1	拔下 S35 号熔断器,检查其是否熔断。若熔断器熔断,则进行更换;若熔断器正常,则打开点火开关,使用万用表 20 V 电压挡或测电笔测量熔断器处有无 12 V 电压。若熔断器处有 12 V 电压,则插回熔断器,检查刮水器开关及用电器件;若无 12 V 电压,则检查卸荷继电器
		2	拔下卸荷继电器,使用万用表 20 V 电压挡或测电笔测量继电器 86 号端子有无 12 V 电压。若该端子有 12 V 电压,则说明其正常;若无 12 V 电压,则检查点火开关。测量继电器座端子 30 有无 12 V 电压。若该端子有 12 V 电压,则说明其正常;若无 12 V 电压,则检查蓄电池上方 S02 号熔断器是否熔断,以及检查蓄电池正极桩头安装是否牢固。使用万用表 200 Ω 电阻挡测量继电器座 87 号端子与 S35 号熔断器线束之间的电阻,正常应小于 0.1 Ω。若电阻过大或无穷大,则应检修线束。使用万用表 200 Ω 电阻挡测量继电器座 85 号端子与搭铁点 G3 线束之间的电阻,正常应小于 0.1 Ω。若电阻过大或无穷大,则应检修线束
4	刮水器开关电路故障诊断与排除		测量 S35 号熔断器处有无 12 V 电压。若熔断器处有 12 V 电压,则插回熔断器,检查刮水器开关及用电器件。打开点火开关,使用万用表 20 V 电压挡或测电笔测量刮水器开关 T5c/2 号端子有无 12 V 电压。若 T5c/2 号端子有 12 V 电压,则进行下一步检查;若无 12 V 电压,则检修该端子线束
5	刮水器控制器 J31 电路故障诊断与排除	1	断开刮水器控制器 J31 的插接器,打开点火开关,使用万用表 20 V 电压挡或测电笔测量其插接器 8 号端子有无 12 V 电压。若该端子无 12 V 电压,则检修其线束;若有 12 V 电压,则使用万用表 200 Ω 电阻挡测量其插接器 6 号端子至搭铁点 G3 之间的电阻,正常应小于 0.1 Ω。若电阻过大或无穷大,则应检修该端子线束及搭铁点 G3
		2	打开点火开关,将刮水器开关置于任意工作挡位,使用万用表 20 V 电压挡或测电笔测量刮水器控制器 J31 的 5 号端子有无 12 V 电压。若该端子无 12 V 电压,则可能是刮水器控制器 J31 损坏。将刮水器臂停放在工作位置,依次关闭点火开关和刮水器开关,测量刮水器控制器 J31 的 4 号端子和 5 号端子有无 12 V 电压。若两端子均无 12 V 电压,则说明刮水器控制器 J31 损坏。关闭刮水器开关,将刮水器臂停放在初始位置,使用万用表 200 Ω 电阻挡测量刮水器控制器 J31 的 5 号端子与任意搭铁点之间的电阻,正常应小于 0.5 Ω。若电阻过大或无穷大,则可能是该端子线路、搭铁点或刮水器电动机内部损坏
6	整理	—	整理工作现场

(三)实施记录

按要求进行刮水器故障诊断与维修并填写实施记录表 14-5。

表 14-5 刮水器故障诊断与维修实施记录

序号	项目	检查结果	备注
1	测量蓄电池电压	电压值____V	
2	检查熔断器 S35	正常 □ 熔断 □	
3	检查熔断器 S2	正常 □ 熔断 □	
4	检查熔断器 S35 插脚是否有 12 V 电压	是 □ 否 □	
5	检查熔断器 S2 插脚是否有 12 V 电压	是 □ 否 □	
6	检查点火开关端子 30 是否有 12 V 电压	是 □ 否 □	
7	检查继电器	正常 □ 损坏 □	
8	检查刮水器开关	正常 □ 损坏 □	
9	检查刮水器控制器	正常 □ 损坏 □	
10	检查刮水器电动机	正常 □ 损坏 □	
11	检查电路线束	正常 □ 损坏 □	
12	检查搭铁点是否牢固	是 □ 否 □	

四、思考与练习

(一)判断题

1. 即使洗涤器无洗涤液电动泵也开动。( )
2. 电动刮水器要至少设置高速刮水模式、低速刮水模式、间隙刮水模式、点动刮水模式和关闭五个挡位。( )
3. 雨刮电机蜗杆涡轮用于减速。( )
4. 电动刮水器由直流电动机和传动机构组成。( )
5. 永磁式刮水电动机是利用3个电刷来改变正负电刷之间串联线圈的个数实现变速的。( )
6. 对于一般车辆而言,前后挡风玻璃除霜都是靠空电热去霜的。( )
7. 喷嘴都是安装在风窗玻璃下面的。( )
8. 后挡风玻璃、前照灯具上的雨刮器通常只设一个速度挡位。( )
9. 雨刮器推荐维护周期一般为6个月或1万公里。( )
10. 雨刮器系统的电动机大多是永磁电动机。( )

(二)选择题

1. 喷洗涤液( )刮水器刮水。
   A. 先于   B. 同时   C. 慢于   D. 异步
2. 刮水器电动机是一个( )开关的电机。
   A. 闸刀   B. 延时   C. 复位   D. 自动

3. 在讨论车窗洗涤装置时,技师甲说:"喷水停止后,应立即关闭刮水装置,以防止刮水电机过热而烧损"。技师乙说:"洗涤泵连续工作时间不应超过1分钟"。谁正确?( )
　　A. 技师甲对　　　　B. 技师乙对　　　　C. 都对　　　　D. 都错

4. 汽车在大雨中行驶,雨刮应当工作在( )。
　　A. 间歇挡　　　　B. 快速挡　　　　C. 电动挡　　　　D. 停止挡

5. 技师甲说:"在清洗雨刮器刮片时,若很脏污可用汽油浸泡后再清洗"。技师乙说:"无洗涤液时不得开动洗涤泵"。谁正确?( )
　　A. 技师甲对　　　　B. 技师乙对　　　　C. 都对　　　　D. 都错

6. 技师甲说:"晴天刮除挡风玻璃上的灰尘时,应先接通刮水器再接通洗涤器"。技师乙说:"汽车刮水器的自动停位机构可保证刮水器工作结束时将雨刷停在合适位置"。谁正确?( )
　　A. 技师甲对　　　　B. 技师乙对　　　　C. 都对　　　　D. 都错

7. 刮水器的雨滴传感器信号主要用来控制刮水器的( )。
　　A. 打开和关闭　　B. 间歇时间长短　　C. 快慢速度　　　　D. 加热温度

8. 在讨论雨刮拨杆上的英文标识时,技师甲说:"高速刮水模式的标识是HI,低速刮水模式的标识是LO"。技师乙说:"间隙刮水模式的标识是INT,点动刮水模式的标识是MIST"。谁正确?( )
　　A. 技师甲对　　　　B. 技师乙对　　　　C. 都对　　　　D. 都错

9. 在讨论后雨刮器时,技师甲说:"两厢车、SUV、MPV等车型一般配备有后雨刮,随时将后风挡玻璃清洁干净,以保证正后方视野清晰"。技师乙说:"由于后雨刮的开关设置在雨刮拨杆上,因此后雨刮不可以单独控制"。谁正确?( )
　　A. 技师甲对　　　　B. 技师乙对　　　　C. 都对　　　　D. 都错

10. 技师甲说:"不要让雨刮干刮玻璃,否则很容易将玻璃刮花,造成不可修复的损伤"。技师乙说:"当操作雨刮的喷水功能时,如果发现没有雨刮水喷出,那么应该先检查喷水口是否堵塞,再检查雨刮水存量是否充足"。谁正确?( )
　　A. 技师甲对　　　　B. 技师乙对　　　　C. 都对　　　　D. 都错

(三) 问答题

1. 简述雨刮器系统的组成。

2. 为什么刮水结束后刮水片能自动回到风窗玻璃的最下端?

3. 简述自动刮水器故障诊断流程。

参考文献

[1] 黄海波,尹万建.汽车电气设备原理与检修[M].北京:高等教育出版社,2018.

[2] 杨洪庆,陈晓.汽车电器设备原理与检修一体化教程[M].北京:机械工业出版社,2018.

[3] 陈玲玲,宋鹏超.汽车电气系统检修[M].北京:人民邮电出版社,2018.

[4] 卢明.汽车电气设备构造与检修[M].长春:吉林大学出版社,2016.

[5] 明光星,孙宝明.汽车电器设备原理与维修实务[M].北京:北京大学出版社,2011.

[6] 程丽群.汽车车身电气系统维修[M].西安:西安交通大学出版社,2019.

[7] 张军,安宗全.汽车电气系统故障诊断与维修[M].北京:高等教育出版社,2015.

[8] 蔡永红.大众汽车电路图及识读精讲[M].北京:化学工业出版社,2014.